GUANGDONG

广东林业生态产品价值实现机制实践

林寿明　周　平　主　编

汪求来　冯新富　颜　萍　副主编

中国林业出版社

China Forestry Publishing House

图书在版编目（CIP）数据

广东林业生态产品价值实现机制实践／林寿明，周平主编. -- 北京：中国林业出版社，2025. 1.

ISBN 978-7-5219-3102-0

Ⅰ. F326. 23

中国国家版本馆 CIP 数据核字第 2025YK1437 号

责任编辑：于晓文　于界芬

出版发行　中国林业出版社
（100009，北京市西城区刘海胡同 7 号，电话 010-83143542）
电子邮箱　cfphzbs@ 163. com
网　　址　https：//www. cfph. net
印　　刷　河北京平诚乾印刷有限公司
版　　次　2025 年 1 月第 1 版
印　　次　2025 年 1 月第 1 次印刷
开　　本　787mm×1092mm　1/16
印　　张　13
字　　数　280 千字
定　　价　68. 00 元

广东林业生态产品价值实现机制实践

编委会

前　言

2010 年，国务院印发的《全国主体功能区规划》中首次提出了生态产品的概念。随后，"生态产品"写入了党的十八大、十九大和二十大报告中。2018 年 4 月 26 日，习近平总书记在深入推动长江经济带发展座谈会上的讲话中指出，"要积极探索推广绿水青山转化为金山银山的路径，选择具备条件的地区开展生态产品价值实现机制试点，探索政府主导、企业和社会各界参与、市场化运作、可持续的生态产品价值实现路径"。建立健全生态产品价值实现机制是贯彻习近平生态文明思想的重要措施，也是实现绿水青山就是金山银山理念的关键途径。2021 年 4 月，中共中央办公厅、国务院办公厅印发《关于建立健全生态产品价值实现机制的意见》。这是我国首份将"两山"理念落实到制度安排和实践操作层面的纲领性文件。其目标是到 2025 年，初步形成生态产品价值实现的制度框架，有效解决生态产品"难度量、难抵押、难交易、难变现"的问题。广东正在加快生态产品价值实现机制的建设，推动生态优势向经济优势转化，助力绿色转型和可持续发展。

为贯彻落实中共中央办公厅、国务院办公厅《关于建立健全生态产品价值实现机制的意见》（以下简称《意见》）精神，广东省委、省政府于 2022 年 10 月印发了《广东省建立健全生态产品价值实现机制的实施方案》（以下简称《实施方案》）。该方案旨在建立健全广东省林业生态产品价值实现机制，并有效贯彻执行《意见》。《实施方案》明确，到 2035 年，全面建立系统完善的生态产品价值实现机制。建立健全林业生态产品价值实现机制是践行习近平生态文明思想、实现绿水青山就是金山银山理念的具体实践，也是巩固并拓展生态脱贫成果与乡村振兴有效衔接的重要举措。作为南方重点集体林区，截至 2023 年年底，广东省森林覆盖率高达 53.39%，全省林地面积 1069.85 万公顷（16047.70 万亩），森林蓄积量 6.57 亿立方米，是全国最绿的省份之一，具备良好的基础条件来建立健全林业生态产品价值实现机制。各级林业部门深入贯彻新发展理念，提高政治站位，主动担当，积极作为，勇于创新，充分发挥了广东省林业资源优势，以产业化利用、价值化补偿和市场化交易为重点，不断完善林业生态产品价值实现的政策制度体系和多元路径。同时，进一步拓宽绿水青山与金山银山双向转化通道，推动广东省林业生态产品价值实现取得实实在在的成效。通过这些举措，广东省积极推动林业生态产品的可持续发展，促进经济社会的繁荣与生态环境的改善，实现生态文明建设和乡村振兴战略目标的有机衔接。

根据《实施方案》任务分工，广东省林业局承担了多项林业相关生态产品价值实现机制任务，主要由改革和产业发展处牵头落实。广东省林业调查规划院积极为该项工作做好技术支撑工作，将其纳入其"十四五"规划内容，组织技术骨干赴省林业局改革和产业发展处、公益林管理处、森林资源管理处等多个处室调研，并成立了工作专班。近年，该院承担了省自然资源厅全民所有自然资源清查试点相关工作，积累了一定的基础，并在此基础上开展广东林业生态产品价值实现机制研究。这项研究既具有理论性和实践性，又兼具创新性和挑战性。林业生态产品价值实现涉及对广东林业生态产品概念和内涵的认知，同时也需要探索林业生态产品实现过程中的新思路、新方法和新举措。此外，还需要评估广东未来林业生态产品价值实现的潜力。清晰梳理并深刻认识上述理论和实践问题，对于推进广东经济发展、生态保护和民生福祉至关重要。它们与实现乡村振兴、生态富民和建设绿美广东密切相关，具有重要意义。

本书围绕广东林业生态产品的概念和价值实现展开，系统阐述了其内涵、类型及适合广东的交易机制、补偿机制、经营开发机制等。同时，详细剖析了广东林业生态产品价值实现的案例，并研究了未来供给类、调节类、文化类林业生态产品的潜力，以及广东林业碳汇发展的前景以及水源涵养的横向补偿潜力。

　　全书共分为 10 部分。第一部分介绍了生态产品的背景意义、国内外研究现状和研究思路；第二部分概述了广东地理条件、林业资源、林业生态建设和主要成效；第三部分阐述了林业生态产品分类与价值实现机制；第四部分详细探讨了广东林业生态产品价值实现的交易机制；第五部分详细探讨了广东林业生态产品价值实现的补偿机制；第六部分详细探讨了广东林业生态产品价值实现的经营开发机制；第七部分阐述了林业生态产品价值实现的保障机制；第八部分介绍了广东林业生态产品价值实现的 11 个典型案例；第九部分分析了广东林业生态产品价值实现的潜力发展；第十部分对全书重点内容进行总结，并对未来广东林业生态产品价值实现进行了展望。

　　在研究过程中，广东省自然资源厅、广东省林业局、广东省土地调查规划院、广东省国土资源技术中心、广东省岭南院勘察设计有限公司、广东南岭森林生态系统国家野外科学观测研究站、广东韶关丹霞山国家级自然保护区管理局等单位给予大力支持和悉心指导。广东省科学院广州地理研究所和华南农业大学也参与了研究工作，为本书的编写提供了坚实基础。

　　由于本书是对广东林业生态产品价值实现机制实践研究的一次尝试，书中难免存在缺点和不足之处，恳请同行专家和读者提出宝贵意见和建议。

编　者

2025 年 1 月

目　录

CONTENTS

绪 论 1

1.1 政策背景

2005 年 8 月 15 日，时任浙江省委书记的习近平同志在浙江湖州安吉考察时，首次提出了"绿水青山就是金山银山"的科学论断。"绿水青山就是金山银山"意味着通过保护和改善生态环境，可以为经济发展创造更好的条件。它强调了生态资源和环境对于经济的重要性，认为只有拥有良好的生态，才能够持续地发展经济，并获得更大的经济效益。在保护生态环境的前提下，推动经济增长和产业发展，就是实现绿水青山中蕴藏的生态产品价值。生态产品的概念是在 2010 年发布的《全国主体功能区规划》文件中首次提出的，是维系生态安全、保障生态调节功能以及提供良好人居环境所必需的自然要素，包括清新的空气、清洁的水源和宜人的气候等。随后，在 2015 年中共中央、国务院出台的《关于加快推进生态文明建设的意见》中强调了深化自然资源及其产品价格改革的重要性，提出凡是能由市场形成价格的生态资源应交给市场进行定价。此后，在中共中央、国务院印发的《生态文明体制改革总体方案》中，强调了树立自然价值和自然资本的理念，认为自然生态具有价值，保护自然就是增值自然价值和自然资本的过程，也是保护和发展生产力的一种方式，因此应得到合理回报和经济补偿。

2016 年，国务院办公厅印发《关于健全生态保护补偿机制的意见》，其中提出了完善生态产品价格形成机制的要求。该机制旨在通过生态产品的交易使生态保护者能够获得收益，并发挥市场机制对生态保护的积极作用。生态产品的价格形成机制的完善可以为生态保护者提供经济上的回报，增强其积极性和主动性，进而推动更广泛的生态保护行动。2017年，中共中央办公厅、国务院办公厅联合印发了题为《关于完善主体功能区战略和制度的若干意见》的文件，明确提出了对生态功能区县级地方人民政府进行考核，以评估其对生态产品价值的贡献。这一文件通过激励各地政府在保护生态环境方面取得成果，并将贵州、江西、浙江和青海等地作为试点地区，探索并推广生态产品价值实现机制，以期为其他地区提供经验借鉴，进一步促进可持续发展。

2018年，习近平总书记在推动长江经济带发展座谈会上强调了一条重要路径，即政府主导、企业和社会各界参与、市场化运作以及可持续的生态产品价值实现。这一路径意味着通过政府引领，各方共同参与，市场机制驱动，并注重生态环境保护，来推动长江经济带发展。这一路径的实施需要各方共同努力，以实现长江经济带的绿色、可持续和高质量发展。2021年4月，中共中央办公厅、国务院办公厅印发《关于建立健全生态产品价值实现机制的意见》，提出建设生态产品调查监测机制、价值评价机制、经营开发机制、补偿机制、价值实现保障机制和价值实现推进机制。同年，为推进生态产品价值实现机制的实践探索，发挥典型案例的示范和指导作用，自然资源部办公厅印发了《生态产品价值实现典型案例》(第三批)，明确了生态产品的分类、价值实现路径、价值实现模式和后续工作重点，并向各地推荐一批生态产品价值实现典型案例。2022年3月30日，习近平总书记在参加首都义务植树活动时指出，森林是"水库、钱库、粮库、碳库"。森林"四库"这一科学论断形象地概括了森林的多元功能与多重价值，生动地阐明了森林在国家生态安全和经济社会可持续发展中的基础性、战略性地位与作用，也为实现林业生态产品价值指明了方向。

2021年，广东省人民政府发布《广东省生态文明建设"十四五"规划》，提出了"十四五"时期广东省生态文明建设的指导思想、基本原则、发展目标，明确生态文明建设的重点任务、重点工程、重点举措和重点改革事项。在"十四五"规划期间，广东将致力于保护和提升生态环境，推动可持续发展，并将生态产品视为重要的经济增长点。该规划包括一系列措施，旨在促进生态产品的发展和实现其价值。首先，广东将加强生态环境保护，采取措施减少污染物排放和资源浪费，提高生态系统的稳定性和可持续性。其次，广东将鼓励生态农业和有机农业的发展，推动绿色食品生产，提高农产品的质量和安全性。再次，广东将加大对生态旅游的支持力度，打造生态旅游目的地，推动生态旅游产业的发展。此外，广东还将加强绿色能源的开发和利用，推动可再生能源的应用，减少对传统化石能源的依赖，并提高能源利用效率。通过这些举措，广东希望在"十四五"规划期间实现生态产品的价值，促进经济的可持续发展，并改善人民的生活质量。

2023 年 2 月，《中共广东省委关于深入推进绿美广东生态建设的决定》发布。该决议旨在加快绿美广东生态建设，并提出了实施方案。绿美广东致力于推动可持续发展和环境保护，通过生态产品的生产和销售，在实现环境可持续性、生物多样性保护、健康食品供应、农民收益提高以及推动乡村经济发展等方面创造价值。为贯彻落实中共中央办公厅、国务院办公厅《关于建立健全生态产品价值实现机制的意见》，加快建立健全广东省生态产品价值实现机制，2022 年 10 月，广东省人民政府办公厅印发了《广东省建立健全生态产品价值实现机制的实施方案》。该方案推动形成具有广东特色的生态产品价值实现机制，为建设美丽广东提供重要支撑，旨在实现生态产品价值，促进经济与生态良性循环。方案强调生态产品具有经济、生态、社会和文化等多维价值，需纳入政策决策和资源配置。具体措施包括：建立市场导向机制，激励生产与消费；推动创新与技术进步，提升附加值和竞争力；构建科学评估体系，加强监管；推进品牌建设，提升知名度和美誉度；加强宣传与教育，增强公众认知；鼓励多方合作与共享；引导绿色消费，推动市场需求增长；建立奖励激励机制，支持生产和创新。通过这些措施，提升广东省生态产品竞争力和影响力。

1.2 国内外研究现状

生态产品是中国近几年来提出的独具特色的概念。根据 2023 年发布的团体标准《生态产品分类指引》(T/CSF 0081—2023) 的定义，生态产品是指以自然资源与生态环境为物质载体和保障，并辅以人类劳动而生产的满足人们美好生活和优美生态环境需要且用于交换和使用的各类产品(含服务)，或为了供给和享有以上产品，在政府规制下形成的相关权益及虚拟化产品。生态产品的本质与其他国家研究的生态系统服务类似。

西方国家较早面临生态环境问题，也更早意识到生态系统提供综合服务的重要性。有关生态系统服务功能的研究起始于 20 世纪末。生态学家 Daily(1997)将生态系统服务定义为生态系统形成并维持人类赖以生存和发展的环境条件和效用。这些服务包括自然生态系统对人类社会提供的一系列利益，如食物、水、纤维、基因资源、药用资源等，以及更为根本的生命支持服务，如空气和水的净化、废物的解毒和分解、气候的调节、土壤肥力的再生，以及生物多样性的生产和维持。由于这些服务中的大多数并未在经济市场上交易，因此，它们没有价格标签来提醒社会它们供应的变化或它们所依赖的生态系统的退化。生态系统服务的退化有许多原因，包括制度与政策缺陷、科学知识的不完备、突发事件及其他因素等，但大部分生态系统服务的退化是由生态系统过程尺度与人类管理尺度的错配产生的。生态系统服务的有限供给能力与人类巨大需求之间的矛盾使自然生态系统承受着巨大压力。

Costanza(1997)提出生态系统服务的定义，将生态系统服务视为人类直接或间接地从生态系统功能中所获得的利益。他将全球生态系统服务分为 17 种类型，包括气体调节、气候调节、干扰调节、水调节、水供给、控制侵蚀和保持沉积物、土壤形成、养分循环、废物处理、传粉、生物控制、提供避难所、食物生产、原材料、基因资源、休闲和文化等。这些服务是人类从生态系统中获得的全部收益，与人类福祉紧密相关。Costanza 的这一定义和分类体系对生态系统服务的价值评估产生了深远的影响，并被广泛应用于生态经济学的研究中。2001 年，联合国组织了千年生态系统评估项目，对全球生态系统状况以及生态系统服务进行了系统详细的研究。过去 50 年中，人类改变生态系统的速度和广度超过了历史上任何时期，主要是为了满足对食物、淡水、木材、纤维和燃料的快速增长需求。这导致了地球生物多样性的显著丧失且大部分不可逆转。人类对生态系统的改变促进了人类福祉和经济发展的实质性进展，但这些进展的代价是生态系统服务功能的退化、非线性变化风险的增加及某些人群贫困程度的加剧。如果这些问题得不到解决，将大幅减少子孙后代从生态系统获得的惠益。评估报告指出，生态系统服务功能的退化在未来 50 年内可能会进一步加剧，需要全球共同努力来解决这一全球性问题。

Boyd 和 Banzhaf 等（2007）对生态系统服务提出了一套经济原则下的定义和分类体系。他们提出的定义旨在为环境经济和服务系统的发展提供精准界定，以便将自然对人类福祉的贡献纳入经济核算中，使其与传统的 GDP 及其他国民账户中的商品和服务定义相一致。他们的研究为国家级环境福利核算和绩效评估发展、构建更广泛的"绿色 GDP"奠定了重要理论基础，也为生态系统服务的经济学评估和政策制定提供支撑。

美国环境保护署在 2015 年建立了"国家生态系统服务分类系统"（National Ecosystem Services Classification System，NESCS）。这是一个先进的工具，旨在帮助决策者和地方社区更好地理解和管理自然生态系统对人类福祉的贡献。NESCS 通过提供系统化的框架，分析生态系统服务的变化如何影响人类福利，从而支持环境管理、政策制定以及相关的评估工作。这个系统特别关注用户如何享用、使用或消费这些服务，这一点对于准确识别和分类最终生态系统服务（Final Ecosystem Services，FES）至关重要。在 NESCS 基础上，美国环境保护署对其进行升级和完善，于

2020 年发布了 NESCS Plus。NESCS Plus 不仅为技术从业者提供了一个有效的沟通工具，也为公众提供了一个通用的分类标准，促进了生态系统服务在环境和人类健康研究中的应用，有助于跨学科的合作和信息共享。NESCS Plus 的实际应用非常广泛，包括帮助社区和组织将生态系统的益处纳入环境规划和决策中，用于环境项目的成本效益分析，支持自然资本核算，以及提高公众对生态系统服务的认识和理解。这个系统为生态系统服务的研究和管理提供了重要支持，推动了环境保护和可持续发展。

自 20 世纪末以来，国内学术界欧阳志云等（1999）开始研究生态系统服务，认为生态系统服务功能是指生态系统与生态过程所形成及所维持的人类赖以生存的自然环境条件与效用。这些服务功能不仅为人类提供了食品、医药及其他生产生活原料，更重要的是它们维持了人类赖以生存的生命支持系统，包括维持生命物质的生物地化循环与水文循环、维持生物物种与遗传多样性、净化环境、维持大气化学的平衡与稳定等。他们强调，人们逐渐认识到生态服务功能是人类生存与现代文明的基础，并且生态系统服务功能的研究已成为生态学与生态经济学研究的前沿课题。欧阳志云等（1999）还探讨了生态系统服务功能价值的评估方法，并研究了生态系统服务功能与可持续发展之间的关系。他们的研究为生态系统服务功能的价值评估和可持续发展研究提供了重要的理论基础和方法论指导。

李文华（2006）认为生态系统功能是生态学研究的核心内容，它反映了生态系统的自然属性，而生态系统服务则体现了人类对这些功能的利用。他强调，生态系统服务是人类福祉的源泉，包括自然生态系统和人类改造的生态系统所提供的直接和间接、有形和无形的效益。他还指出，生态系统服务研究在生态系统评估中扮演着核心角色，并且是当代生态学的前沿领域。他提到，美国科学界对生态系统服务进行了全面评估，并发布了《美国国家生态系统状况报告》，这些评估对政府和公众的认识产生了重要影响。他曾建议，中国科学家应在科学、公正、综合、实用的前提下，加强生态系统评估的总体设计与监测，并选取能够反映生态系统重要属性的评价指标。此外，李文华提醒资源和环境代价的合理扣除不足，生态建设的经济效益外部性没有估计，生态系统功能的非市场部分缺乏科学估算等。他强调，生态系统服务与功能的保育以及生态补偿研究是社会发展中亟待解决的问题和研究热点。他还认为，中国在生态系统研究的网络化建设与管理方面处于国际领先地位，研究设备、手段和条件也正逐步与国际接轨，开展生态系统综合评估的条件已经成熟。因此，他建议今后应进一步加强科学研究，并紧密结合中国实际，在生态系统评估领域不断探索和创新，为实现和谐发展的社会作出贡献。

2010 年，《全国主体功能区规划》发布后，国内的研究学者逐渐开始使用"生态产品"这一概念来替代"生态系统服务"。曾贤刚(2020)整理归纳了生态产品的特征、内涵以及供给方式等。他认为生态产品指的是生态系统通过生物生产与人类生产共同作用，为人类福祉提供的最终产品和服务。前者强调"可持续性"，而后者则强调人与自然的"共同作用"，而不是"自然纯粹地、单向地为人类服务"。这样重新梳理了生态产品的内涵和外延。他也指出了生态产品价值实现过程中存在的问题，如生态系统生产总值(GEP)核算的实用性不够强、生态产品价值转化路径单一、生态产品价值转化模式同质化突出、部分生态资源产权界定难、生态产品经营过程中存在抵押难等。

目前，国内学者对于生态产品内涵的理解主要分为狭义和广义两种。狭义上的生态产品指的是那些看似与人类劳动没有直接关系的自然产品，它们维系着生态安全，保障生态调节功能，并提供良好的人居环境，如清新的空气、清洁的水源、生长的森林、适宜的气候等(申娟等，2023)。而广义上的生态产品除了包括狭义的内容之外，还包括通过清洁生产、循环利用、降耗减排等方式，减少对生态资源消耗所生产出的有机食品、绿色农产品、生态工业品等有形物质产品(刘江宜等，2020)。这些物质产品突出了"生态环境友好"特征。在这类有形生态产品的生产过程中，并不会对生态系统提供生态服务的功能造成损害。因此，具备"保护生态环境"的特质，即"绿色"特质。一般来说，生态产品可以分为三大类：第一类包括食物、水资源、木材、棉花、医药、生态能源以及生物原材料等物质产品；第二类包括涵养水源、调节气候、固碳释氧、保持土壤、净化环境、调蓄洪水、防风固沙等生态调节服务产品；第三类包括自然体验、生态旅游、自然教育和精神健康等文化服务产品。

生态产品在经济价值方面已得到学术界共识，中国正积极探索其价值实现路径。然而，生态产品存在产权界定难、价值核算体系不完善、损害赔偿和保护补偿机制尚不完善等问题，限制了生态产品价值实现机制的发展。为推动生态产品价值的充分实现，需要完善产权制度、财政投入和生态补偿机制，健全市场和价格机制，建立核算和金融支持体系(周斌等，2022)。要实现生态产品的价值，还需要经过"交换"的过程。在市场经济中，商品的价值是通过交换来实现的。这种交换可以是直接的，如人们支付门票费用以进入国家公园欣赏自然风光；也可以是间接的，如政府通过税收等手段对生态产品进行保护和管理，并为此提供相应的补偿。因此，生态产品价值实现机制涉及多个方面的考量(吴城明，2022)。

张英等(2016)从微观经济学视角探讨了生态产品的市场化和定价机制。生态产品市场化需要有形的、体现劳动价值的可交易实体，如清洁的水、空气和土壤。政府提供生态产品的三条路径是创造、改善和修复，其中修复是市场化的优先方式。文章提出，政府可以通过购买第三方环保服务来实现生态产品的市场化。此外，还提出了生态产品的二元价格体系：买入价格(保护价格)考虑生产成本和利润，而出让价格(牺牲价格)包括生产成本、社会成本、生产资料成本和利润。生态产品的价值更多地与出让价格相关。

生态产品价值实现机制核心在于构建与生态环境生产力相匹配的生产关系。其价值的多维性要求我们不仅关注总体价值，还要考虑价值结构。不同类型生态产品的特定价值需通过各自的实现机制和路径来达成(曾贤刚，2020)。这意味着生态产品不仅提供经济利益，还有社会、文化和环境等其他方面的价值；匹配生产关系涉及建立与生态环境生产力相适应的生产和消费模式，以支持环境保护和可持续性目标；关注价值结构则要求我们深入分析生态产品的不同价值组成及其对社会福祉和经济的影响；而定制化实现路径则是指根据每种生态产品的独特性质和价值，制定并执行相应的价值实现策略，包括市场交易、政府补偿和社区管理等多种机制。

生态产品价值实现是在保持生态系统稳定性和完整性的基础上，将生态产品的价值转化为经济效益的过程。这一过程涉及政策、市场和技术等多方面的机制。生态产品价值实现量是指通过各种途径实现的经济价值总和，而生态产品价值实现率则是这一实现量与生态系统生产总值(GEP)的比值。评估这一比率是衡量生态产品价值实现状况的关键，也是评价相关机制是否有效的重要指标。林亦晴等(2023)以浙江省丽水市为例，通过核算 GEP 并评估生态产品价值实现量和实现率，分析丽水市生态产品价值实现的现状、存在的问题以及影响因素，并提出了提升实现率的策略。研究显示，2019 年丽水市的 GEP 为 4110.21 亿元，生态产品价值实现量为 1017.49 亿元，实现率为 24.76%。丽水市的主要生态产品价值实现模式包括市场交易和政府补偿两种，其中市场交易模式占主导地位，贡献了 95.84% 的实现量，但存在价值实现不均衡、不适用于缺乏市场或市场机制不成熟的生态产品等问题。政府补偿模式虽然适用性广，但实现效率低、资金来源单一，且单项产品价值实现量小。

于爱水(2022)分析发现，森林生态系统对社会生态需求至关重要，建议相关部门应重视森林资源的生态产品价值，合理制定价值实现机制，以确保森林资源的可持续开发和利用，最大化其生态价值。为了完善生态产品价值实现机制，助力实现"双碳"目标，推进乡村振兴和共同富裕，关键在于明确森林生态产品的理论内涵和实现路径，包括深入理解森林生态产品的概念、分类和属性，并从供给和需求两方面探讨其价值实现。供给方面，要确保生产者通过提供森林生态产品获得合理回报，激励他们优化资源配置；需求方面，要通过资本投入提升消费者福利，促使他们认可并支付森林生态产品的生态价值。窦亚权等（2022）以福建南平、湖北鄂州、江西崇义为例，分析了森林生态产品价值实现的做法和成效，提出了三种实现路径：市场主导的物质产品交易机制、政府主导的调节产品管理机制及政府与市场结合的文化产品服务机制。这些策略旨在促进森林生态产品的经济价值实现，同时确保生态资源的可持续利用。

1.3 国内外相关实践

1.3.1 国际生态产品价值实现实践

德国利用生态账户体系（eco-account system）消除生态影响。生态账户体系是德国生态补偿的一种典型方式。生态账户实际上是一个自然保护措施的"账户"，以可交易的生态积分（eco-points）来衡量，当未来建设项目需要占用自然生态空间、对景观产生破坏并且需要进行生态补偿时，可以使用生态账户中的生态积分来消除负面的生态影响，有力地推动了生态补偿制度的实施。为了恢复美国马里兰州马福德农场内的野生动物栖息地并进一步保护生物多样性，美国爱生基金会购买了马福德农场的所有权，并与保护组织合作开展生态补偿项目。通过参与美国农业部的"土地休耕增强计划"，他们将部分效益不佳的农田恢复为湿地、草地和河岸缓冲区。同时，基金会出售由此产生的湿地信用和水质信用，并开展收费型狩猎活动。这种多样化、市场化的生态产品价值实现方式，使马福德农场能够从恢复的生态系统服务中获得稳定的经济回报。为了激励企业、家庭和土地所有者主动减少碳排放和增加碳储量，澳大利亚联邦政府提出要从广泛的来源购买最低成本的碳汇产品。

1.3.2 国内生态产品价值实现实践

自 2016 年以来，国家在福建、海南等地开展生态产品价值实现先行区、试验区建设。在贵州、浙江、江西、青海四省份开展生态产品市场化先行试点工作，健全和完善生态产品价值实现机制已成为新时代推进生态文明建设的重要内容。本节案例基于自然资源部办公厅印发的《生态产品价值实现典型案例》进行了总结。福建省三明市认真践行绿水青山就是金山银山理念，发挥森林资源优势，深入推进集体林权制度改革，建立了产权清晰的林权制度体系，探索实践了林票、林业碳汇等价值实现路径，打通了森林生态价值转化为经济价值的渠道，实现了生态环境保护与经济发展协同共进（李金锦等，2023）。云南省元阳县阿者科村以保护自然生态和传统文化为基础，以发展"内源式村集体主导"旅游产业为重点，在保护中开发、在开发中保护，把优质生态产品的综合效益转化为高质量发展的持续动力，走出了一条生态保护、文化传承、经济发展、村民受益的人与自然和谐共生之路。浙江省杭州市余杭区青山村2014年开始与生态保护公益组织大自然保护协会（The Nature Conservancy）合作，采用水基金模式开展了小水源地保护项目，通过建立"善水基金"信托、吸引和发展绿色产业、建设自然教育基地等措施，引导多方参与水源地保护并分享收益，逐步解决了龙坞水库及周边水源地的面源污染问题，构建了市场化、多元化、可持续的生态保护补偿机制，实现了青山村生态环境改善、村民生态意识提高、乡村绿色发展等多重目标。宁夏回族自治区银川市贺兰县四十里店村联合当地农业龙头企业，采用土地整治、以渔治碱、循环种养、统防统治等措施，改良盐渍化土壤，改善村内基础设施，提高自然生态系统质量和生态产品供给能力，因地制宜开发了集农业种植、渔业养殖、产品初加工、生态旅游于一体的"稻渔空间"生态农工旅项目，完成了立体种养，再到一、二、三产业融合发展的转型升级，获得了耕地保护、生态改善、产业提质、农民增收等多重效益。吉林省抚松县一手抓生态环境保护，一手抓生态产业发展，因地制宜地发展了矿泉水、人参、旅游三大绿色产业，促进生态产品价值实现和效益提升，不断把"绿水青山"和"冰天雪地"转化为"金山银山"，走出了一条独具长白山地区特色的生态优先、绿色发展之路。广西壮族自治区北海市认真贯彻落实习近平总书记"把红树林保护好""把海洋生物多样性湿地生态区域建设好"的指示要求，确立了"生态立市"发展战略，启动了冯家江流域生态治理与综合开发工作，以"生态恢复、治污护湿、造林护林"为主线，建设冯家江滨海湿地，以统一规划管控和土地储备为抓手，系统改善片区人居环境，发展绿色创新产业，打造了人与自然和谐共生的绿色家园。

1.3.3 广东省林业生态产品价值实现实践

广东省作为中国的经济大省，拥有丰富的自然资源。林业生态产品是广东省重要的资源优势之一，其价值主要体现在物质供给类、调节服务类和文化服务类生态服务。

在物质供给类方面，广东省以油茶、沉香、竹、中药材、经济林果、茶和菌菇等特色生态产品为代表，为社会提供了丰富的物质资源。例如，油茶是广东省的传统农林产业之一，具有高脂肪、高营养价值，被广泛用于食品加工和医药领域。沉香则是一种珍贵的木材，具有独特的香气和药用价值，在香料、药材和艺术品制作等领域有着广泛的应用。

在调节服务类方面，广东省通过碳汇造林项目、碳普惠项目、生态修复项目、红树林造林项目、生态补偿项目等打造了一系列生态产品，为社会提供重要的生态服务。碳汇造林项目通过大规模种植树木来吸收二氧化碳（CO_2），减缓气候变化，并为企业和个人提供碳排放权交易的机会。碳普惠项目旨在将碳市场所带来的经济效益返还给农林业从业者及经济欠发达地区，以此推动可持续性发展及减贫工作。此外，广东省积极推进生态修复工程、红树林种植计划及生态补偿机制，旨在促进各类生态系统的恢复、海岸线的保护和修复，改善全省整体生态环境。通过这些措施，广东省致力于实现生态保护与经济发展的协同增效。

在文化服务类方面，广东省拥有众多依托森林、湿地、水源、海岸线、珍贵野生动植物等自然资源而形成的各类旅游、自然教育、红色教育、康养等文化服务产品。例如，丹霞山是中国著名的世界自然遗产地之一，其独特的地貌景观和丰富的生物多样性吸引着众多游客前来观赏和学习。广宁竹海大观森林康养基地则是一个集竹文化、森林康养和生态旅游于一体的综合性基地，为人们提供了休闲度假、身心健康和文化体验的场所。

广东省林业生态产品的价值实践不仅为社会提供了丰富的物质资源，还为生态环境保护和可持续发展作出了重要贡献。通过物质供应类的特色生态产品，人们可以享受到自然赋予的美味食品、药材和工业原材料等；调节服务类的生态产品则在减缓气候变化、改善生态环境方面发挥着重要作用；而以旅游资源为代表的文化服务类生态产品则为人们提供了亲近自然、学习自然知识和放松身心的机会。未来，广东省将进一步加强对林业生态产品的开发和管理，推动其更好地发挥经济、社会、生态和文化效益。通过科技创新、产业升级和合理规划，广东省有望打造更多具有竞争力和可持续性的林业生态产品，促进区域经济发展和生态文明建设的良性循环。同时，广东省也将加强宣传和教育工作，提高公众对林业生态产品的认识和重视程度，共同参与保护和利用自然资源的行动，实现人与自然和谐共生。

1.4 研究思路和内容

本书结合理论与实践，研究广东林业生态产品价值实现机制。首先，系统分析了广东林业生态产品的内涵、特点和价值实现机制，并梳理了广东林业和生态建设的状况，定义并分类了广东林业生态产品。书中总结了生态产品交易、补偿和经营开发机制，并通过 11 个经典案例，分析了广东林业生态产品价值实现的潜力发展(图 1-1)。全书分为 10 个部分：绪论介绍政策背景、研究现状、思路和内容；概述广东林业资源状况与生态建设；定义和分类广东林业生态产品；总结价值实现机制；介绍经典案例；分析潜力发展；最后是结论与展望。

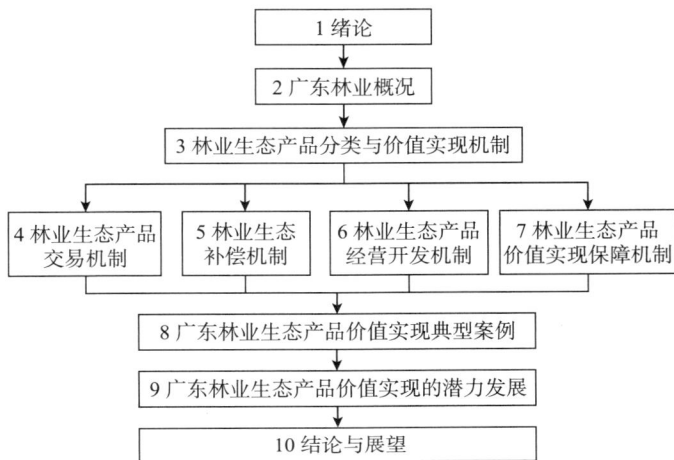

```
┌──────────────────┐
│     1 绪论        │
└──────────────────┘
          │
┌──────────────────┐
│  2 广东林业概况   │
└──────────────────┘
          │
┌────────────────────────────────┐
│ 3 林业生态产品分类与价值实现机制 │
└────────────────────────────────┘
   │        │        │        │
┌──────┐ ┌──────┐ ┌──────┐ ┌──────────┐
│4 林业│ │5 林业│ │6 林业│ │7 林业生态│
│生态产│ │生态  │ │生态产│ │产品价值  │
│品交易│ │补偿  │ │品经营│ │实现保障  │
│机制  │ │机制  │ │开发机│ │机制      │
│      │ │      │ │制    │ │          │
└──────┘ └──────┘ └──────┘ └──────────┘
          │
┌────────────────────────────────┐
│ 8 广东林业生态产品价值实现典型案例│
└────────────────────────────────┘
          │
┌────────────────────────────────┐
│ 9 广东林业生态产品价值实现的潜力发展│
└────────────────────────────────┘
          │
┌────────────────────────────────┐
│        10 结论与展望            │
└────────────────────────────────┘
```

图 1-1　研究思路和内容框架

参考文献

窦亚权，杨琛，赵晓迪，等，2022. 森林生态产品价值实现的理论与路径选择[J]. 林业科学，58(7)：1-11.

李金锦，王迪，2023. 三明市林业碳票创新生态产品价值实现机制探析[J]. 农业灾害研究，13(7)：263-265.

李文华，2006. 生态系统服务研究是生态系统评估的核心[J]. 资源科学，24(1)：1-10.

林亦晴，徐卫华，李璞，等，2023. 生态产品价值实现率评价方法——以丽水市为例[J]. 生态学报，43(1)：189-197.

刘江宜，牟德刚，2020. 生态产品价值及实现机制研究进展[J]. 生态经济，36(10)：207-212.

欧阳志云，王效科，苗鸿，1999. 中国陆地生态系统服务功能及其生态经济价值的初步研究[J]. 生态学报，19(5)：607-613.

申娟，胥爱欢，2023. 广东生态产品价值实现机制的探索与实践[J]. 广东经济(1)：30-35.

吴城明，2022. 对生态产品价值实现机制的思考——以广西为例［J］. 南方自然资源，240(11)：76-79.

于爱水，2022. 森林生态产品价值实现机制构建［J］. 中国林业产业（8）：72-73.

曾贤刚，2020. 生态产品价值实现机制［J］. 环境与可持续发展，45（6）：89-93.

张英，成杰民，王晓凤，等，2016. 生态产品市场化实现路径及二元价格体系［J］. 中国人口·资源与环境，26(3)：171-176.

周斌，陈雪梅，2022. 新时代中国生态产品价值实现机制研究［J］. 价格月刊（5）：28-33.

Boyd J，Banzhaf S，2007. What are ecosystem services? The need for standardized environmental accounting units［J］. Ecological Economics，63(2-3)：616-626.

Costanza R，D'Arge R，Groot R D，et al.，1997. The value of the world's ecosystem services and natural capital［J］. Nature，387：253-260.

Daily G C，1997. Nature's services：Societal dependence on natural ecosystems［M］. Washington DC：Island Press.

广东林业概况 2

2.1 地理条件

　　广东省地处中国大陆最南部，地势北高南低，北部多为山地和丘陵，最高峰石坑崆海拔 1902 米。南部为平原和台地，北回归线从本省大陆中部横穿而过。全省陆地面积为 17.98 万平方千米，约占全国陆地面积的 1.87%，东西跨度约 800 千米，南北跨度约 600 千米。属东亚季风区，从北向南分别为中亚热带、南亚热带和热带气候，是全国光热和水资源最丰富的地区之一。年太阳总辐射量为 4200~5400 兆焦耳/平方米，年平均气温 21.8℃，最冷月份 1 月平均气温 16~19℃，最热月份 7 月平均气温 28~29℃。降水充沛，平均降水量 1789.3 毫米，降水的空间分布基本呈南高北低的趋势。优越的地理条件非常适宜植物生长。全省主要地带性森林植被类型为中亚热带常绿阔叶林、南亚热带常绿阔叶林和热带季雨林。主要地带性土壤为砖红壤、赤红壤、红壤等。得天独厚的水热、土壤条件造就了种类丰富的乔木、灌木、草本、花卉等植物资源，以及多种野生动物资源；依托连片茂密的陆地森林生态系统，广东省建成了各类自然保护区、森林公园和风景名胜区，为公众提供了丰富的森林生态资源。此外，广东省海岸线资源丰富，海岸线总长度为 4114 千米，已开发利用的岸线长度为 1414 千米，占总长度的 34.37%。依托海岸沙滩、水域、红树林、特色海洋生物等资源，广东省已开发了门类齐全的海岸旅游资源，吸引了众多来自世界各地的游客。

2.2 林业资源

2.2.1 森林资源

根据广东省 2023 年度国土变更调查主要数据公报，广东省 2023 年林地面积 1069.85 万公顷（16047.70 万亩）。其中，乔木林地 963.63 万公顷（14454.50 万亩），占 90.07%；竹林地 52.53 万公顷（787.86 万亩），占 4.91%；灌木林地 13.96 万公顷（209.38 万亩），占 1.31%；其他林地 39.73 万公顷（595.97 万亩），占 3.71%。韶关市、清远市、梅州市、河源市和肇庆市 5 个地市林地面积较大，占全省林地的 60.16%。根据 2023 年全国林草生态综合监测数据，广东省森林面积 959.77 万公顷，森林覆盖率 53.39%，森林蓄积量 6.57 亿立方米，乔木林单位面积蓄积量 73.47 立方米/公顷。

2.2.2 湿地资源

2023 年，广东省湿地面积 17.34 万公顷（264.52 万亩）。湿地是广东省第三次全国国土调查新增的一级地类，包括 7 个二级地类。其中，红树林地 1.45 万公顷（17.17 万亩），占 6.49%；森林沼泽 0.02 万公顷（0.26 万亩），占 0.10%；灌丛沼泽 0.001 万公顷（0.02 万亩），占 0.01%；沼泽草地 0.01 万公顷（0.17 万亩），占 0.06%；沿海滩涂 14.71 万公顷（220.67 万亩），占 83.42%；内陆滩涂 1.74 万公顷（26.11 万亩），占 9.87%；沼泽地 0.01 万公顷（0.12 万亩），占 0.05%。湛江市、江门市、阳江市、茂名市、珠海市 5 个地市湿地面积较大，占全省湿地总面积的 75.32%。

2.2.3 草地资源

2023 年，广东省草地面积 24.40 万公顷（365.96 万亩）。其中，天然牧草地 25.7 公顷（0.04 万亩），占 0.01%；人工牧草地 0.04 万公顷（0.54 万亩），占 0.15%；其他草地 24.36 万公顷（365.39 万亩），占 99.84%。湛江市、清远市、惠州市、韶关市和河源市 5 个地市草地面积较大，占全省草地总面积的 41.21%。

2.2.4 野生动植物资源

截至 2022 年，广东省分布陆生脊椎野生动物 1018 种（包括两栖纲 113 种、爬行纲 173 种、鸟纲 577 种、哺乳纲 155 种），列入国家重点保护野生动物名录的 254 种（包括国家一级保护野生动物 59 种、国家二级保护野生动物 195 种）。其中，由林草部门主管的国家一级保护野生动物 42 种（包括哺乳纲 11 种、鸟纲 27 种、爬行纲 3 种及昆虫纲 1 种），代表物种有华南虎、小灵猫、中华穿山甲、白鹤、黑鹳、中华秋沙鸭等；国家二级保护野生动物 146 种（包括哺乳纲 14 种、鸟纲 109 种、爬行纲 13 种、两栖纲 4 种及昆虫纲 6 种），代表物种有猕猴、黑熊、豹猫、黄喉貂、毛冠鹿、水鹿、白鹇、白胸翡翠、白腰杓鹬、斑头大翠鸟、斑头秋沙鸭等。

截至 2022 年，广东省分布野生高等植物 6654 种（包括苔藓植物 691 种、石松类和蕨类植物 587 种、裸子植物 29 种、被子植物 5347 种），列入国家重点保护野生植物名录的 161 种（包括国家一级保护野生植物 10 种、国家二级保护野生植物 151 种）。其中，由林草部门管理的国家一级保护野生植物有广东苏铁（仙湖苏铁）、水松、南方红豆杉、小叶兜兰、紫纹兜兰、杜鹃红山茶等 9 种；国家二级保护野生植物有白豆杉、厚叶木莲、杜鹃兰、八角莲、小叶红豆、紫荆木等 101 种。

2.3 林业生态建设

2.3.1 十年绿化广东

新中国成立后，广东省森林资源经历了 1958 年、1968 年和 1978 年三次大规模乱砍滥伐，造成了严重破坏。到 1985 年，全省森林面积仅剩下 460 万公顷，荒山面积达到 386.67 万公顷，占山地总面积的 1/3 以上。同时，水土流失面积扩大至 1.2 万平方千米，且以 140 平方千米/年的速度在不断增加。为应对森林资源破坏和生态恶化等问题，1985 年 10 月，广东省委、省政府在江门新会市召开全省造林绿化会议，提出了"五年消灭荒山，十年绿化广东"的目标。同年 11 月 19 日，省委、省政府发布了《关于加快造林步伐，尽快绿化全省的决定》，向全省发出了"全省人民奋战十年，全面绿化广东"的动员令。到 1987 年，全省各级领导和部门在各地设立了超过 1.1 万个造林绿化点，累计完成了 56.4 万公顷的造林任务。

为确保十年绿化广东目标的顺利实现，广东省委采取了"开源"和"节流"相结合的策略，通过"造、封、管、改"4 项措施共同推进。所谓"开源"，即通过扩大造林绿化面积，提升林地产量和林分质量，促进森林资源的培育和发展；而"节流"则是指通过加强森林管理，防虫防火，限制伐木量，同时在城乡推广由烧柴改为烧煤，尽可能减少森林资源的消耗。自 1987 年起，全省实现了林木生长量超过消耗量，扭转了森林资源"赤字"状态，进入良性循环。

1989 年 4 月底，除了少数地区外，广东省大部分县(市)基本消灭了荒山。1989 年 12 月 23 日，广东省荣获林业部颁发的"森林资源增长特别奖""造林质量优秀奖"和"造林成绩优秀奖"。1990 年 2 月底，广东省基本完成了"五年消灭荒山"的目标。1991 年 3 月，广东省被中共中央和国务院授予"全国荒山造林绿化第一省"的称号。至 1993 年年底，通过验收，广东省提前两年实现了"十年绿化广东"的目标，宜林荒山基本被消灭，生态环境得到了显著改善，水土流失也得到了控制，山区农民收入增加，森林资源的生长量持续大于消耗量，实现了良性循环。然而，森林资源的树种单一、结构不合理等问题依然存在(中共广东省委党史研究室，2011)。

2.3.2 林业分类经营

1991 年，广东省林业厅(局)提出了建立生态公益林的构想。这一构想是基于广东省过去 50 年林业发展经验，特别是在实现"五年消灭荒山，十年绿化广东"目标的过程中积累的宝贵经验。1993 年，广东正式提出了森林分类经营的总体设想，根据社会经济发展需求和经营目标的差异，森林被分为两类：生态公益林和商品林。为了推动分类经营落地，广东在韶关市始兴县率先进行了森林分类经营试点，针对不同类型的森林采取了不同的政策措施、经营方式、资金投入和采伐管理手段。生态公益林的重点是生态保护、水土保持等公益功能，而商品林则主要着眼于经济效益和木材资源的可持续利用(潘坚等，1998)。

1994 年 1 月，广东提出了建设 333.33 万公顷(5000 万亩)生态公益林体系的目标，同时要建立适应市场经济的林业产业体系。同年 4 月，广东省人民代表大会通过了《广东省森林保护管理条例》，以地方性法规形式明确了全省森林分类经营的要求，将原有的"防护林、特种用途林、用材林、经济林、薪炭林"五大林种重新划分为生态公益林和商品林两大类别进行管理。同年 12 月，省林业厅起草并发布了《广东省生态公益林体系建设规划纲要》，明确了建设 333.33 万公顷生态公益林的具体任务，并结合森林资源二类调查初步完成了生态公益林的划定工作。

广东的林业分类经营改革获得了国家的高度认可。1995 年，在全国林业厅局长会议上，广东率先开展的林业分类经营改革被认为是开创性工作，为全国树立了榜样。在广东的带动下，1996 年 5 月，林业部发布了《关于开展林业分类经营改革试点工作的通知》，要求各地统筹规划，分类指导，稳步推进，积累经验。到 1998 年，广东省政府出台了《广东省生态公益林建设管理和效益补偿办法》，提出了生态公益林建设实行统一规划、科学管理的方针，并确立了政府对生态公益林经营者经济损失进行财政补偿的制度。同年，修订的《中华人民共和国森林法》新增了森林生态效益补偿基金的规定，并明确了部分林种的使用权可以转让、入股，除特殊情况外，防护林和特种用途林的转让受到严格限制，这体现了林业分类经营的基本思路。

自《广东省生态公益林建设管理和效益补偿办法》实施以来，广东成为全国首个实施生态公益林效益补偿的省份。1999年，国家林业局将广东省确定为唯一的省级林业分类经营示范区。随着分类经营的推进和相关政策的出台，到2000年，广东省逐步形成了政府、外资、企业和个人等多元主体共同投资林业的格局。全省林业总产值达到305亿元，比1995年增长了69.45%，年均增速达11.12%，广东因此跻身林业大省的行列。通过林业分类经营改革，广东省成功构建了生态公益林体系，并建立了适应市场经济的林业产业体系。

截至2023年，广东省财政累计投入超过30亿元，用于449.87万公顷省级以上生态公益林的效益补偿工作。同时，公益林的补偿标准提高至45元/（亩·年），广东连续16年提升公益林的补偿标准，使得广东省级公益林的补偿标准和财政资金安排始终居全国首位。

❯ 2.3.3 ❯ 建设林业生态省

自1985年以来，广东相继实施"十年绿化广东"、林业分类经营、"林业二次创业"和"创建林业生态县"等一系列战略举措，取得了显著成效。1985—2003年，全省有林地面积从463.33万公顷增至932.67万公顷，森林覆盖率大幅提升，林木蓄积量由1.70亿立方米增加到3.509亿立方米。森林资源实现了生长量大于消耗量的良性循环，生态环境和投资环境显著改善，为构建国土生态安全体系奠定了坚实基础。

2005年，广东省委、省政府为全面落实科学发展观，加速推进林业生态省的建设，出台了《关于加快建设林业生态省的决定》。"建设林业生态省"是广东林业现代化进程中的重要战略举措，继"十年绿化广东"和"林业二次创业"之后，成为全国率先提出的新举措，巩固并深化了以往的生态建设成果，标志着广东林业进入了一个新阶段。总体目标是到2010年，全省50%的县（市、区）建成林业生态县（市、区）。全省森林覆盖率达到58%（基于广东省森林资源档案统计口径），建设345万公顷高效生态公益林、333.33万公顷商品林基地，森林资源综合效益总值达到8800亿元。到2020年，全面建成林业生态省，森林覆盖率达到60%，森林资源综合效益总值比2003年翻两番，达到18800亿元，建成完备的国土生态安全体系和发达的林业产业体系，实现生态良好、生产发展、生活富裕、人与自然和谐相处的目标。

为实现这一目标，全省加速推进林业管理体制和经营机制创新，采取了一系列具体措施。首先是大力推动林业生态县的建设。经过多年的生态建设实践，各县已深刻认识到林业生态县建设对维护生态安全、保障经济社会可持续发展的战略意义。重点在于解决生态脆弱、树种单一、生态功能不足的问题，强化森林资源的保护与培育，推进封山育林，适地适树，加快调整林种结构和树种结构，提升生态功能等级，加强生物多样性保护和森林景观建设。一个关键指标是生态公益林中一、二类功能林的比例要达到 80% 以上，并确保森林活立木蓄积量连续 3 年年净增率超过 4%。

同时，广东大力实施八大林业重点工程。各级政府加大财政投入，推动水源涵养林、沿海防护林和红树林、绿色通道及农田林网、野生动植物及自然保护区、生态防灾减灾、城市林业及森林公园、森林生态监测及科技创新示范、商品林基地八大工程的建设，形成点、线、面结合的生态安全体系，为全省经济社会的可持续发展提供有力的生态保障。

在此基础上，广东还积极调整林业产业结构，大力发展特色林业，推动林业经济增长，增加林农收入，实现兴林富民。各地加快推进商品林基地、速生丰产林、竹林、工业原料林和经济林建设。与此同时，充分利用森林风景资源，发展森林文化和生态旅游，并积极发展森林食品、野生动物驯养繁殖、木本花卉、药材和珍贵树种培育等新兴产业，倡导绿色消费，培育林业经济新的增长点。

2.3.4 新一轮绿化广东大行动

2012 年，广东省委、省政府作出启动新一轮"绿化广东"的战略部署，旨在建设全国一流、世界先进的现代大林业。2013 年 8 月，省委、省政府颁布了《关于全面推进新一轮绿化广东大行动的决定》，提出通过约 10 年的努力，使广东成为森林生态体系健全、林业产业发达、生态文化繁荣、人与自然和谐的全国绿色生态第一省。为落实这一目标，2014 年 3 月，广东省绿化委员会和省林业厅组织编制了多个规划，包括《广东省构建五大森林生态体系规划（2013—2017 年）》《广东省乡村绿化美化工程建设规划（2013—2017 年）》《广东省森林公园和湿地公园建设规划（2013—2017 年）》《广东省碳汇造林抚育规划（2014—2017 年）》《广东省林木种苗发展规划（2013—2020）》《广东省人均森林碳汇潜力测算报告》等。

为加快推进新一轮绿化行动，广东在"十二五"（2012—2015 年）期间重点实施了森林碳汇工程、生态景观林带工程、森林进城围城工程和乡村绿化美化工程。这四大生态工程是新一轮绿化广东大行动的重要抓手，具有规模大、质量高、示范效应显著的特点。到"十三五"（2016—2020 年）期间，全省继续深化林业重点工程建设，完成碳汇造林 37.87 万公顷，中幼林抚育 237.93 万公顷，建设生态景观林带 3519 千米，绿化美化乡村 9563 个。同时，沿海防护林建设也取得了显著成果，沿海防护林基干林带建设面积达 2.41 万公顷，纵深防护林 11.15 万公顷。通过这些工程建设，广东省逐步形成了五大森林生态体系：北部连绵山体森林生态屏障体系、珠江流域森林生态安全体系、珠三角城市群森林绿地体系、道路林带与绿道网生态体系以及沿海防护林生态安全体系，构建起全省科学合理的森林生态安全格局。

森林碳汇工程是新一轮绿化行动中的重要组成部分。2012 年，全省林业工作会议提出"一个消灭，三个改造"的重点任务，消灭全省 33.33 万公顷（500 万亩）宜林荒山，改造 66.67 万公顷（1000 万亩）疏残林、纯松林和布局不合理的速生林。通过推广乡土阔叶树种，全省力争以乡土树种为主体的混交林全面覆盖，提升森林质量和碳汇能力。2012—2016 年，全省完成碳汇林造林 100 多万公顷，造林成活率和保存率均超过 90%。通过不断优化林种结构和树种结构，阔叶林和针阔混交林面积从 2011 年的 548 万公顷增加到 585 万公顷，显著提升了森林生态功能。

生态景观林带工程聚焦于提升生态质量和森林景观建设。广东省在北部连绵山脉、主要江河沿岸及沿海交通干线两侧大力推进生态景观林带建设，采用乡土阔叶树种与花（叶）变色树种相结合的造林模式，建设了 1.03 万千米的生态景观林带，实现"三年初见成效，六年基本成带"的目标。珠三角地区采用本地特色树种，搭配凤凰木、火焰木等花卉树种，形成了以色块为特色的森林景观带，如广深高速沿线就是一个典型的示范项目。

森林进城围城工程则是推动城市绿化的重要措施，旨在通过"森林进城、森林围城"战略提升城市及其周边的生态环境。珠三角地区立足于打造粤港澳优质生活圈，着力推进城市绿化美化工程。2012—2016 年，广东省共新增森林公园 637 个、湿地公园 142 个。这些公园不仅为居民提供了休闲、观光的场所，还带动了生态旅游及相关产业的发展，显著改善了城市居民的生活质量。

乡村绿化美化工程是广东省提升农村生态环境的重点项目。2013 年，广东省委、省政府首次将"美丽广东"纳入政府工作报告，提出要推进绿色、循环、低碳发展，打造美丽幸福的广东。针对农村生态环境建设的滞后性，乡村绿化美化工程被列为新一轮绿化行动的重点内容，强调对乡村道路、河道两旁、房前屋后、村庄绿化带等区域的绿化建设。2012—2016 年，全省共绿化美化乡村 7734 个，形成了"进村一条景观路、村中一个小公园、村旁一片风水林、房前屋后种上树"的美丽乡村景象，既保护了古树名木，也保留了地方传统文化特色，提升了村庄的宜居环境。

通过上述四大工程的实施，广东省在森林生态建设和林业产业发展方面取得了显著成绩，林业生态文化繁荣，城乡生态环境明显改善，推动了人与自然的和谐发展。

2.3.5 绿美广东生态建设

自启动新一轮绿化广东大行动以来，林业建设尽管取得了显著成效，但依然存在一些问题，如森林质量不高、乔木林单位面积蓄积量在全国排名靠后、树种结构不合理、针叶纯林比重较大、部分林分退化、森林景观单一、生态功能不足等。这些问题使得广东的林业发展与其作为全国经济强省和人口大省的地位不相匹配，也难以支撑广东高质量的经济社会发展。2022 年 12 月，广东省委全面贯彻落实党的二十大精神，从推动高质量发展和满足人民群众优美生态需求的角度出发，制定并发布了《中共广东省委关于深入推进绿美广东生态建设的决定》（以下简称《决定》）。省委提出要团结全省人民，践行绿水青山就是金山银山的理念，打造习近平生态文明思想的示范窗口，为美丽中国的建设贡献力量。

《决定》明确提出，要全方位、全过程加强林业生态建设，实施"绿美广东生态建设六大行动"，构建生态新格局，建设城乡一体化的高水平绿美环境。通过推动生态优势转化为发展优势，广东将打造人与自然和谐共生的绿美样板，探索出一条"绿水青山就是金山银山"的新时代广东路径。到 2027 年，全省计划完成 66.67 万公顷（1000 万亩）林分优化提升和 66.67 万公顷（1000 万亩）森林抚育，改善森林结构，提高森林质量，显著保护生物多样性，优化城乡生态环境，使绿色惠民成效更加突出。到 2035 年，全省将完成 100 万公顷林分优化和 200 万公顷森林抚育，混交林比例将达到 60%以上，森林蓄积量大幅提升，生态系统多样性和稳定性明显增强，森林生态功能将得到充分发挥，成为广东亮丽的生态名片。

广东省委主要领导亲自谋划部署，强力推进绿美广东生态建设示范点建设，让群众能够更加贴近自然、享受自然。2023 年，全省共建设了 193 个以森林公园为主体的生态建设示范点，覆盖了各县域和省属国有林场。其中，142 个示范点为森林公园类，包括自然保护区、森林公园、山地公园、郊野公园、风景名胜区等，另有 51 个示范点为湿地、城市公园、乡村公园等类型。通过这些示范点的建设，广东人民能够更加广泛地享受到生态建设的成果，体验人与自然的和谐共生。

在省委、省政府的积极推动下，全省各地高标准落实绿美广东生态建设行动，项目进展迅速。2023 年，广东超额完成了年度任务，全省共完成 15.39 万公顷林分优化和 14.34 万公顷森林抚育，建设了 193 个生态示范点，覆盖了所有县域和省属国有林场。对石漠化进行综合治理，治理面积达 0.59 万公顷，抢救复壮了 80 个古树名木示范点，并建立了 8.5 万株古树名木档案。24 个古树公园已经建成，省内创建了 35 个森林城镇和 104 个森林乡村，并推动 54 个绿美古树乡村和 56 个绿美红色乡村的建设。此外，广东还推进了生态步道、绿道和生态海堤的建设，2023 年共建成 275 千米的森林步道、1064 千米的碧道以及 59.5 千米的生态海堤。

在生物多样性保护方面，岭南国家公园和丹霞山国家公园创建工作稳步推进，国际红树林中心已落户深圳。穿山甲保护研究中心的人工繁育工作取得重大突破，全球首次成功繁育穿山甲子二代，广东拥有了全国最大的穿山甲人工繁育种群。全省还建立了首个省级鸟类环志监测总站，并创建了 104 个示范性自然保护区。与此同时，广东也大力推动全民参与绿化行动，2023 年全省共举办了 6437 场义务植树活动，参与人数超过 56.7 万人，种植了约 213 万株树木，建设了 210 片主题林。

林业经济方面，广东大力发展油茶、森林旅游等产业，林业产业总产值连续多年位居全国前列。随着绿美广东生态建设的不断深入，生态建设的综合效益也日益显现，广东在生态文明建设和经济社会协调发展方面取得了显著进展。

2.3.6 生态产品价值实现机制试点

2022 年 10 月，广东省人民政府办公厅发布了《广东省建立健全生态产品价值实现机制的实施方案》，积极响应国家政策，旨在加快构建由政府主导、企业和社会广泛参与、市场化运作并可持续的生态产品价值实现路径。该方案旨在推动生态环境高水平保护与经济高质量发展协调并进，建立起绿水青山转化为金山银山的政策和制度体系，最终形成具有广东特色的生态产品价值实现机制。方案设定了到 2025 年的目标，即初步建立生态产品价值实现的制度框架，完善生态产品价值核算体系，解决生态产品"难度量、难抵押、难交易、难变现"等问题，并逐步健全生态保护补偿和生态环境损害赔偿制度。到 2035 年，全面建立起系统完善的生态产品价值实现机制，使生态文明建设迈上新台阶，形成绿色发展方式和生活方式，美丽广东基本建成。

为加快全省生态产品价值实现机制的建设，按照《广东省生态产品价值实现机制试点示范工作方案》的要求，2022 年 12 月，省发展和改革委员会公示了全省首批 12 个生态产品价值实现机制试点单位名单。试点包括深圳市、梅州市、云浮市，以及广州市的海珠区、花都区、从化区等县(市、区)，韶关市的始兴县、乳源瑶族自治县、新丰县，汕尾市的陆河县，江门市的恩平市，清远市的连南瑶族自治县。试点单位根据各自特点，探索出有效的生态产品价值实现路径，解决"难度量、难抵押、难交易、难变现"等问题。

深圳市通过大力推动海洋及其他生态系统碳汇交易，探索出基于碳汇价值的生态保护补偿机制，创新理论和实践，初步形成了"集约、绿色、高质、高效、系统"的生态产品价值实现模式。借助"国际红树林中心"建设契机，深圳市探索出政府主导、企业和社会各界参与的多元化生态产品市场化路径。通过在福田红树林自然保护区内率先开发和交易碳汇项目，深圳市于 2023 年 9 月完成了全国首笔红树林碳汇交易，价格高达 485 元/吨，刷新了全国碳汇市场的最高单价。交易所得资金上缴深圳市财政，用于支持红树林保护和修复。这一交易基于深圳市对红树林保护碳汇项目的探索和创新，为全国首个蓝碳碳汇项目——湛江红树林项目奠定了基础。深圳市还发布了《红树林保护项目碳汇方法学》，明确了碳汇计量、评估和交易登记等程序，填补了国内自然生态系统保护类碳汇项目方法学的空白，为红树林碳汇项目的开发和交易提供了指导。

江门市恩平市通过设立生态产品交易中心，迈出了破解生态资源"变现难"的第一步。该交易中心整合了全市 11 个镇（街）的山、水、林、田、湖、草等自然资源，以及农村宅基地、集体经营性用地、农房、古村和老街等资源，汇聚成一个生态资源库，为实现资源的多元转换奠定基础。恩平市通过发展特色生态农业、农产品深加工、康养度假等绿色产业，逐步探索出生态资源转化为资产和资本的路径。此外，恩平市还注册了"恩情大地"商标，开设了特色农副产品销售平台，统一品牌形象，推动农产品销售，为当地特色农产品打造了优质的品牌。恩平市通过"一库一贷一中心 N 转化"的模式，推动生态产品价值实现试点工作，形成了一批可复制、可推广的生态资源转化模式，为乡村振兴和农民致富提供了新的路径。恩平市生态产品交易中心的成功实践也被列入《广东省自然资源领域生态产品价值实现典型案例》（第一批）。

2.3.7 以国家公园为主体的自然保护地建设

2019 年 6 月 15 日，中共中央办公厅、国务院办公厅印发了《关于建立以国家公园为主体的自然保护地体系的指导意见》，明确提出要建成中国特色的以国家公园为主体的自然保护地体系，推动各类自然保护地科学设置，建立自然生态系统保护的新体制、新机制和新模式。文件的总体目标是建设健康、稳定、高效的自然生态系统，为维护国家生态安全和实现经济社会可持续发展筑牢基石，并为建设富强、民主、文明、和谐、美丽的社会主义现代化强国奠定生态根基。

截至 2020 年年底，广东全省批复自然保护地 1361 处，批复总面积 306.72 万公顷，矢量总面积 296.42 万公顷(含重叠)，去重后矢量总面积 260.35 万公顷，占全省陆海总面积的 10.64%(表 2-1)。这些自然保护地设立于省内生态区位重要、生物多样性丰富的区域，为粤东凤凰—莲花山区、粤北南岭山区、粤西云雾山区、珠三角东部坪天嶂、花都—从化北部山脉、天露山区、南部近海水域和海岸带红树林等全省重要生态屏障和重要生态节点提供了卓有成效的保护。

表 2-1　广东省自然保护地现状汇总

序号	自然保护地类型	国家级(个)	省级(个)	市、县级(个)	小计	面积(万公顷)	占比(%)
1	自然保护区	15	63	299	377	166.74	56.25
2	森林公园	27	82	601	710	93.78	31.64
3	湿地公园	27	6	184	217	9.11	3.07
4	地质公园	11	8	—	19	11.15	3.76
5	石漠公园	1			1	0.15	0.05
6	海洋特别保护区	6	—	1	7	2.02	0.68
7	风景名胜区	8	18	4	30	13.47	4.55
8	总计	95	177	1089	1361	296.42	100
9	面积(万公顷)	70.47	75.04	150.91	—	—	—
10	占比(%)	23.77	23.32	50.91	—	—	—

注：数据来源《广东省自然保护地规划(2021—2035 年)》。

通过参照《广东省自然保护区建设技术规范》等一系列自然保护地标准规范，全面推进广东省的信息化建设。广东省建立了自然保护地监督管理平台，自然保护地监管互联互通功能基本成型。持续推进摄像头、红外相机、地面传感器等物联网监测设备的布设，初步构建了自然保护地天空地监测一体化网络体系。

2021 年 6 月 18 日，中共广东省委办公厅、广东省人民政府办公厅发布了《关于建立以国家公园为主体的自然保护地体系的实施意见》。该文件明确了一系列目标和措施，旨在建立统一而完善的自然保护地体系。根据文件要求，广东省将按照国家工作部署，在 2025 年前完成全省以国家公园为主体的自然保护地总体布局，并编制南岭国家公园总体规划、全省自然保护地规划以及整合优化预案，构建统一的自然保护地分类分级管理体制。同时，还将完善自然保护地体系的地方性法规、管理和监督制度，提升自然生态空间承载力，力争成为全国自然保护地保护管理工作的示范者。到 2035 年，广东省的自然保护地管理效能和生态产品供给能力将显著提高。陆域部分自然保护地将占据全省陆域国土面积的 15%以上，海域部分自然保护地将占据全省管辖海域面积的 8%以上。这些自然保护地将实现严格保护、科学利用、精细管理和高效共享，全面建成具有国内先进水平和世界一流水准的自然保护地体系。这将推动广东省在自然保护地管理方面取得重要进展，实现生态环境保护与可持续发展的良性循环。

2.4 主要成效

广东省作为中国的经济大省，一直以来都高度重视林业发展和生态环境保护，在林业发展中注重生态效益与经济效益的统一。广东省推行生态公益林建设管理和效益补偿办法，成功实施了生态公益林项目，提升了森林资源的保护和可持续利用能力。同时，广东省积极探索林业分类经营模式，吸引政府、企业和个人等多元主体参与林业投资，促进了林业产业的发展。近 40 年来，广东省委、省政府陆续作出了"五年消灭荒山，十年绿化广东大地""实施新一轮绿化广东大行动""绿美广东生态建设"等重大部署，全省林业生态建设取得了显著的成效，为全省实践林业生态产品价值实现机制奠定了坚实的基础。

在各级政府和社会力量共同努力下，广东省的累计造林面积不断增加，2000年、2005年、2010年、2015年的人工造林面积分别为 1.72 万公顷、9.51 万公顷、11.85 万公顷、15.39 万公顷。2000—2015 年，广东省新增人工造林面积呈增长趋势。这些造林项目涵盖了全省各个地区，从珠江三角洲到粤西山区，形成了广泛而多样化的林业资源布局。随着造林面积逐步达到高水平，广东省逐渐从大规模造林转向林分优化和森林抚育，以提高森林质量为主要目标，绿美广东生态建设达到新的高度。截至 2024 年 4 月 19 日，广东完成林分优化 8.97 万公顷，占全年林分优化13.33 万公顷（200 万亩）计划任务的 67.27%。这一数据反映了广东省在人工造林方面取得的显著进展。

在主要林产品产量方面，广东省也取得了可喜的进展。首先是木材产量，广东省的木材生产规模在 20 多年来呈现增长的趋势，现已成为全国重要的木材供应基地之一。2022 年，广东省木材产量已经达到 1254 万立方米。各类优质木材，如楠木、柚木、榉木等在广东省得到良好的生长条件，其产量稳步增长。此外，竹材也是广东省的重要林产品之一。2021 年，大径竹产量已经达到 30907 万根（表 2-2）。其中，毛竹和箸竹的种植规模较大，广泛应用于建筑、家具和工艺品等领域。

表2-2　广东省造林面积及主要林产品产量

项目	林产品	2000年	2010年	2015年	2020年	2021年	2022年
造林和育苗面积	人工造林面积(万亩)	25.76	142.72	177.69	30.03	29.61	15.48
	年末实有育苗面积(万亩)	3.12	4.54	12.17	3.57	3.63	2.70
木材竹材产量	木材(万立方米)	275	655	791	1011	1264	1254
	大径竹(万根)	6809	13252	12754	25737	30907	—
主要林产品产量	油茶籽(万吨)	2.63	8.24	14.94	16.27	17.76	17.97
	竹笋干(万吨)	1.41	3.03	3.98	5.56	6.62	—
	板栗(万吨)	5.44	10.62	2.12	4.60	5.56	5.51
	松香类产品(万吨)	9.61	12.91	15.62	18.90	18.64	14.61

注：资料来源《广东省统计年鉴2023》。

　　除了木材和竹材，广东省还注重发展其他林产品。例如，果树种植在广东省有着悠久的历史，并且产量一直保持较高水平。油茶籽、竹笋干、板栗、松香类产品是广东省特色大宗林产品。其中，油茶籽、板栗、松香类产品在2022年产量分别达到17.97万吨、5.51万吨、14.61万吨；竹笋干在2021年的产量达到6.62万吨。此外，柑橘、荔枝、龙眼等热带水果是广东省的特色农产品，其优质品质深受消费者喜爱；蕉类、杧果等也在广东省得到广泛种植，为当地经济增加了不可忽视的收入来源。

　　总之，广东省的造林面积和主要林产品产量呈现出良好的发展态势。在政府的支持和各方的努力下，广东省在林业领域取得了显著成就，不仅为当地经济发展作出了重要贡献，也为生态环境的保护提供了有力保障。同时，这些成就为深入探索绿水青山就是金山银山的理念以及广东林业生态产品价值的实现奠定了坚实基础。

2.5　小　结

　　广东省凭借得天独厚的地理位置和气候条件，林业资源丰富，拥有庞大的森林、湿地、草地及野生动植物资源。全省森林资源不仅广泛覆盖乔木、灌木和竹林等多种植被类型，还以其丰富的红树林、内陆滩涂等湿地资源而著称，尤其是湛江、江门等市的湿地面积较大。此外，广东省分布多种野生动植物的重要栖息地，包括多种国家重点保护动物和植物种类，展现出生物多样性和生态系统的独特价值。

　　在生态建设方面，广东省通过一系列措施推进林业生态系统的恢复与发展，实施了"十年绿化广东"、新一轮绿化广东大行动及分类经营等多项举措。特别是在近年来，广东大力推行生态产品价值实现机制、绿美广东生态建设等重大决策，并在国家公园和自然保护地建设方面取得了积极进展。通过政府、企业和社会各界的共同努力，广东省的森林覆盖率稳步提升，林业资源得到了有效保护与可持续利用，为全省生态安全和经济发展提供了强有力的保障。

参考文献

广东省统计局，2023. 广东省统计年鉴2023[M]. 北京：中国统计出版社.

潘坚，王德华，1998. 对始兴县森林分类经营的调查研究[J]. 中南林业调查规划，17(1)：22-25.

中共广东省委党史研究室，2011. 中共广东历史简明读本[M]. 广州：广东人民出版社.

林业生态产品分类与价值实现机制 3

3.1 基本概念

3.1.1 生态产品

  生态产品是我国生态文明建设中的独特概念，与国际上广泛研究的生态系统服务概念相近。产品，通常是指能够满足人类需求的有形或无形的物品和服务，并可以在市场中交易。随着人们对美好生活的需求日益关注，优美的生态环境逐渐成为社会需求的重要组成部分，而获得这些环境通常需要付出直接或间接的成本。由此，自然生态系统提供的有形物品（如清洁水源）和无形服务（如休闲娱乐）逐步进入市场，直接满足了消费者的多样化需求，这表明生态环境具有产品的属性，称之为"生态产品"。

  20 世纪末，国际上开始了对生态系统服务的研究。Daily（1997）提出，生态系统服务包括生态系统提供的维持生命的自然过程和资源，如水净化、空气循环等；Costanza 等（1997）进一步将生态系统服务定义为从自然资本中流出的物质和能量，这些元素结合了人类劳动，直接或间接提升了人类福祉。尽管国际上各研究机构和学者对生态系统服务的定义和分类存在差异，但都强调了生态系统对人类福祉的关键作用。综合而言，这些服务可以归纳为供给服务、调节服务、支持服务和文化服务四个方面。在供给服务方面，生态系统提供食物生产、供水、纤维等原材料，遗传性、观赏性资源以及生物质能源等。调节服务包括气体调节、气候调节、干扰调节（如防风暴和防洪）、水调节（例如自然灌溉和防旱）、废物处理、防侵蚀和水土保持、土壤形成、授粉、生物防治、自然灾害调节、净水、虫害和人类疾病调节、土壤肥力维护等。支持服务包括营养循环和光合作用、初级生产、生物多样性、生命周期维护(庇护所和栖息地)、基因库保护等。文化服务涵盖娱乐(包括生态旅游和户外活动休闲)、文化(包括美学、艺术、精神、教育和科学等)、身体上的与体验性的互动以及精神的和象征性的互动等。需要指出的是，自然生态系统是最复杂的巨系统之一，其管理问题也非常棘手。生态产品的定义源自对自然系统提供服务功能的理解，强调评估生态系统服务。已有的关于生态产品和生态系统服务的概念定义、分类框架、度量指标等方面的研究存在不一致性(Nahlik et al.，2012)。总体而言，生态系统服务的研究仍处于百花齐放的阶段。

国内学者对生态产品的定义主要聚焦于生态系统服务的功能及其对人类福祉的贡献。欧阳志云等(1999)认为，生态系统服务功能是人类赖以生存的自然环境条件，维持着生命支持系统，并为人类提供生产和生活的原料。李文华(2006)指出，生态系统服务是生态学研究的核心，是人类福祉的重要来源，既包括自然生态系统，也包括人类改造的生态系统所提供的直接和间接效益。曾贤刚等(2014)进一步强调，生态产品是生态系统和人类共同作用的结果，具有可持续性。申娟等(2023)和刘江宜等(2020)提出了生态产品的狭义和广义定义，分别指维持生态安全的自然产品和通过清洁生产、降耗减排等方式产生的生态友好型物质产品。总体上，国内学者强调生态产品不仅提供经济利益，还包含社会、文化与环境价值。随着理论和实践的不断推进，生态产品的定义也在不断完善，涵盖了物质供给、调节服务和文化服务三大类。这一分类与国际上对生态系统服务的四大类(供给服务、调节服务、支持服务和文化服务)基本一致。

总体而言，我们将生态产品定义为以自然生态系统为基础，通过自然过程或与人类劳动共同作用，以可持续的方式满足人类生产和生活需求，并通过市场或非市场途径实现其价值的有形或无形产品。这一定义不仅包括生态系统直接提供的物质资源(如食物、水资源、可再生能源等)，还涵盖了生态系统的调节功能(如气候调节、水净化、涵养水源等)、支持服务(如营养循环、初级生产等)，以及文化服务(如生态旅游、自然教育等)。生态产品可以源自原始的生态系统，也可来自通过人类劳动和物质资源恢复服务功能的生态系统。值得强调的是，生态产品必须通过可持续的方式获取，其产出过程需确保生态资本不被削弱。这一概念体现了人与自然和谐共生的关系，同时兼顾了生态保护与经济发展的双重目标。

3.1.2 林业生态产品

在全球气候变暖和生态环境承载压力日益提高的背景下，依托林业的各类生态系统服务功能的价值得到公众的广泛认可，推动林业迅速成为生产生态产品的主要领域，对建设森林生态系统、改善荒漠生态系统、保护湿地生态系统和维护生物多样性等方面发挥重要作用。引入"产品"概念到林业生态系统及其衍生品中，有助于推动林业生态系统服务的设计、生产、交易和品牌建设，从而促进优质林业生态产品的供给。可以从三个方面理解林业生态产品的内涵：第一，林业生态产品涵盖人类生命支持、物质保障和精神健康三大类；第二，它凝结了人类劳动的成果；第三，林业生态产品具备在市场中交易和流通的基础，能够被使用和消费。

因此，林业生态产品是指森林生态系统通过物质循环（如碳循环、水分循环、养分循环等）、能量流动和生物过程等生态过程所产生的服务和产品。林业生态系统提供的服务包括清洁空气、干净水源、农林产品等物质供给功能，固碳释氧、气候调节、水源涵养等调节功能，物种保育等支持功能，以及自然教育、森林康养等文化服务功能。这些服务转化为满足人类生命和健康需求的生态资源产品、生态效益产品、生态物质产品和生态文化产品（图3-1）。林业生态产品不仅满足人类生命支持、物质保障和精神健康需求，还凝结了人类劳动的成果，并具备市场交易和流通的可能性。林业生态产品强调可持续性，确保在提供这些产品和服务的过程中不损害其生态系统的长期健康与稳定。

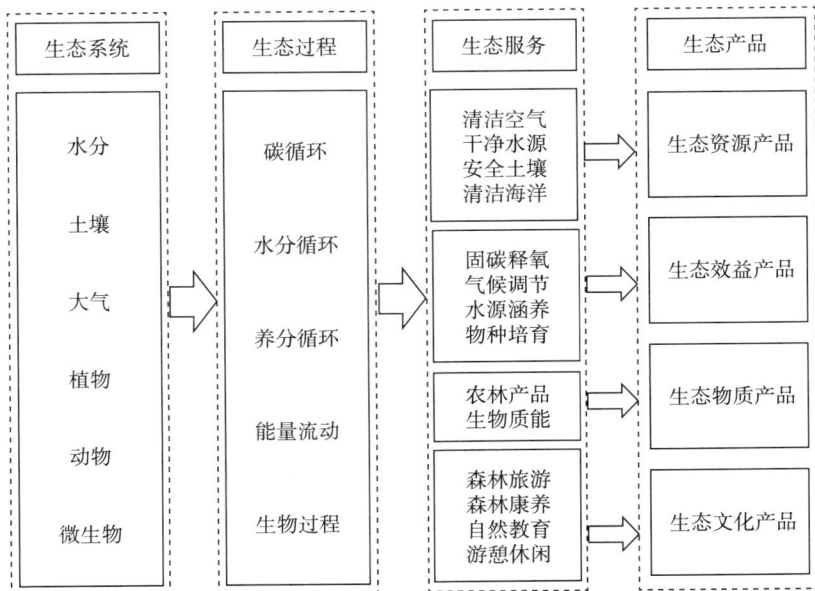

图3-1　从林业生态系统到林业生态产品的内在联系

3.2 林业生态产品分类

根据团体标准《生态产品分类指引》(T/CSF 0081—2023)中的分类标准，依据可交换的终端产品和政策导向，将生态产品分为物质型生态产品、服务型生态产品、产权型生态产品和规制型生态产品四大类。林业生态产品种类繁多，其分类需综合考虑产品形态、市场属性、供给主体、产权归属及受益范围等因素。根据《国家林业生态产品分类目录》和《生态产品分类指引》，本节从多维度构建分类体系，为后续价值实现机制研究奠定基础。

3.2.1 按产品形态分类

林业生态产品按形态可以分为有形产品和无形产品。

3.2.1.1 有形产品

有形的林业生态产品是指以物质形态表现出来的，看得见、摸得着的林业生态产品。

(1)木材及其制品类。木材是最常见的林业生态产品之一，包括各种树木的原木、锯材、板材等，广泛应用于建筑、家具、地板、造纸等行业。此外，还有与木材相关的制品，如人造板、纤维板、胶合板等。

(2)果实及其加工品类。果实是指从植物上采摘下来的水果，如荔枝、龙眼、鹰嘴桃、三华李、沙田柚、沙糖橘等，可以直接食用，也可以通过加工制成果脯、果酱、果汁等产品，延长保质期并增加附加值。

(3)草药及其提取物类。草药是指在自然环境中生长的具有药用价值的植物，如中草药、花草等。草药可以通过干燥、粉碎等方式制成草药颗粒或者提取出有效成分，可用于医药、保健品、化妆品等领域。

(4)花卉类。各种具有观赏价值的本地花卉品种，如簕杜鹃、山茶花、黄花风铃木等。花卉可以直接销售给消费者，广泛用于景观设计和园艺种植，特别是在城市绿化和庭院美化方面。此外，还有花卉的种苗，供种植者购买进行栽培，以满足日益增长的园艺需求。

(5)林下特产及其加工品类。林下特产是指在林地或森林中生长的野生植物或动物，如灵芝、黄精、巴戟天、竹笋等。林下特产可以直接食用，也可以通过加工制成保健品、干货、调味品等产品，广泛应用于食品、医药和保健领域，具有较高的经济和营养价值。

（6）绿色建筑及木结构工程类。绿色建筑是指利用可再生资源，尤其是木材，打造环保、节能的建筑。木结构工程则是利用木材作为主要结构材料进行建筑和桥梁的设计与施工。

3.2.1.2　无形产品

在林业生态产品中，除了物质性的产品外，还存在许多无形产品。这些无形产品是指与自然环境、生态系统和文化价值相关的非物质性好处或体验。无形的生态产品是指看不见、摸不着的林业生态产品，如林业碳汇、优美的生态环境、良好的生态效益、生态安全等。以下是林业生态产品中常见的无形产品。

（1）自然景观和美学价值。林业生态产品提供了丰富多样的自然景观，如森林、湖泊、山脉等。这些景观具有独特的美学价值，能够给人带来视觉上的享受和心灵上的满足。通过欣赏自然景观，人们可以感受到大自然的壮丽和宁静，增强对自然美的认知和欣赏能力。

（2）自然教育和森林康养。林业生态产品在自然教育和森林康养方面发挥着重要的作用。通过自然教育，人们可以深入了解和认识自然界，培养环境保护意识和可持续发展价值观。而森林康养则为人们提供了一个远离喧嚣、舒缓压力的环境，促进身心健康和精神愉悦。这些活动不仅有益于个体的成长和幸福感，也对社会的整体健康和可持续发展具有积极影响。

（3）生态系统服务。林业生态产品所在的生态系统为人类提供了各种重要的生态系统服务。例如，森林可以固碳释氧、净化空气、调节气候、保持水源地的稳定等。这些生态系统服务对于维护人类健康和社会福祉至关重要，虽然无法直接触摸或消费，但对人类的生存和发展具有巨大的意义。

（4）生物多样性保护。林业生态产品的保护和管理有助于维护生物多样性。森林是许多濒危动植物的栖息地，通过保护这些生态系统，可以保护珍稀物种的生存环境，维持生物多样性的稳定。无形产品包括对生物多样性的保护意识和责任感，以及为后代留下丰富多样的自然遗产。

（5）教育与科学研究价值。林业生态产品提供了重要的教育资源和科学研究对象。人们可以通过参观、研究和学习来了解森林生态系统的运作机制、物种互动关系等知识。同时，林业生态产品也为科学家提供了实验场所和数据来源，推动相关领域的研究和创新。

（6）文化传承和历史价值。林业生态产品承载着丰富的文化传统和历史价值。

例如，一些具有特殊意义的古树名木被视为文化遗产，反映了人类与自然的长期交流和共生关系。这些无形产品体现了人类与自然之间的深厚情感和文化认同。

（7）心灵抚慰和身心健康。林业生态产品提供了一个远离城市喧嚣的环境，为人们提供放松、休息和恢复身心健康的机会。森林浴、户外运动等活动可以减轻压力、缓解焦虑，并促进身体健康和精神愉悦。

（8）生态旅游和休闲体验。林业生态产品作为旅游目的地或休闲场所，提供了丰富多样的体验和活动，使人们能够享受大自然的美好，并培养对环境保护的关注和尊重。例如，徒步旅行、露营、观鸟等都是通过与自然互动来获得乐趣和满足感的方式。

3.2.2 按市场属性分类

3.2.2.1 纯公共产品

纯公共产品具有非排他性和非竞争性的特征。非排他性是指产品在消费过程中产生的利益无法被特定人群独占，无法将某些人排除在消费过程之外，否则代价过高，如气候调节，所有人都能受益于良好的气候环境，无法将某人排除在外。非竞争性则表现为增加一个消费者不会减少其他消费者的消费量，也不会增加供给成本，如物种保育，一个物种的保护成果不会因多一个受益者而受损。

纯公共产品的供给主体主要是政府，依靠财政投入来保障其供给。因为纯公共产品的特性使得市场机制难以有效发挥作用，消费者往往存在"免费搭车"的心理，不愿意为这类产品付费，导致市场供给不足，而政府可以通过税收等方式筹集资金，确保其稳定供给。

其价值实现方式主要是通过纵向或横向生态补偿。以广东省生态公益林补偿为例，政府通过财政转移支付等方式，对生态公益林的保护者进行补偿，激励其更好地履行生态保护职责，实现生态价值的有效转化与充分体现。

3.2.2.2 准公共产品

准公共产品具有有限排他性。与纯公共产品相比，准公共产品在一定程度上可以实现排他，但排他成本相对较高，或者排他性不完全。例如，生态旅游，景区可以通过收取门票等方式限制未付费者的进入，但这种排他性是有限的，可能会存在一些非正式的途径或特殊情况导致排他性无法完全实现。同时，准公共产品在消费上存在竞争性，当消费者数量增加到一定程度时，会出现"拥挤效应"，影响其他消费者的使用体验。

准公共产品的供给主体是政府与市场协同。政府可以通过 PPP 模式(公私合营模式)与企业合作,共同投资、建设和运营准公共产品项目。例如,在生态旅游开发中,政府可以提供土地、政策支持等,企业则负责具体运营和管理,双方共同分享收益。此外,社区合作也是一种常见的供给方式,社区居民可以参与准公共产品的管理和服务,提高其供给效率和质量。

其价值实现方式主要是通过权益交易、流域补偿等。例如,碳汇交易,企业通过减少温室气体排放或增加碳汇,获得碳排放权指标,然后在市场上进行交易,实现其价值。流域补偿则是对流域内的生态保护者进行补偿,激励其保护水资源和生态环境。

3.2.2.3　经营性产品

经营性产品具有排他性和竞争性。排他性是指消费者只有通过付费等合法途径才能获得产品的使用权,如木材、林果等,企业或农户可以通过销售这些产品获得收益,未付费者无法获取产品。竞争性则表现为消费者的增加会导致产品数量的减少,或者需要增加供给成本,例如,市场上木材的供应量是有限的,消费者的竞争会导致价格上涨。

经营性产品的供给主体主要是企业、农户等市场主体。企业以盈利为目的,通过生产、加工和销售经营性产品来获取利润。农户则通过种植、养殖等方式生产农产品,然后在市场上销售,实现其价值。

其价值实现方式主要是通过市场化销售和品牌化运营。以"广东荔枝"为例,通过打造地理标志品牌,提高荔枝的知名度和市场竞争力,消费者愿意为其支付更高的价格,从而实现其价值。

3.2.3　按供给主体分类

林业生态产品的供给主体包括政府、企事业单位、农民和农村居民,以及社会组织和非营利机构。这些主体通过不同的方式和角色,共同参与到林业生态产品的生产、管理和供应中,满足了人们对于林业生态产品的需求,并促进了可持续发展和生态文明建设。林业生态产品按供给主体可以分为以下几类。

3.2.3.1　政府供给

政府在保护和管理森林资源方面扮演着重要角色,提供了许多林业生态产品。政府通过制定法律、政策和规划来管理森林资源,确保其可持续利用和保护。政府还负责建设和维护国家公园、自然保护区等自然保护地,为公众打造亲近自然、参观游览、学习自然知识及享受大自然之美的优质场所。此外，政府还通过林业项目和计划向社会提供一系列的林业生态产品活动，如造林工程、森林防火、森林病虫害防治等，旨在促进森林资源的合理利用和保护，并满足社会对林业生态产品的需求。

3.2.3.2　企事业单位供给

许多企事业单位也参与到林业生态产品的供给中，如林业公司、木材加工厂等经营性单位通过林木采伐和加工提供木材等物质性产品。同时，它们也承担着森林资源管理和保护的责任，通过合理经营和林业技术创新来提高森林资源的可持续利用效益。一些企事业单位还开展生态旅游、休闲度假等服务性活动，为公众提供与自然互动的机会。这些活动不仅满足了人们对自然体验和休闲娱乐的需求，同时也促进了当地经济的发展和就业机会的增加。

3.2.3.3　农民和农村居民供给

农民和农村居民在林业生态产品的供给中起着重要作用。他们通过种植果树、蔬菜、草药等进行农林复合经营，提供丰富多样的农林产品。农民还从林木中采集非木质林产品，如食用菌、竹笋、蜂蜜等，为市场提供绿色、有机的农林产品。同时，农民还参与到森林资源的保护和管理中。他们积极参与造林、抚育、防火等工作，推动农田水土保持和生态环境修复。此外，农民还通过农家乐、农庄等形式开展农村旅游，向公众展示乡村风貌和农耕文化。

3.2.3.4　社会组织和非营利机构供给

许多社会组织和非营利机构也参与到林业生态产品的供给中，例如，环保组织、自然保护协会等通过宣传教育、科研调查等方式提高公众对森林资源保护的认识和意识。他们还组织志愿者活动，参与到森林保护和恢复工作中。同时，一些非营利机构还开展生态修复、野生动植物保护等项目，为社会提供相关的林业生态产品，在推动可持续发展和生态文明建设方面发挥着重要的作用。

3.2.4　按产权归属分类

林业生态产品按产权归属可以分为国有林业生态产品、集体林业生态产品、个人林业生态产品以及其他特殊类型的林业生态产品。不同产权归属的林地和林业生态产品在管理方式、经营模式和收益分配等方面存在差异，需要根据实际情况制定相应的政策和措施，促进可持续发展和公平共享林业资源的利益。

3.2.4.1　国有林业生态产品

国有林地是指由国家所有并由政府管理的森林资源。广东省拥有大面积的国有林地，主要分布在生态保护区和国有林场。在这些林地上，国家拥有对土地、林木和其他自然资源的所有权和管理权。国有林业生态产品包括从国有林地中获得的各种物质性和非物质性产品，如木材、竹子、草药、食用菌等。国有林业生态产品的供给主要由政府负责，通过合理规划和管理国有林地来实现可持续利用和保护。政府制定相关法律、政策和规章，管理国有林地的使用和林木采伐等经营活动，并确保公众能够享受到国有林业生态产品所带来的福利。

3.2.4.2　集体林业生态产品

集体林地是指由农民集体所有并由集体经济组织或村委会管理的森林资源。广东的部分山区和农村地区的林地由农民集体所有，集体林业生态产品的管理和收益分配则由村委会或集体经济组织负责。集体林业生态产品包括从集体林地中获得的各种产品，如木材、竹子、果实等。集体林业生态产品的供给主要由村集体经济组织或村委会负责。他们根据集体林地的规模和资源特点，制定相应的管理办法和经营计划，组织农民参与造林、抚育、采伐等活动，并确保公平分配收益和合理利用集体林业生态产品。

3.2.4.3　个人林业生态产品

个人林地是指由个人所有并由个人负责管理的森林资源，以农民自有的小规模林地为主。个人林业生态产品包括从个人林地中获得的各种产品，如木材、竹笋、蘑菇等。个人林业生态产品的供给主要由个人林地的所有者负责。他们根据自身需求和资源条件，自主决策和组织相关的林业经营活动，如种植、养殖、采集等，并享受个人林业生态产品所带来的经济和生活福利。

3.2.4.4　其他林业生态产品

除了国有、集体和个人林地之外，还存在一些特殊类型的林地和林业生态产品。例如，保护区内的自然林、原始森林等属于特殊管理范围，其产权归属由政府或其他相关机构负责。此外，一些私人土地上的植被也可以提供一定的林业生态产品，但其产权归属与土地所有者相关。

3.2.5　按受益范围分类

林业生态产品按受益范围可以分为全球受益、国家或地区受益、社区或农村受益以及个人或家庭受益。不同受益范围的林业生态产品对于可持续发展、经济繁荣和人们的生活质量均具有重要意义。因此，在管理和保护森林资源时需要考虑到不同受益方的需求和利益，实现资源的公平分配和可持续利用。

3.2.5.1 全球受益

森林是地球上最重要的生态系统之一，对全球气候调节、水资源保护、生物多样性维持等起着关键作用。因此，许多林业生态产品具有全球性的受益范围。例如，森林吸收 CO_2 并释放氧气（O_2），对缓解气候变化和改善空气质量具有积极影响。木材和竹子等林产品在全球范围内被广泛使用，满足了人们的基本需求。此外，一些特殊的林业生态产品也能够为全球提供福利。例如，热带雨林中的草药和植物提取物具有医药价值，对于新药开发和健康产业具有重要意义。全球范围内的科学研究和合作也依赖于森林资源和相关的生态产品。

3.2.5.2 国家或地区受益

林业生态产品通常会直接或间接地为国家或地区提供经济、社会和生态福利。例如，木材和竹子等林产品是建筑、家具、纸浆等行业的重要原材料，对国家经济发展起到支撑作用。同时，林业生态产品也为当地居民提供就业机会和收入来源。林业生态产品还能够改善环境质量和生活品质。森林可以保护水源，净化空气，防止土壤侵蚀，并提供自然景观和休闲娱乐场所，直接影响着人们的健康和生活质量。

3.2.5.3 社区或农村受益

农村地区和社区通常与周围的森林资源密切相关，因此他们也是林业生态产品的主要受益者之一。例如，果树、草药、食用菌等非木质林产品为农村居民提供了丰富多样的食物和经济收入。农村旅游和生态旅游也为当地社区带来了就业机会和经济增长。此外，农村地区的森林资源还承担着许多生态服务功能，如水土保持、防洪减灾等，直接影响着农村地区的可持续发展和社区居民的福祉。

3.2.5.4 个人或家庭受益

林业生态产品也可以为个人或家庭提供直接的经济和生活福利。例如，个人拥有的私人林地上种植的果树、花卉等可以作为家庭食物来源或进行销售。个人还可以从森林中采集柴草、蘑菇等非木质林产品，满足自身需求并增加收入。此外，林业生态产品还能够提供给个人或家庭一种与自然互动的机会，享受大自然带来的美好体验和精神愉悦。

以上分类仅涵盖了林业生态产品按照产品形态的常见类别，实际上还存在其他细分领域和交叉类别。

3.3 林业生态产品价值实现机制

3.3.1 林业生态产品价值

林业生态产品的价值内涵包括直接利用价值、间接利用价值、选择价值和存在价值，共同构成人们对林业生态产品在经济、社会和环境方面的综合评价和认可。特定的林业生态产品可以包含单一价值或一种以上的综合价值，其价值的复杂性和难确定性给价值评估带来极大的困难。其中，直接利用价值是指林业生态产品可以直接被使用或消费，满足人们的物质需求的价值。例如，森林资源提供木材、食品、药材等物质产品。间接利用价值是指林业生态产品通过提供生态系统服务，对环境和社会产生积极影响，进而创造经济和社会效益的价值。例如，森林能够固碳释氧、调节气候、涵养水源、防止土壤侵蚀等，对农业、旅游业和水资源管理等领域具有重要意义。选择价值是指由于林业生态产品的独特性和稀缺性，使人们愿意支付更高的价格来获取或享受这些产品。例如，珍稀濒危的动植物物种栖息于森林中，吸引野生动物观赏者和摄影爱好者，带动了旅游业的发展。存在价值是指林业生态产品本身存在的事实就具有价值，即使没有直接或间接利用，人们也认为保护和维持森林生态系统的完整性是重要的，体现了人们对自然环境的尊重和保护。

3.3.2 价值实现机制和途径

随着我国生态文明建设的不断推进，在践行"两山"理念的过程中，不仅要秉承"山青了水绿了"的传统理念，还要通过生态产品价值实现将生态效益转化成经济效益，然后用经济反哺生态，真正实现经济价值和生态价值的统一。这需要政府和市场的协调配合，建立健全的机制和体系，推动林业生态产品价值的实现（图 3-2）。

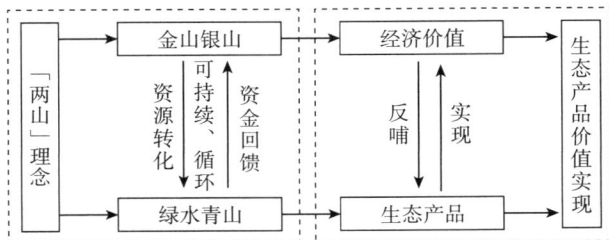

图 3-2　"两山"理念与生态产品价值实现的内在联系

林业生态产品价值的实现基于近年来国际上对绿色经济的探索，其理论基础包括生态系统服务的价值评估、生态系统服务的供需关系、生态系统与生物多样性经济学，以及林业生态产品交易的环境经济学，其实现机制在于充分发挥林业生态产品的生态价值，推动绿色经济的可持续发展。林业生态产品价值实现机制是指包括从林业生态产品的认定、生产、价值评估或定价、价值兑现方式等一系列复杂且能向普通产品实现从生产到收益的全过程。简单来说，是指将林业生态产品的内在价值转化为经济效益、社会效益和生态效益的过程（窦亚权等，2022）。目前，实现林业生态产品价值的主要路径有政府途径、市场途径以及政府和市场混合途径。

3.3.2.1　政府途径

政府在林业生态产品的价值实现中扮演着重要角色。政府可以通过制定相关法律法规和政策来保护和管理森林资源，促进林业生态产品的可持续利用。同时，政府还可以提供资金支持、技术指导和培训等方面的帮助，推动林业生态产品的开发和利用。

3.3.2.2　市场途径

市场是实现林业生态产品价值的重要渠道。通过市场交易，林业生态产品可以被人们购买和消费，从而产生经济效益。例如，木材、食品和药材、林业碳汇等林业生态产品可以通过市场销售，为相关产业带来收入。此外，市场的需求也会促使企业进行技术创新和产品升级，提高林业生态产品的附加值。

3.3.2.3　政府和市场混合途径

政府和市场在林业生态产品价值实现中可以相互配合。政府可以通过制定激励政策和项目扶持，引导市场主体参与林业生态产品的开发和利用。例如，政府可以设立补贴机制，鼓励农民种植经济林或保护天然林，从而增加林业生态产品的供给。同时，政府还可以组织市场推广活动，提升林业生态产品的知名度和市场竞争力。

基于林业生态产品的初步分类，综合考虑其市场属性和人类参与程度，将林业生态产品分为纯公共性、准公共性和经营性三类。纯公共性生态产品对应纯生态生产，准公共性生态产品涉及生态与人类共同生产，而经营性生态产品则以生态生产初级产品为基础、以人类生产为主导。根据这一分类体系，确定了不同类型林业生态产品的价值实现模式。（表3-1、表3-2）。

表 3-1　林业生态产品市场属性及价值实现模式

市场属性	特征	人类参与程度	原则	模式
纯公共性林业生态产品	非竞争性和非排他性	纯生态生产	政府为主保护优先	纵向生态补偿 横向生态补偿
准公共性林业生态产品	有限的竞争性和排他性	生态和人类共同生产	多方参与协同治理	林业生态资源权益交易 林业资源产权流转经营
经营性林业生态产品	竞争性和排他性	以生态生产初级产品为前提，以人类生产为主	市场交易企业主导	林业生态产业开发 林业生态品牌培育 供需精准对接

表 3-2　林业生态产品分类及价值实现模式

林业生态产品分类			市场属性	模式
物质类林业生态产品	初级林产品	纯天然产品供应（如木材、竹材、林果、油料、林药、林菌等原材料）	经营性林业生态产品	林业生态产业开发 林业生态品牌培育 供需精准对接
		自然要素生产（如各类林业生态系统生产的清洁空气、干净水源、宜人气候等）	纯公共性林业生态产品	生态补偿
	初加工林产品	木竹建材 初加工林果、菌、药 初加工工业原料 食用油品 其他	经营性林业生态产品	林业生态产业开发 供需精准对接
	衍生性林产品	林化工产品 绿色林业食品 矿泉水 生物质能 林业深加工产品	经营性林业生态产品	林业生态品牌培育 供需精准对接
调节服务类林业生态产品	初级生态调节服务	水源涵养、水质净化 土壤保持、防风固沙 洪水调蓄 固碳释氧、空气净化 局部气候调节 其他（物种保育、病虫害控制等）	纯公共性林业生态产品	纵向生态补偿 横向生态补偿
	衍生性生态调节服务	碳排放放权 绿化增量指标 林业碳汇 蓝碳	准公共性林业生态产品	林业生态资源权益交易
		使用林地指标 林权		林业资源产权流转经营
文化服务类林业生态产品		旅游康养服务 休闲游憩服务 教育科研服务 精神审美服务 景观增值服务 其他文化服务	经营性林业生态产品	林业生态产业开发 林业生态品牌培育 供需精准对接

综上所述，林业生态产品价值的实现路径包括政府、市场及其混合途径，通过法律政策支持、市场交易和政府引导的综合作用，将林业生态产品的内在价值转化为经济、社会和生态效益。不同类型的林业生态产品根据其属性和市场特征采取相应的价值实现模式。

3.3.3　广东省林业生态产品价值实现策略

广东省作为中国南方的重要省份，其在林业生态产品价值实现方面的探索与实践，不仅对本省的绿色发展具有深远影响，也为全国乃至全球提供了宝贵的参考。在国家生态文明建设的大潮中，广东省积极贯彻国家战略，通过一系列创新措施，如自然资源统一确权登记、生态产品信息普查、生态产品价值核算等，为生态产品的保护与合理开发提供了坚实的科学支撑。这些措施不仅促进了生态环境的保护与恢复，也为生态产品的市场化运作奠定了坚实基础。

广东省在生态产品价值实现方面，采取了多元化策略，其中包括构建生态产品交易市场和建立生态保护补偿机制。这些机制的建立，使得生态产品的价值在交易过程中得到体现，有效激励了社会资本向生态保护和修复领域流动。此外，广东省还大力推动绿色农林业、生态文化旅游、绿色低碳产业等多元化经营模式。这些模式的实施，既促进了地方经济的繁荣，也为生态产品的多样化发展开辟了新路径。

在物质产品领域，广东省通过培育特色农产品和林产品，提升了产品价值，增加了农民收入。在生态公益林和湿地补偿方面，广东省实施了生态补偿政策，对那些致力于生态保护的地区和个人给予经济上的补偿，有效激发了公众参与生态保护的积极性。对于碳汇和碳票这类新兴生态产品，广东省也展现出积极探索的态度，通过参与碳交易市场，将碳减排转化为实实在在的经济效益。

在旅游和品牌建设方面，广东省充分利用其丰富的自然资源和文化资源，大力发展生态旅游，打造了多个知名生态旅游品牌，不仅提升了地区形象，也为当地居民提供了就业机会和经济收入。这些实践不仅为广东省的生态保护和经济发展注入了新活力，也为全球生态产品价值实现提供了有益的经验和启示。

3.4　小　结

本部分围绕林业生态产品的概念展开，深入探讨了林业生态产品的定义及其多样化的价值实现路径，并对林业生态产品进行了多维度的分类。林业生态产品是指森林生态系统通过物质循环、能量流动和生物过程等生态过程所产生的服务和产品，涵盖了物质供给功能、调节功能、支持功能以及文化服务功能。林业生态产品的价值实现是将这些服务和产品的内在生态、社会和经济价值转化为实质效益的过程，政府途径、市场途径及两者的结合为主要实现路径。在此过程中，政府通过政策支持和法律保障推动林业生态产品的可持续利用，而市场通过需求引导企业进行创新和技术升级，提升产品的附加值，从而实现生态效益与经济效益的协调统一。

在林业生态产品的分类方面，林业生态产品按照产品形态、供给主体、产权归属及受益范围进行了详细划分。产品形态上，林业生态产品既包括木材、药材等有形产品，也涵盖碳汇、森林康养等无形产品。供给主体方面，政府、企事业单位、农民和社会组织各自发挥不同作用，共同参与林业生态产品的开发和管理；产权归属涉及国有、集体和个人林地，不同的产权主体在管理方式和产品利用上各具特点；受益范围则涵盖全球、国家、社区及个人层面，展示了林业生态产品对不同受益群体的广泛影响。本部分通过对林业生态产品内涵及分类的系统探讨，为后续关于林业生态产品交易机制、补偿机制、经营开发机制及保障机制的讨论提供了理论依据和实践基础。

参考文献

窦亚权，杨琛，赵晓迪，等，2022. 森林生态产品价值实现的理论与路径选择[J]. 林业科学，58(7)：1-11.

刘江宜，牟德刚，2020. 生态产品价值及实现机制研究进展[J]. 生态经济，36(10)：207-212.

李文华，2006. 生态系统服务研究是生态系统评估的核心[J]. 资源科学，24(1)：1-10.

欧阳志云，王效科，苗鸿，1999. 中国陆地生态系统服务功能及其生态经济价值的初步研究[J]. 生态学报，19(5)：607-613.

申娟，胥爱欢，2023. 广东生态产品价值实现机制的探索与实践[J]. 广东经济(1)：30-35.

曾贤刚，虞慧怡，谢芳，2014. 生态产品的概念、分类及其市场化供给机制[J]. 中国人口·资源与环境，24(7)：12-17.

Costanza R，D'Arge R，Groot R D，et al.，1997. The value of the world's ecosystem services and natural capital[J]. Nature，387：253-260.

Daily G C，Alexander S，Ehrlich P R，et al.，1997. Ecosystem services：Benefits supplied to human societies by natural ecosystems[J]. Issues in Ecology，1：1-18.

Nahlik A M，Kentula M E，Fennessy M S，et al.，2012. Where is the consensus? A proposed foundation for moving ecosystem service concepts into practice[J]. Ecolcgical Economics，77：27-35.

4 林业生态产品交易机制

林业生态产品价值主要由森林生态系统提供的林业产品供给价值、林业生态调节服务价值以及附带的文化旅游价值组成。林业生态产品价值实现机制的核心，是在充分发挥林业生态产品的生态价值的基础上，通过林业碳汇、抵押贷款、生态补偿等方式，将其生态价值转换为经济效益。为推动广东林业高质量发展，广东省林长办联合省绿委办于 2022 年 3 月制定了《绿美广东大行动实施方案》，明确提出推动生态产品价值实现，推动林业碳汇交易发展，推动林业碳普惠向粤东、粤西、粤北地区倾斜。方案强调了林业生态产品交易的重要性。本部分在介绍林业生态产品交易特点的基础上，重点阐述林业生态产品价格形成机制、交易运行机制和主要交易模式。

4.1 林业生态产品价格形成机制

林业生态产品价格是林业生态产品价值的货币表现，是林业生态产品市场交易体系中最重要的决策依据。林业生态产品价格形成机制是指在林业生态产品价格形成过程中，具有直接定价权、间接定价权或价格干预权的各价格决策主体间的相互关系，以及由此决定的林业生态产品价格形式、价格体系、价格调控方式等。

4.1.1 林业生态产品交易市场现状

通过对林业生态产品交易市场研究的总结梳理（陈其煜等，2023），林业生态产品交易机制是以市场为导向的价值实现理念，充分发挥市场在资源配置中的决定性作用，让自然资源的保护者和增益者获得收益，让破坏者和受益者支付费用，借以形成生态产品货币化机制（王静怡，2022）。因此，建立林业生态产品交易市场，完善交易价格机制，加强交易市场监管是林业生态产品市场主导型价值实现中不可或缺的前提。

现阶段，在"双碳"政策下进行林业生态产品建设，如果想要使其生态效益价值得到更为充分地体现，需要高度重视林业碳汇交易市场。在我国，目前碳汇交易已经初步形成市场框架，同时，还需要将林业碳汇逐渐融入碳排放权交易。在该状况下，相关单位需要针对碳排放权交易和碳汇交易，建立生态资产市场，精准评估林业碳汇的相关政策和增长潜力，并对其碳汇交易机制进行科学完善。与此同时，还需要强化林权有序流转，针对林地流转建立风险防控机制，进行"森林银行"、林票等推广模式的深入探索。在我国，地役权改革正处于探索阶段，须深入探究林地资源权属，全面解决各种林权纠纷问题，确保绿色金融创新能够对地役权提供更大的支撑（于爱水，2022）。2022 年 4 月 10 日，中共中央、国务院发布《关于加快建设全国统一大市场的意见》，对培育发展全国统一的生态环境市场做出重要部署，提出建设全国统一的碳排放权、水权交易市场，实行统一规范的行业标准、交易监管机制，推进排污权、用能权市场化交易。广东省在碳汇交易方面进行了积极探索，如深圳市福田红树林自然保护区内的红树林碳汇项目开发与交易，以及广州碳排放权交易所出台的《广东省碳普惠制核证减排量交易规则》，为林业生态产品价值核算和交易提供了制度保障。广东省环境权益交易所积极探索生态产品价值实现新路径，创新红树林碳汇开发权交易模式，并建设了广东省碳综合服务平台，确保交易公平、公正、公开。

整体来看，林业生态产品交易市场在不同地区和产品之间存在显著的异质性，但可以观察到一些普遍性趋势。首先，生态产品价值实现的研究在我国尚处于起步阶段，与国外生态系统服务研究存在较大差异。其次，生态产品价值实现的发展历程可以划分为制度探索、制度建立和制度完善三个阶段，每个阶段均呈现出不同的特征和挑战。再者，生态产品价值实现的相关实践研究、模式研究以及瓶颈与对策研究等方面均表明，尽管存在地区和产品间的差异，但都在探索可复制、可普及的生态产品价值实现模式。此外，制度上，研究强调了建立健全生态产品价值实现机制的重要性。理论上，提出了加强多领域、多视角融合研究，以促进生态产品价值实现的多样性研究。这些趋势反映了林业生态产品交易市场在价值实现、制度建设和理论研究方面的共同进展和发展方向。

4.1.2 林业生态产品价格影响因素

林业生态产品的供给既具备自然垄断属性，又具备市场竞争属性。因此，在林业生态产品市场化过程中，产品价格的形成受多种因素影响（表4-1）。这些因素包括但不限于林业生态产品的价值、稀缺性、供需关系、生产成本、价格主体及其权力配置，以及市场结构等。这些因素共同塑造了林业生态产品价格形成的机制，价格是它们相互作用和综合影响的结果。价格不仅是经济价值的反映，还考虑了生态系统服务的重要性。因此，在林业生态产品市场中，价格形成是一个多元化和复杂的过程。

表 4-1 林业生态产品价格主要影响因素

影响因素	解释
林业生态产品价值	通过森林生态保护投入成本法或森林生态系统服务价值评估方法核算的价值，涵盖生态和经济效益
稀缺性	指特定林产品的供应相对稀少，与市场需求相比供不应求，影响产品价值
供需关系	供需关系决定产品的市场表现，供应过剩或供不应求都会影响价格
生产成本	包括采集、加工、运输等成本，对产品价格形成有直接影响
价格主体及其权力(利)配置	市场参与者对于价格的认知和权力，影响着价格的形成和调整
市场结构	涉及市场中的竞争程度、供应者数量、产品差异化程度等，影响价格的竞争性和市场动态

4.1.2.1 林业生态产品价值

林业生态产品价值是影响林业生态产品价格的重要因素。林业生态产品价值的计算重点考虑到森林生态系统对生态环境的贡献，包括其对生态平衡、水源保护、土壤保持、气候调节等方面的影响。这种评估方法通过分析生态系统的服务功能及其对人类社会的影响，量化了林产品在生态系统中的价值，通常高于仅依赖市场交易的经济价值。林业生态产品价值实现机制包含多种策略和手段。其中一个重要方面是，通过林业碳汇将森林对 CO_2 的吸收和存储价值化，为碳市场提供了重要的资源。此外，抵押贷款、生态补偿等方式也被应用于实现林业生态产品的经济价值，鼓励和奖励保护森林生态系统的行为（陈其煜等，2023）。林业生态产品价格是在市场交易中形成的。它反映了买方和卖方对于林业生态产品价值的认知和评估，同时也受到市场供求关系、国际贸易和政策法规等多重因素的影响。在这个市场环境中，产品的生态价值和经济价值相互作用，影响着价格的波动和变化。

因此，林业生态产品的价值不仅局限于经济层面，更涵盖了其在生态系统中的功能和对人类社会的贡献。这种综合评估方法有助于更全面地理解和评估林业生态产品在市场交易中的定价机制。

4.1.2.2 林业生态产品稀缺性

稀缺性是经济学中一个核心的概念，指的是资源相对于需求而言的有限性。在考量资源供给与需求之间的平衡时，稀缺性成为评估资源价值的关键指标之一。而在森林生态系统中，林业生态产品源自这一特殊的生态环境，其稀缺性是评估林业生态产品经济价值的重要尺度。

森林是林业生态产品的主要来源，其稀缺性程度受到自然禀赋的影响。在人类历史中，随着社会和经济的演变，对森林资源的需求和利用方式发生了巨大变化。在早期，森林资源开发利用相对有限，林业生态产品并不具备显著的稀缺性。然而，随着工业化和城市化的发展，对木材、纸浆、药材等林产品的需求急剧增加，导致对森林资源过度开发和滥伐，林业生态产品的稀缺性逐渐显现。森林生态系统的稀缺性不仅受到人类需求的影响，还受到自然条件的限制。森林资源的再生速度远远落后于消耗速度，长期过度的砍伐和不可持续的利用方式导致了林木的稀缺，使得林业生态产品供应不足。这种稀缺性的出现对于林业生态产品价格产生了重大影响。随着资源稀缺性的加剧，市场对这些产品的需求日益增长，导致价格上升。高价格反过来也推动了对森林资源的更大规模开发，但若过度开发继续，将加剧稀缺性，形成恶性循环。

因此，稀缺性不仅是衡量林业生态产品经济价值的重要指标，也直接影响着产品的市场供求关系和价格水平。在人类社会的发展过程中，对森林生态系统实施可持续管理和合理利用至关重要，可平衡资源的稀缺性与人类对生态产品的需求，维持生态系统的健康和林业生态产品的可持续性发展。

4.1.2.3 林业生态产品供需关系

在林业生态产品市场中，供给和需求的关系是价格形成的核心因素，对价格波动产生有直接影响。供求关系影响着产品价格的波动和市场动态，而价格的变化也反过来影响着供给和需求的变化。由于生产能力过剩、需求下降或者新技术的出现提高了产量，导致林业生态产品供应量超过市场需求，造成市场上的产品相对充裕，即供大于求时，通常会导致产品价格下降。相反，由于需求增加、供给减少或者外部因素导致林业生态产品供应短缺，市场需求超过供应量，产品供应相对不足，即供小于求时，通常会导致产品价格上升。

反过来，价格的变化也会影响供给和需求的变化。当林业生态产品价格上升时，生产者受到利润的刺激，倾向于增加供给。同时，消费者因为高价格而减少购买量，从而导致需求相对减少。反之，当价格下降时，利润减少致生产者减少供给，而消费者则因更具吸引力的价格而增加需求。在自由竞争环境下，这种供需关系和价格波动将推动市场向均衡状态演进。随着供给和需求的动态变化，市场会不断调整，以实现供需平衡，即生产者愿意供给的数量与消费者愿意购买的数量相匹配。这种均衡状态有助于确保生产者和消费者在市场交易中获得最大程度的利益，从而推动着林业生态产品在市场上的有效配置和分配。

4.1.2.4 林业生态产品生产成本

由于生产过程涉及更为复杂的生态系统和环境影响，林业生态产品的生产成本与普通商品有着明显的区别。与其他商品相比，林业生态产品的生产成本包括传统经济成本以外的需花费更多时间和精力来维持和提升生态系统综合价值方面的成本，以实现外部经济效益和生态保护的目标。

首先，林业生态产品的生产成本不仅包括传统的生产成本，如采集、加工和运输等直接生产环节的成本，还包括环境污染控制成本和末端环境治理成本。这是因为在生产林业生态产品的过程中，必须考虑对生态环境的影响，采取措施减少环境污染、保护生态平衡，以及进行末端的环境修复和治理，这些都成为了生产成本的一部分。其次，林业生态产品的生产成本来源于自然森林生态系统本身。森林生态系统提供了多样性和复杂性的生态效益，如固碳释氧、空气净化、水源涵养、土壤保持、防风固沙、维护生物多样性等生态服务功能。综合生态效益直接影响着林业生态产品的生产成本，因为生产过程依赖于森林系统的稳定性和健康性，而维持生态效益需要投入相应的成本。最重要的是，林业生态产品的生产成本不仅体现在商品本身的生产过程中，要从整个生态系统角度来理解。通过提供生态服务功能，森林生态系统不仅能够生产特定的林业生态产品，还能提供其他的生态产品，如清洁的空气、纯净的水源和宜人的气候。这些附加的生态产品对人类健康和生活质量至关重要，而它们的生产与维护则直接反映在林业生态产品的生产成本中。

可见，林业生态产品的生产成本不仅涉及传统的生产环节，还包括生态系统本身的维护和生态效益的实现。这种独特的成本构成综合考虑了生产本身的成本以及对环境和生态系统的影响，影响着产品的定价和市场竞争力，成为林业生态产品价格形成的主导性因素。

4.1.2.5 林业生态产品价格主体及其权力(利)配置

林业生态产品价格的形成涉及多重主体和复杂的权力配置，这直接影响着价格的决策和市场机制。价格主体及其权力(利)配置是林业生态产品价格形成机制的核心构成要素之一。

根据《中华人民共和国价格法》的规定，我国基本价格制度是通过市场机制形成价格，这意味着市场在价格形成中扮演着重要角色。然而，在生态产品价值实现机制中，政府、企业和社会各界参与的多元化供给主体被强调。政府在生态产品供给中具有重要地位，其职责广泛，涵盖生态环境的保护、资源的合理利用和生态系统的恢复。同时，企业和社会各界也参与其中，企业追求经济利益，社会各界则关注环境利益和公共利益，这构成了生态产品供给主体的多元化。这种多元化的供给主体决定了价格形成方式、价格体系和价格形式。政府的干预和政策对于生态产品价格的影响不可忽视。政府通过制定价格政策、提供补贴或补偿、设定生态产品市场的规则等方式来影响价格的形成。这种政府干预反映了多元价值目标的冲突与平衡，涉及经济利益、环境保护和公共利益等各方的权衡(方印等，2021)。

在生态产品价格形成机制中，需求水平、供给成本是重要考量因素。消费者对生态产品的需求程度、偏好以及市场上的供给成本直接影响着价格的波动。此外，不同利益主体的权力配置也会导致利益的相互制衡和冲突，政府的环境保护责任、市场的经济目标和公众的环境利益诉求在生态产品价格形成机制中产生错综复杂的利益互动关系。

总的来讲，林业生态产品价格形成机制是一个复杂的系统工程，需要在多元价值目标和不同利益主体之间寻求平衡，以实现经济发展和生态保护的双重目标。政府、市场和公众的合作与协调将决定着生态产品价格的合理性和可持续性。

4.1.2.6　林业生态产品市场结构

市场结构在林业生态产品市场中同样扮演着重要角色，涉及供给者、需求者以及它们之间的经济联系和交互方式(王金南等，2022)。这种结构直接影响着市场的竞争性和价格形成机制。主要包括：①完全竞争市场。这种市场结构下，存在多个小型供应者和需求者，其产品是同质化的，并且市场信息完全透明，供给者和需求者都是价格接受者而不是制定者。在林业生态产品市场，一般出现在一些小规模的生态产品交易中，如某些木材的交易场所。②垄断竞争市场。这种市场结构下，存在多个供应者，但产品存在一定的差异化，每个供应者对市场价格有一定影响力。在林业生态产品市场，一般出现在一些特定生态产品的供应中，如某种稀有植物的种子或者特殊的木材。③寡头垄断市场。这种市场结构下，市场由几个主要供应者控制，他们之间存在一定程度的互相影响，但相对于完全竞争市场来说，他们的影响力更大。在林业生态产品市场，一般出现在少数几家大型林业企业控制特定生态产品的供应情况下。④完全垄断市场。这种市场结构下，市场由单一供应者或者垄断者主导，对于产品的定价和供给有绝对的控制权。在林业生态产品市场中，这种情况少见，但在某些生态产品的特定地区或特殊环境中可能出现。

林业生态产品市场结构的不同类型会影响着价格形成机制、竞争程度以及市场参与者之间的关系。这种结构也影响着供给者和需求者在市场中的行为和策略选择。因此，了解市场结构对于制定合适的政策、促进竞争和保护消费者利益等方面都具有重要意义。

》4.1.3 》 林业生态产品定价机制

当前我国的生态产品定价机制是一个综合体系，其中涵盖了多种机制，主要包括生态产品价值核算、市场价格机制、政府规制机制和生态补偿（王金南等，2022）。在林业生态产品定价的过程中，这些机制相互交织，共同影响着价格的形成和市场的运行，主要以市场价格机制和政府规制机制为主导，但同时也借助生态产品价值核算和生态补偿等多种机制，以期在市场运行中实现价格的合理性、公平性和可持续性。这些机制相互作用，共同塑造了林业生态产品的定价框架和市场运行机制。

4.1.3.1 林业市场价格机制

林业市场价格机制是针对经营性的林业生态产品而设立的，它着重于通过市场机制来决定价格，并适用于一系列经营性林业产品。这一机制下，消费者愿意支付额外的溢价，以体现生态服务所带来的附加价值。这些经营性的林业生态产品包括但不限于林木产品、林区农产品、木制品、林副产品、森林食品、苗木花卉、林化工产品以及具有区域品牌标识等的产品。

在政府监管下，第三方认证机构扮演着重要的角色。这些机构通过建立一套促进优质林业生态产品供给的技术和管理标准，并通过收费或者公益的形式，为林业生态产品提供者提供认证服务（图4-1）。这意味着，经过认证的产品可以依据认证章或认证资质设定较高的市场价格。这种认证机制和品质标准的建立，确保了生态产品的优质性和可靠性，从而提高了产品的市场竞争力。认证的标志和资质成为消费者选购时的关键考量要素。消费者更愿意支付溢价来获得这些认证产品，因为它们代表了更高的品质和生态友好性。

这一机制通过增加产品的附加值和市场竞争力，为生态产品提供者带来了经

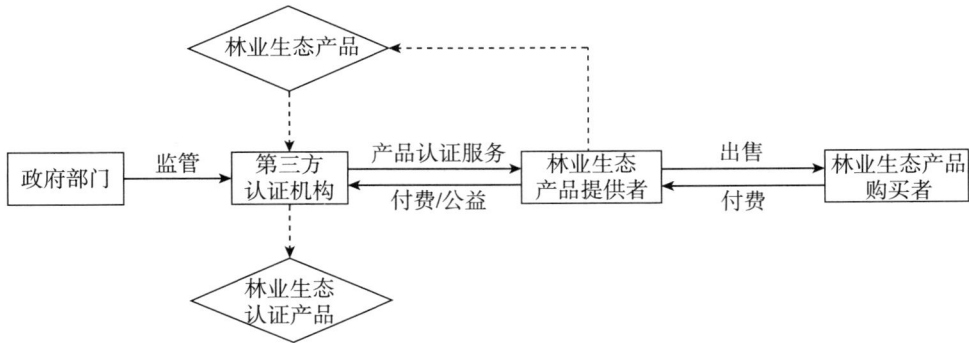

图 4-1 林业生态产品认证定价机制

济利益。这种溢价定价机制对于鼓励生产者生产更多的高品质、生态友好型产品具有促进作用，同时也推动了整个市场向更为可持续和生态友好的方向发展（高晓龙，2021）。这种溢价机制也为消费者提供了更多的选择，使他们能够更有意识地选择和支持生态友好型产品，促进了整体市场向更可持续的方向发展。

4.1.3.2 政府规制机制

政府规制机制在生态产品交易中扮演着至关重要的角色。这种机制通过政府对特定权利和义务的规定，为市场参与者营造了一种特定的交易环境，其中配额的价值体现了调节服务类生态产品交易的一部分价值。

以碳排放权交易为例，政府主管部门制定了碳排放强度控制目标和年度排放总量控制目标（图4-2）。在这一设定下，政府根据招标、拍卖或无偿分配的形式向重

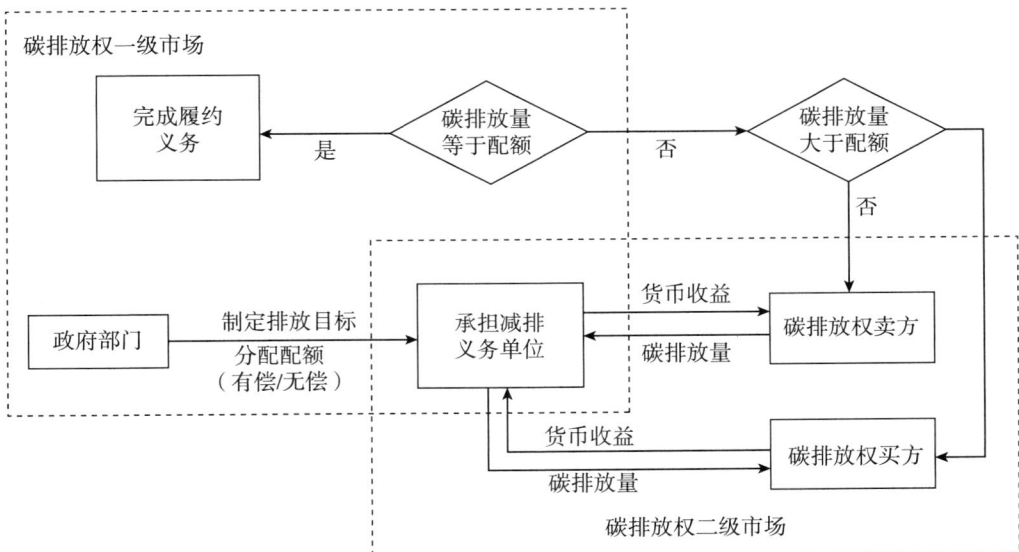

图 4-2 碳排放权二级市场（王金南等，2022）

点单位发放碳排放配额。这些配额代表了单位在一定期间内可以排放的最大碳量。这一设定旨在限制整体的碳排放量，促进碳排放的控制和减少，以应对气候变化和环境保护。当履约年度结束时，重点排放单位必须向政府报告其年度碳排放情况。第三方核查机构会对其报告进行核查，并出具核查报告。政府主管部门将根据这些核查报告确认重点单位的实际碳排放量。如果其排放量与配额相符，那么该单位就完成了其履约义务。但是，如果排放量超出了配额，该单位就需要在碳排放权二级市场进行交易。在碳排放权二级市场，单位可以买卖碳排放配额。如果某单位排放量超过了其配额，它可以购买其他单位多余的排放配额来弥补；相反，如果有剩余的配额，该单位可以将其出售给有需求的其他单位。这样的交易机制有效地促进了排放控制的实施，因为超出配额的单位需要支付额外费用，而剩余配额则可以成为额外收入来源(王金南等，2022)。

这一政府规制机制在生态产品交易中发挥了重要作用，不仅促进了碳排放的控制和减少，还为企业提供了更加透明和可预测的环境，在碳交易市场中创造了一种清晰的价值体系和交易规则。这种机制对于实现环境保护和碳减排目标，推动经济向绿色和可持续发展方向转变具有重要意义。

4.2 林业生态产品交易运行机制

林业生态产品交易机制与一般的生态产品交易机制相似，它构成了林业生态产品交易市场的核心，为市场的健康发展提供了基础和保障。这一交易机制包括了交易主体、交易标的、交易流程和交易平台等重要组成要素，其目的在于明确谁可以参与交易、交易的对象是什么、交易的方式和流程是怎样的，以及交易可以在何处进行。这些要素共同构成了林业生态产品交易的运行机制，确保了交易的公开、公平和有效性。这一机制的健全运作有助于提升林业生态产品交易市场的透明度和规范性，推动形成更为可持续和有益于生态环境的交易方式和模式。

4.2.1 林业生态产品交易主体

林业生态产品交易主体是指林业生态产品交易过程中享有权利和承担义务的组织和个人，法律法规和政策没有限制的法人和自然人均可以进入林业生态产品交易市场参与林业生态产品交易。现阶段林业生态产品交易主体主要包括交易双方、第三方机构、第四方平台和监管部门(表4-2)。这些交易主体共同构成了林业生态产品交易市场的生态系统，他们在交易过程中各司其职、相互协作，推动了交易市场的健康发展。这种多元化的参与者结构为市场带来了更多元的资源和视角，有助于促进交易市场的透明度、公平性和可持续性。同时，这也需要监管部门的有效监督和规范，以确保交易活动合法、合规和有效进行。

4.2.1.1 交易双方

交易双方在林业生态产品市场是直接参与产品交易的主体，他们在不同类型的林业生态产品中扮演着不同的角色。下面以主要的三种林业生态产品来简要说明。

（1）林业生态物质产品。交易双方指的是商品购买者和出售者。这些交易双方主要涉及实体产品的买卖，如木材、木制品、林产品等。出售者通常为森林管理者、木材加工厂、林产品生产商等，而购买者则通常为建筑行业、家具制造商、零售商等。交易双方在购买和销售林业生态物质产品时通常进行合同约定和交易。

（2）生态调节服务产品。交易双方指的是林业生态资源权益出让方与受让方。这类交易双方主要关注的是生态系统的服务和权益。出让方通常为持有生态资源的管理者、土地所有者或生态保护组织，他们将生态调节服务，如碳排放权、生态补偿权等进行转让。受让方则通常为企业、机构或其他单位，他们需要这些生态调节服务来补偿自身的生态影响，符合环保政策要求或者履行企业社会责任。

（3）林业生态文化服务产品。交易双方指的是森林生态休闲观光、森林生态旅游、森林生态康养等服务的消费者和提供者。这类产品注重提供森林生态文化服务，如森林旅游、生态康养等。提供者通常为旅游机构、度假村、康养中心或生态景区，而消费者则是寻求休闲、度假或康养体验的个人、家庭或团体。

不同类型的交易双方在林业生态产品市场中涉及的交易方式和关注点有所不同，但都在积极参与和塑造着林业生态产品市场的发展。他们的合作与交易构成了一个多样化和互动性强的市场生态系统，推动了生态产品市场的多元发展，同时也促进了森林资源的可持续利用与保护。

4.2.1.2 第三方机构

林业生态产品交易中的第三方机构扮演着至关重要的角色，为交易双方提供各种辅助服务和专业支持，以确保交易的合规性、透明性和顺利进行。他们的专业服务和支持为交易双方提供了更多的信心和保障，有助于推动整个林业生态产品市场的发展与完善。

（1）林业监测与核查核证机构。负责对林业生态产品进行监测、核查和验证，确保其来源和质量合规。主要工作包括森林资源的调查与监测，验证木材的合法性和可追溯性，对于生态服务产品进行生态效益的评估和验证。

（2）林业生态类的咨询公司和评估公司。提供专业的咨询服务，参与价格制定、生态效益评估、市场趋势分析等，为交易双方提供市场分析、风险评估、价值评估等方面的意见和建议，帮助交易双方做出明智的决策。

（3）会计师事务所和律师事务所。在交易中负责审计、法律咨询和合同起草等工作。会计师事务所进行交易的财务审计、税务评估等，确保交易合规，而律师事务所则协助起草合同、处理法律事务、提供法律咨询等服务。

（4）为林业生态产品交易提供融资服务的机构。这类机构通常为银行、投资基金、金融机构等，为交易双方提供贷款、担保、融资租赁等服务，支持生态产品的生产、流通和交易的顺利进行。

4.2.1.3 第四方平台

第四方平台在林业生态产品交易市场中扮演着关键的角色，为林业生态产品市场各方主体提供了便捷、安全、规范的交易所需的基础设施、规则、技术支持和信息媒介等，促进了林业生态产品市场的流通和交易。

（1）提供交易场所。第四方平台为林业生态产品交易提供了交易场所，形式包括线上电子交易平台、线上交易所、线上拍卖会，以及线下交易中心等，为交易双方提供了一个统一的交易平台。

（2）制定交易规则。平台制定并推行交易规则和标准，从交易流程、合同条款、资质认证、产品标准等，确保交易安全、透明、规范，为交易双方提供了明确的行动指南。

（3）提供交易系统和技术支持。平台配备了先进的交易系统和技术设施，为交易提供了便捷的操作和高效的服务。同时，提供交易撮合系统、支付结算系统、信息发布系统等，确保交易信息的及时传递和交易流程的顺利进行。

（4）信息服务和媒介。作为信息中介，平台提供了关于市场动态、产品信息、价格走势等各类信息服务。通过发布市场报告、产品信息、行业动态等，为交易双方提供决策参考和信息支持。

（5）协调和管理。平台扮演着协调和管理的角色，处理交易纠纷、监督交易过程中的不当行为，并促进各方合作共赢。同时，设立监管机构、专业团队，确保交易的公平公正。

4.2.1.4 监管部门

林业生态产品交易的监管部门在确保市场合规稳定运行方面发挥着关键作用，涉及多个领域和层面，主要包括行业主管部门、金融监管部门及财税部门。各类监管部门共同构成了对林业生态产品交易市场的监管体系。各部门依据自身职责监督市场运行，确保交易活动的合法性、公平性和透明度。通过监管和管理，切实维护了市场秩序，促进了林业产业和生态产品交易市场的规范、健康发展，最终推动实现生态环境可持续发展目标。

（1）行业主管部门。负责监督和管理林业生态产品交易市场相关的行业规范、政策执行以及生态产品的生产流通等方面。作为其中的一部分，林业管理部门、环境保护部门以及农业部门制定和实施相关政策法规，确保林业生态产品交易的合法合规，促进森林资源的合理开发和生态保护。

（2）金融监管部门。金融监管机构对林业生态产品交易市场的金融活动和融资行为进行监管和管理。银行监管机构、证券监管机构负责监督金融机构在交易中的行为，防范金融风险，确保交易的安全和合规性。

（3）财税部门。负责管理和监督林业生态产品交易的税收政策、财务管理、发票制度等方面。具体负责征收税收、管理财务记录、制定税收优惠政策，鼓励环保和生态友好型产品的交易等。

表 4-2　林业生态产品交易主体及其作用

交易主体		主要作用
交易双方	买方（受让方）	享有生态产品和服务 实现最低成本减排（履约），完成减排目标
	卖方（出让方）	提供符合要求的产品和服务 获得经济、社会效益
第三方机构	监测与核证机构	监测、核查和验证 维护交易市场的有效性
	金融机构	丰富交易产品 吸引资金入场 激发市场活力
	其他（如咨询公司、评估公司、会计师事务所及律师事务所等）	提供咨询服务 生态产品价值评估 生态产品交易相关审计
第四方平台	交易平台服务机构	提供交易场所 制定交易规则 提供交易系统和技术支持 信息服务和媒介 协调和管理
监管部门	各类产品交易主管部门	制定交易市场监管条例，并依法依规行使监管权力，规范市场运行 对交易产品、交易活动、信息公开情况等进行监督管理 配合相关部门对违法违规行为进行查处

>**4.2.2** 林业生态产品交易标的

　　林业生态产品交易市场的标的品种涵盖了多种类型的产品和服务，反映了市场的多样性和发展水平。不同类型的标的物是交易市场的核心，其丰富性对于市场的流动性和功能性至关重要。现阶段，物质类林业生态产品、调节服务类林业生态产品、文化服务类林业生态产品的主要交易标的如表 4-3 所示。各类标的物不仅是有形的实物产品，还包括了与林业生态相关的各种权益、服务以及体验。市场上的丰富标的物种类有利于促进市场的交易活跃度，增加了交易的灵活性和多样性。同时，

表 4-3　林业生态产品交易主要标的

林业生态产品类型			主要交易标的	标的类型
物质类 林业生态产品	初级林产品	纯天然产品供应	纯天然产品，如木材、竹材、林果、油料、林药、林菌等原材料	有形财产
		自然要素生产	明确权责归属的林业生态产品权益	无形财产
	初加工林产品		木竹建材、林果、林菌、林药、初加工工业原料、食用油品等生态林产品	有形财产
	衍生性林产品		林化工产品、绿色林业食品、矿泉水、生物质能、林业深加工产品等	有形财产
调节服务类 林业生态产品	初级生态调节服务		明确权责归属的林业生态产品权益，如： 农村集体所有林地上的生态产品权益 农民以户承包的林地上的生态产品权益 各类法人、社会组织投资的林地上的生态产品权益 其他自然人投资林地上的生态产品权益	无形财产
	衍生性 生态调节服务	碳排放权	碳排放配额（CEA） 核证减排量（CER） 核证自愿减排量（CCER） 适用于其他标准的自愿减排量（VER）	无形财产
		绿化增量指标	绿化增量指标	无形财产
		碳汇	林业碳汇 蓝碳	无形财产
		其他衍生性产品	使用林地指标 林权	无形财产
文化服务类 林业生态产品	提供各类文化服务生态产品		生态旅游景点、项目、线路、娱乐设施、康养服务等生态旅游康养产品 观光休憩公园、体育文化公园 自然科普教育基地、科研服务基地 文艺创作村、生态文创园等产品 各类城市公园 历史遗迹、古城古村、民俗观光村等生态文化遗产	有形财产
			文化服生态产品的各项权益，如： 生态旅游项目服务权 生态观光场所使用权和经营权	无形财产

也为创新提供了空间，鼓励了市场的进步和发展，推动了生态产品交易市场朝着更加健康、多元和可持续的方向发展。

4.2.2.1　物质类林业生态产品

物质类林业生态产品包括以自然要素为主的初级林产品、加入适当人类活动的初加工林产品、人类加工成度较高的衍生性林产品，其主要交易标的包括纯天然的木材、竹材和其他林产品，木竹建材、林果、林菌、林药等初加工林产品，林化工产品、绿色林业食品、林业深加工产品等有形产品，以及明确权责归属的各类林业生态产品权益等无形产品。

4.2.2.2　调节服务类林业生态产品

调节服务类林业生态产品主要是生态系统服务功能，如水源涵养、净化水质、土壤保持、防风固沙、固碳释氧、净化空气等初级调节服务，及其他衍生性调节服务。其主要交易标的包括明确权责归属的各类林业生态产品权益、碳排放权、绿化增量指标、林业碳汇和蓝碳、使用林地指标、林权等无形产品。

4.2.2.3　文化服务类林业生态产品

文化服务类林业生态产品关注林业生态旅游和文化体验服务，例如生态旅游、生态康养和自然教育等，其主要交易标的包括各类生态旅游景点、生态康养地基、自然教育科研基地、文创园、各类城市公园、历史遗迹、古城古村、民俗观光村等有形产品，还有生态旅游项目服务权、生态观光场所使用权和经营权等权益型无形产品。

4.2.3　林业生态产品交易流程

林业生态产品交易的过程是一个涉及多方协作的综合性流程，旨在实现对生态产品价值的充分认知、合理评估以及有效配置。具体流程涵盖了权益主体注册、权益确权登记、交易需求提交、评估核查、产权市场化配置和最终的交易履约。其全流程的设计和实施充分体现了生态资源价值最大化、资产市场化配置、保护与利用的协调平衡。主要交易流程如图4-3所示。

4.2.3.1　权益主体注册与确权登记

交易的第一步是确保权益所有人的注册登记，并由主管部门进行确权登记。这个阶段是为了明确和确定生态资源的归属主体，建立明晰的产权边界，划定出让、转让、出租等权责范围。

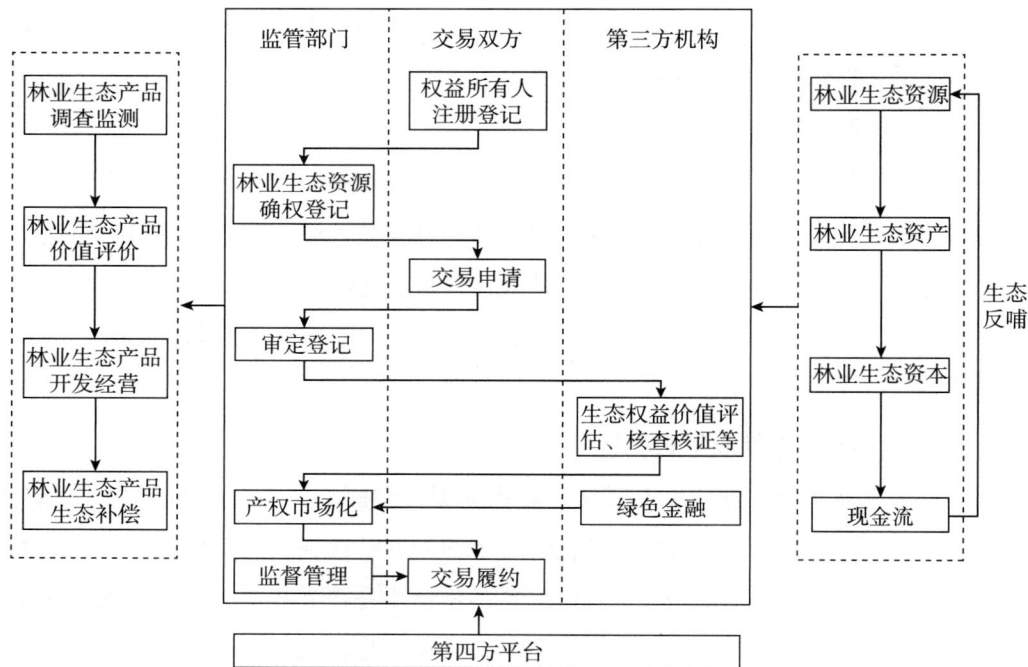

图 4-3　林业生态产品交易流程

4.2.3.2　交易需求提交及审定登记

当产权主体有了交易意向，就可以向主管部门提交交易申请。这一步骤需要明确交易需求，然后由主管部门进行审定登记，确保交易合法性和有效性。

4.2.3.3　第三方机构的评估核查

第三方机构在这个过程中扮演着重要角色，他们会根据交易需求对生态产品进行价值评估、核查和验证工作。这有助于确保产品价值的客观性和准确性。

4.2.3.4　产权市场化配置和绿色金融参与

主管部门会根据第三方机构的评估和核查结果，进行产权的市场化配置。在这个过程中，还会涉及绿色金融的介入，通过绿色信贷、债券、保险等金融工具，促进资源优化配置和生态产品价值的最大化。

4.2.3.5　交易履约

最后，买卖双方在主管部门的监督下进行交易履约。这一环节确保了交易的合法性、真实性，并最终促成了生态产品的变现。

这个流程实际上是一个生态资源管理的全新范式，聚焦于生态系统服务价值的认知、优化配置和有效利用。通过全链条流程的设计，旨在充分发掘生态产品的潜在价值，并将其转化为具体的交易实体，同时推动了生态资源的保护和可持续利用。这种基于生态资源全链条的管理和变现，不仅是一种经济模式，更是对生态环境可持续发展的一种保障，促进了资源价值的最大化和生态系统服务的有效管理。

4.2.4 林业生态产品交易平台

林业生态产品交易平台是专门用于处理林业生态产品买卖的网络或实体平台，通常提供一站式服务，以促进生态产品的交易、管理和监管。平台类型主要包括交易服务与信息共享、确权与合规性保障、专业评估与价格发现、交易监管与法律支持、生态金融和投资机会、数据分析与决策支持等（表 4-4）。这些平台的目标在于促进林业生态产品的市场化、规范化交易，以及生态资源的更合理配置和可持续发展（邓雅芬，2016；王瑞群等，2021）。

表 4-4　林业生态产品交易平台功能

序号	类型	功能
1	交易服务与信息共享	平台提供在线交易服务，为买卖双方提供资源信息、价格指导和市场趋势分析，促进信息共享和交流
2	确权与合规性保障	提供确权登记、资源资产核查、合规性审核服务，确保交易合法性，防止资源非法转让和纠纷
3	专业评估与价格发现	第三方机构进行生态产品评估和价格发现，提供公正客观的价格参考，有助于合理定价
4	交易监管与法律支持	受监管机构监督，遵循法律法规运营，保障交易公平合法，提供法律支持和纠纷解决服务
5	生态金融和投资机会	与金融机构合作，提供生态资源的投资渠道和金融产品，促进资本投入生态产业
6	数据分析与决策支持	利用大数据分析和人工智能技术，为交易双方提供精准的数据分析和决策支持服务

4.2.4.1　交易服务与信息共享

林业生态产品交易平台作为数字化的交易枢纽，在买卖双方的交易过程中扮演了重要的角色。它为参与者提供了一个便捷的在线平台，让他们可以快速有效地获取并共享关于生态产品的各种信息。林业生态产品交易平台聚集了不同地区、不同类型丰富的林业生态产品资源信息，包括森林、湿地、草原等多种生态系统数据，如面积、种类、生长情况等。多种类型的数据有助于买卖双方了解资源的分布情况、潜在价值和可利用性。林业生态产品交易平台提供的数据分析和历史交易信息，包括不同林业生态产品的市场价格、价格波动趋势、季节性变化等信息，为买卖双方提供价格方面的参考，帮助他们更明智地制定价格预期。

4.2.4.2 确权与合规性保障

林业生态产品交易平台的确权与合规性保障是其运作中的重要环节，确保了交易的合法性、透明度和安全性。林业生态产品交易平台提供确权登记服务，使得参与者可以将自己的资源进行合法登记和备案，确保资源所有权和使用权的清晰界定，为交易双方提供了法律上的保障。登记过程中的规范流程有助于避免资源归属和产权方面的纠纷。同时，还进行林业生态资源资产的核查和审查，验证林业生态资源的真实性和合法性。由于验证过程涉及对林业生态资源所在地的实地考察、证明文件的审查等，确保了林业生态资源信息的真实性，防止不法分子利用虚假信息进行非法交易。此外，林业生态产品交易平台通常会设立一套合规性审核机制，保障交易和合约符合法律法规。该审核机制包括合同的法律性、涉及林业生态资源的合规性、交易的合法性等方面的审核，保障交易不违反相关法规和政策。

4.2.4.3 专业评估与价格发现

林业生态产品交易平台的专业评估与价格发现功能是通过委托第三方专业机构，对生态产品进行全面评估与价值定价的过程。这种评估并非单一维度的，而是综合考虑了多种因素，如生态产品的品质、供需情况、市场趋势、地理位置等。主要内容包括：①全面评估生态产品价值。第三方机构会对林业生态产品进行综合评估，考虑生产过程、产品品质、生态价值等因素，为其确定一个合理的市场价值。这种评估会涉及生态系统的健康状况、生物多样性、环境影响等方面，以确保价值的全面反映。②多维度数据收集。包括地理信息、林业生态产品交易市场需求、林业生态环境状况、林业发展趋势等，以全面了解林业生态产品所处的环境与市场情况。③市场价格参考。基于评估结果，提供公正客观的价格参考，供买卖双方作为交易定价的参考依据，有助于确立公平合理的价格水平，促进林业生态产品交易双方更好地达成一致。④促进合理定价。通过专业评估，林业生态产品交易买卖双方可以更准确地了解林业生态产品的实际价值，有助于避免价格的虚高或低估，促使市场上的林业生态产品能够以更合理、更公正的价格进行交易。⑤推动行业发展。林业生态产品交易评估并非仅限于当前交易，有助于促进整个林业生态产品行业的发展。公正的价格定位有助于提高林业生态产品质量和行业信誉，鼓励更多的投资者和参与者加入林业生态产业链。⑥可持续性管理。专业评估也可以提供对林业生态产品可持续性的评估，为林业资源的持续利用和林业生态平衡提供参考意见，从而确保林业生态产品的长期发展和保护。

4.2.4.4 交易监管与法律支持

林业生态产品交易平台作为专门用于处理林业生态产品交易的网络或实体平台，

其交易监管与法律支持功能至关重要。主要包括：①监管机构的监督与合规性。林业生态产品交易平台受到监管机构的监督，需遵守相关监管要求和法律规定。通过合规性的运营，确保林业生态产品交易平台操作合法合规，从而提供可靠的林业生态产品交易环境。②合法性与公平性保障。林业生态产品交易平台依法合规运营，确保林业生态产品交易平台的合法性和公平性，包括确保所有林业生态产品交易平台行为符合相关法律法规，避免违规交易，保障参与者的权益。③法律支持与法律条款。林业生态产品交易平台会提供法律支持，包括相关法律法规的咨询和解释，为林业生态产品交易双方提供法律指导。④纠纷解决服务。林业生态产品交易平台通常设置专门机构或渠道，解决可能出现的交易纠纷，还可以通过调解、仲裁或法律途径解决各种纠纷，确保争议的公正解决和合理处理。⑤合规性审查与信息披露。林业生态产品交易平台运营过程中会对交易行为进行合规性审查，确保交易数据、信息披露和交易结果的真实透明。⑥风险管理和保障。建立风险管理体系，防范交易风险。通过对风险评估、预警和应对措施，保障交易稳定和安全。

4.2.4.5　生态金融和投资机会

林业生态产品交易平台的生态金融和投资机会功能是促进金融资本进入生态领域的重要途径，为资金方和林业生态资源持有方提供了广泛的投资机会和合作渠道。主要包括：①提供多样化的金融产品。常与银行、保险机构、投资公司等合作，提供绿色信贷、绿色债券、生态保险、风险投资基金等金融服务。资金方可根据自身需求选择投资项目和金融产品。②投资渠道与资金配置。提供生态旅游、生态农业、森林保护等投资渠道，为投资者提供了参与林业生态保护、修复和可持续经营的机会。③促进资本流入。生态金融机构和投资者通过林业生态产品交易平台能更直接地了解林业生态产业的发展机会和潜在价值，推动资本流入该产业。④创新与发展。金融机构的参与经常催生有助于提高生态产业的发展速度和水平的创新性金融产品，如以林业生态资源作为抵押品的绿色抵押贷款、针对林业生态产业的投资基金等。⑤风险管理与可持续发展。在促进资本流入生态产业的同时，注重林业生态和金融风险的管理。⑥政策与监管支持。政府通过政策和监管，为林业生态金融平台的发展提供良好环境和支持。

4.2.4.6　数据分析与决策支持

林业生态产品交易平台通过整合大数据分析和人工智能技术，为交易双方提供全面的数据分析和决策支持服务，从而在多个方面促进更高效的决策制定和交易过程。主要包括：①大数据分析支持市场洞察。利用大数据技术分析历史交易数据、市场趋势和消费者行为，从而提供用户个性化的林业生态产品交易洞察。基于数据挖掘和分析，平台可以展示相关林业生态产品交易市场的发展趋势、需求变化和投资热点，帮助用户更好地把握林业生态产品交易市场动态。②预测性分析优化决策。通过预测性分析，提供预测模型和算法，预测林业生态产品价格波动、资源供需变化等，帮助用户做出更具前瞻性的决策。这种分析有助于林业生态产品交易买卖双方更好地制定价格策略、合理安排交易时间，从而降低风险和实现利益最大化。③数据驱动决策支持。结合人工智能技术，系统通过智能算法和机器学习，可以根据用户的需求、偏好和历史行为，推荐最优的交易策略和方案，为用户提供个性化的决策建议。④风险管理和优化。数据分析可用于评估风险，并为用户提供风险管理工具和建议。通过模拟不同情景下的交易结果，帮助用户理解潜在风险并制定相应的应对策略。⑤实时信息传递与决策支持。提供即时信息传递功能，向用户发送实时的市场动态、政策变化和林业生态环境数据，有助于用户及时调整决策，并根据最新信息作出灵活反应。⑥支持用户教育和培训。利用数据分析工具，提供相关的用户教育和培训服务，帮助用户理解数据分析的结果和技术，并正确应用于实际决策中。

4.3　林业生态产品主要交易模式

　　林业生态产品的主要交易模式涵盖了多种形式，旨在将生态价值转化为经济收益，并推动绿色经济的发展。首先，林业碳票交易模式通过碳汇转化为金融资产，将森林的生态服务功能引入市场，赋予其金融属性。其次，开发者对林业资源有偿使用模式则允许合法开发者在符合生态保护要求的前提下有偿使用林业资源，实现资源开发与保护的平衡。最后，消费者对附加值付费模式表现在经营性林业生态产品中，消费者愿意为产品的附加价值付费，推动了林业生态产品的增值与可持续利用，为林业生态产品的市场化和价值实现提供了多种路径。

4.3.1　碳排放权交易模式

　　碳排放权交易是通过市场化机制实现环境保护目标的重要手段，特别是在减少CO_2排放方面发挥了关键作用。全国范围内的碳排放权交易机制基于"总量控制与交易机制"（cap-and-trade），政府根据碳排放目标分配配额，企业根据实际排放量进行配额交易。高碳排放企业如果超出了自己的配额，需要从市场上购买碳减排量来抵消多余排放，低碳排放企业则可以出售多余的配额，从中获利。这一机制不仅推动了企业的减排，还激励企业和其他组织开发碳减排项目，其中林业碳汇项目尤为重要。

林业生态产品在碳排放权交易中的地位十分突出，因其通过物质循环、能量流动和生物过程吸收 CO_2，成为重要的碳汇来源。森林生态系统通过固碳释氧、气候调节、水源涵养等生态服务，创造了可交易的碳减排量。林业碳汇项目如造林、再造林以及湿地恢复项目都可以通过核证生成碳信用，这些碳信用在市场上作为企业减排的补充手段进行交易。通过这种机制，不仅增强了森林资源的保护，还将生态效益转化为实际的经济收益，使得企业和生态项目都能从中受益。

广东省在全国碳排放权交易体系中的表现尤为突出，作为全国碳排放权交易试点省份，通过广州碳排放权交易所推动区域内碳减排和林业碳汇的发展。广州碳排放权交易所不仅是全国碳排放交易的核心平台，还推动粤港澳大湾区的绿色转型。广东各地依托其丰富的森林资源，通过碳普惠制核证减排量的交易模式，实现了森林资源的价值变现。例如，广州市花都区梯面镇的林场通过碳普惠制核证减排量交易，将 1.3 万吨的碳减排量公开竞价，成功盘活了当地的森林资源。这一模式也在河源、韶关、清远等地区推广，为当地林业发展提供了新机遇。此外，广东的碳排放权交易还涵盖钢铁、水泥、电力等多个高碳排放行业。这些行业难以通过自身减排达到净零排放目标，购买碳减排量成为达标途径。广州碳排放权交易所提供了碳排放交易平台。同时，广东省政府为碳排放交易提供了大量政策支持，特别是在税收方面，通过优惠政策为企业参与碳交易减轻了负担。

4.3.2 开发者对林业资源有偿使用模式

开发者对林业资源有偿使用是指针对准公共性生态产品，政府鼓励合法开发者在遵循相关保护规定和管理措施的前提下，对资源有偿使用。准公共性生态产品通常涉及对林业资源的有限使用，其中一部分可以开发并用于经济活动。政府鼓励合法的开发者对这些资源进行有偿使用，但在此过程中也需要遵守相关的保护规定和管理措施。这种交易模式旨在平衡生态资源的开发和保护之间的关系，促进资源的合理利用，保障生态系统的稳定和可持续性。这种模式主要包括：①合法使用与合规开发。合法开发者可以申请对准公共性林业生态产品资源进行开发和利用，以满足商业需求。然而，这种开发需遵守相关的法规、准则和环境保护要求，确保资源的可持续利用和保护。②授权和权益交易。政府或相关管理机构会向合格的开发者授予资源使用权，以换取一定的费用。这种交易通常涉及许可证、授权协议或资源使用权益的转让。③合作与监管。政府部门会与开发者合作，制定管理计划和监管措施，确保资源开发符合林业生态保护标准，如限制开发区域、执行环保措施、周期性评估和监测等。④环境责任和保护义务。开发者需要承担相应的环境责任，确保资源开发不会对周围林业生态环境造成长期损害，如进行林业生态修复、采取环保措施、减少林业生态破坏等。

这种交易模式通过鼓励合法开发者对林业资源进行合理利用，在推动经济发展的同时，强调了对林业生态资源的保护与管理，平衡了林业生态保护与经济开发的关系，保障了林业资源的可持续利用。

4.3.3 消费者对附加值付费模式

消费者对附加值付费模式是指在林业生态产品交易日益规范的背景下，针对经营性林业生态产品，消费者不仅认可其基础生态功能，更愿意为其通过经营管理所提升的附加生态价值支付额外费用。这种模式推动了林业生态产品的有效利用和增值。经营性林业生态产品是指在原有生态产品基础上，通过特定的管理、保护或经营方式增加附加价值的产品。在这样的交易市场中，消费者愿意为这些产品附加的价值额外支付费用，这种现象对于林业生态产品的推广、保护和增值有着积极的影响。主要包括四个方面：①特定附加价值的增加与认可。经营性林业生态产品不仅提供了基本的生态服务，还在品质、可持续性、特殊服务、品牌溢价等方面增加了特定的附加价值，消费者认可这些价值并愿意付费。②市场透明度与价值传递。在交易市场上，产品附加价值的传递变得更为明确。生产者需要清晰展示林业生态产品的特殊价值、环境友好性、社会责任等方面。③可持续性经营与保护。附加价值的提升通常需要更好的资源管理和林业生态保护措施。消费者付费意愿促使生产者更有动力保护资源并改善产品质量。④消费者环保意识提升。愿意为附加价值付费的消费行为，不仅推动了林业生态产品的有效利用和增值，也促进了消费者对于可持续发展和环保的认同。消费者的意识转变推动了林业生态产品的保护与发展。

经营性林业生态产品在市场中的成功，不仅是因为它提供了基本的生态服务，更因为它增加了特殊的附加价值。消费者愿意为这些附加价值额外支付费用，推动了林业生态产品的更有效利用和增值，同时也助力了环境保护和可持续发展目标的实现。

4.3.4 林业碳票交易模式

林业碳票交易模式是一种将生态资源的碳汇能力转化为金融资产的创新机制，旨在实现生态产品的市场化和价值化。随着《深化集体林权制度改革方案》的出台，林业碳汇逐渐成为绿色经济发展的重要组成部分。该模式通过建立健全林业碳汇计量监测体系，制定碳汇核算基准线和方法学，并支持符合条件的林业碳汇项目参与温室气体自愿减排交易市场，为林业碳汇的价值实现提供了明确的政策支持和操作路径。林业碳票的核心在于将碳汇的生态价值与市场机制相结合，实现生态服务转化为实际经济收益，赋予生态资源金融属性。这种机制使森林的生态服务价值可以在市场上进行交易和质押，推动了生态资源的市场化和可持续利用。

林业碳票是碳减排量收益权的凭证，相当于森林碳汇能力的"身份证"，通过监测核算后转化为可交易的有价证券。碳票记录了森林每年吸收的 CO_2 量，经由第三方机构审核后发行，成为市场化的生态产品。企业、社会组织和公众可以通过购买碳票来履行碳减排义务或抵消碳排放，体现社会责任（图4-4）。

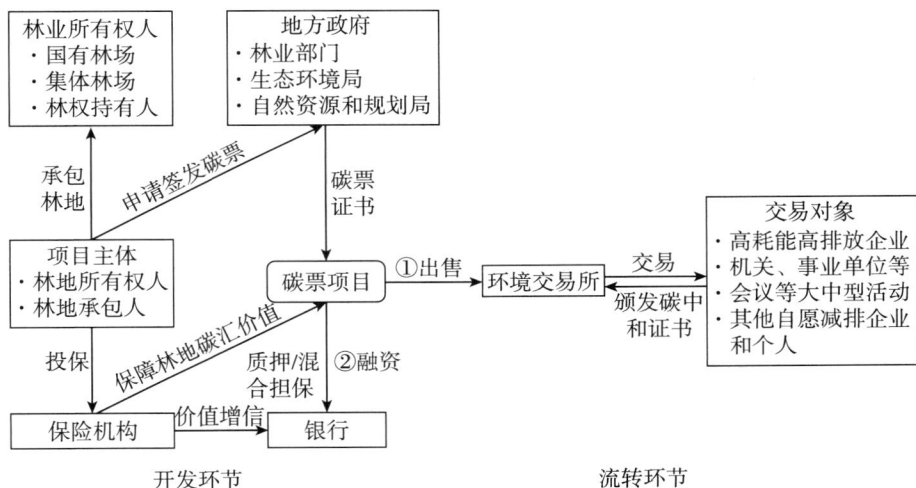

图 4-4　林业碳票交易流程

林业碳票具有多重价值，包括经济价值、社会责任价值和金融创新价值：

(1)经济价值。碳票的交易和质押等权能使得森林资源的生态功能转化为经济收益。通过碳票交易，林户、林场主和投资者可以将林业资源的碳汇能力转化为实际的经济利益。比如，毕节市赫章县的海雀村集体股份经济合作社通过碳票交易获得了 14.41 万元的收益，不仅增加了森林资源的经济价值，也为当地林业产业的发展提供了新的动力。

(2)社会责任价值。企业和社会组织通过购买碳票，可以抵消自身的碳排放，展现其环保意识和社会责任，有助于提升企业的社会形象和品牌价值。例如，贵州大方农村商业银行通过购买碳票抵消了其运营活动的碳排放，实现了碳中和目标。

(3)金融创新价值。碳票作为新型金融工具，与绿色金融相结合，推动了绿色经济的发展。碳票交易吸引了更多投资者关注林业碳汇市场，促进资金流向绿色低碳领域，为经济可持续发展提供支持。

由于单个林户的碳汇量较小，交易成本较高，碳票交易往往需要集体组织将多个林户的碳汇量联合起来，以实现规模效应。碳票的卖方通常是林户、林场主或投资者，而买方则为公益减排买家和市场投资者。公益减排买家主要是为了实现碳中和目标，响应国家政策，参与生态环境保护。而市场投资者则看重碳汇市场的潜力，通过碳票投资实现收益。

自 2021 年起，我国多个地区开始探索林业碳票的实施，福建、安徽、陕西等地陆续发行了林业碳票。福建省三明市签发了全国首批林业碳票，而厦门市则成立了全国首个农业碳汇交易平台，推动了碳票在全国范围内的推广。2024 年 8 月，中共广东省委办公厅、广东省人民政府办公厅印发《广东省深化集体林权制度改革实施方案》，明确要求探索林业碳票制度。同年 12 月，中国首张司法领域跨省林业碳票在广东省佛山市南海区人民法院丹灶人民法庭现场交付成功。随着碳中和目标的推进，林业碳票市场的需求将持续增长。更多企业将通过购买碳票来抵消碳排放，推动碳汇市场的发展。同时，碳票作为一种金融工具，吸引了更多投资者的关注，促进了绿色金融的创新。未来，随着市场机制的完善，林业碳票交易模式将进一步成熟，助力实现"双碳"目标。通过林业碳票的推广，不仅可以推动生态资源的可持续利用，还能促进绿色经济和金融市场的创新发展。碳票有望成为国内外碳市场中的重要组成部分，为全球气候变化应对贡献中国智慧。

4.4 小 结

本部分围绕林业生态产品交易机制展开了深入讨论，分析了价格形成机制、交易运行机制及主要交易模式。

林业生态产品价格形成机制强调了生态产品的价格不仅由其市场供需决定，还受到稀缺性、生产成本、市场结构等多重因素的影响。定价机制中，市场机制与政府规制共同作用，通过溢价机制、碳排放权交易等手段实现林业生态产品的合理定价。

在交易运行机制方面，林业生态产品交易主体涵盖了交易双方、第三方机构、第四方平台和监管部门等。交易标的物既包括林业生态物质产品，如木材、森林食品，也包括生态服务和文化服务产品，如碳汇、森林生态旅游。交易流程从权益主体注册、评估到交易履约，形成了完整的市场运作体系。交易平台则为交易的规范性、透明性和效率提供了技术支持和信息服务。

交易模式主要分为三种：政府生态保护修复补偿模式、开发者对林业资源有偿使用模式，以及消费者对附加值付费模式。三种模式涵盖了纯公共性、准公共性和经营性林业生态产品的交易方式。政府通过补偿机制激励生态保护，开发者在合规前提下进行资源开发，消费者则为附加值买单，推动林业生态产品的可持续发展。

总体而言，本部分通过对价格、交易运行和交易模式的详细分析，构建了林业生态产品交易的完整框架，为生态价值的货币化和可持续利用提供了坚实的理论与实践支持。

参考文献

陈其煜，罗可欣，黄光晴，2023. 林业生态产品价值实现机制研究——以三明市"林改"为例[J]. 环保与综合利用，2(215)：186-188.

邓雅芬，2016. 林业碳汇交易平台的法律定位及其完善[J]. 长江大学学报(社科版)，39(3)：34-39.

方印，李杰，2021. 生态产品价格形成机制及其法律规则探思——基于生态产品市场化改革背景[J]. 价格月刊(6)：1-10.

高晓龙，2021. 生态产品价值实现机制和模式研究[D]. 北京：中国科学院大学.

王金南等，2022. 生态产品第四产业理论与实践[M]. 北京：中国环境出版集团.

王静怡，2022. 基于林票制度的重庆市森林生态产品价值实现研究[D]. 重庆：西南大学.

王瑞群，王倩，张龙玉，2021. 搭建林交会大平台 促进林业大发展[J]. 绿色中国(2)：58-59.

于爱水，2022. 森林生态产品价值实现机制构建[J]. 中国林业产业(8)：72-73.

5 林业生态补偿机制

生态补偿机制是我国生态文明建设的重要组成部分。2019 年 11 月，国家发展和改革委员会印发《生态综合补偿试点方案》，强调新时期生态补偿机制应充分调动各方参与生态保护的积极性，转变生态保护地区的发展方式，增强自我发展能力，提升优质生态产品的供给能力，实现生态保护地区和受益地区的良性互动（周一虹等，2020）。生态补偿的核心在于使生态破坏、环境污染的外部成本内部化，通过这种方式使环境污染、资源消耗的成本收益相对称，最终使环境保护者、生态产品生产者的生产成本与发展机会成本得以补偿，实现生态经济的循环发展（王志刚，2017）。1999 年，广东省在全国率先实施了公益林效益补偿制度，建立了国家、省、市、县四级生态公益林体系。生态补偿是当前林业生态产品价值实现的重要途径。本部分从剖析林业生态补偿机制内涵入手，系统总结林业生态补偿机制的理论基础和基本原则，重点阐述林业生态补偿运行机制和保障机制问题。

5.1 林业生态补偿机制概述

5.1.1 林业生态补偿机制定义

随着我国生态文明建设步伐的加快，生态保护补偿机制的重要性日益突出。党的十八大、十九大报告，《中共中央、国务院关于加快推进生态文明建设的意见》和《生态文明体制改革总体方案》等一系列重要文件，明确将建立和完善生态保护补偿机制视为推动我国生态文明建设的关键保障措施。2016 年 5 月 3 日，国务院办公厅发布了《关于健全生态保护补偿机制的意见》（以下简称《意见》），强调生态保护补偿机制在促进生态保护者与受益者之间的良性互动、激发全社会生态保护积极性方面的作用。广东省正在构建一个多元化、系统化的林业生态补偿机制，旨在实现生态保护与经济发展的双赢，推动生态文明建设，实现绿色发展。广东省的生态公益林效益补偿资金持续增长，补偿标准逐年提升，从1999年的2.5元/（亩·年）增长至2024年省级以上公益林的47元/（亩·年）。结合现有文献对生态保护补偿的定义以及《意见》中对其基本原则的阐述，本研究认为，林业生态补偿机制是指由政府或相关机构通过财政转移支付或市场交易等手段，由林业生态保护的受益者向保护者支付金钱、物质或提供其他非物质利益，以补偿其在林业生态保护中产生的成本支出和相关损失的制度。该机制基于环境经济学的理念，将生态系统服务价值纳入经济体系中，为生态系统提供者提供经济奖励或补偿。这种机制不仅可以鼓励和激励个人、组织或社区采取行动保护和恢复生态系统，弥补其所提供的生态服务的经济成本，还能促进可持续林业发展。林业生态补偿机制的实施内涵通常涉及多个方面，具体内容见表5-1。

表5-1　林业生态补偿机制的主要内容

序号	方面	内容
1	生态效益评估	评估提供的生态服务，包括森林碳汇、水源涵养、生物多样性保护等，量化生态效益的价值
2	补偿对象	森林经营者、农民、村民等从事森林资源保护和生态修复的主体
3	补偿资金来源	政府预算、生态税收、环保费用等渠道，也可以通过市场化机制筹集，并由专门的管理机构负责管理和分配
4	补偿方式	直接支付补偿费用，也可以提供生态保护和修复的项目投资、培训等支持

5.1.1.1　生态效益评估

生态效益评估是一种综合性方法，旨在量化生态系统所提供的服务及其对社会的贡献，包括森林碳汇、水源涵养、生物多样性保护等。生态效益评估使用多种科学方法和模型，如遥感技术、生态学调查、碳储量估算、生态系统服务定量化模型等。这些方法有助于量化生态系统的服务和效益，并将其转化为货币价值，以便更好地在决策和政策制定中加以考虑。例如，对广东省国家级公益林的生态效益评估表明其年度生态服务总价值达1378亿元，单位面积的公益林生态效益价值为9.78万元/公顷，远高于全国平均水平的2.4倍。其中，水源涵养的能力相当于新丰江水库总库容的49.77%，占全省用水总量的16.43%，可满足1849.24万人的用水需求。土壤侵蚀的减少相当于珠江流域的51.21%，减少的土壤养分流失量相当于全省氮肥施用量的24.74%。此外，这些公益林的固碳能力可抵消全省2%的能源消耗，其释放的 O_2 可供 4356.66 万人呼吸一年。吸收的二氧化硫（SO_2）占全省排放量的 59.63%，吸收的氮氧化物（NO_x）占 1.05%，而滞尘量更是全省排放量的 80.88 倍。公益林在防护农业、减灾增产方面的效益相当于台风灾害损失的 322.37 倍，而森林游憩带来的价值则占全省旅游收入的 0.97%。广东省的实践证明了生态效益评估在生态保护与管理中的重要性，并为其他地区提供了可借鉴的经验。

5.1.1.2　补偿对象

林业生态补偿机制涉及多方面，其中补偿对象是核心组成部分，通常是直接参与森林资源管理、保护和生态修复的群体，如专业森林经营者、农民和村民等。补偿对象通过日常的生态行为、森林保护措施或生态修复活动，为社会和环境创造了显著的生态价值，包括维护森林健康、防止非法砍伐、植被恢复、野生动植物保护以及水源涵养等。因此，他们应获得经济补偿，以回报他们为林业生态服务作出的贡献。这种机制不仅鼓励个人积极参与生态保护和修复活动，还激发了更广泛的社会参与，提升了整体生态系统的健康和稳定。

根据 2018 年 12 月广东省财政厅发布的《广东省省级生态公益林效益补偿资金管理办法》，补偿资金用于因划定为省级生态公益林而被禁止采伐林木造成经济损失的林地经营者或林木所有者。具体规定如下。

（1）责任山、承包山是农户的，补偿对象是农户。

（2）未租赁或未承包的村集体林地林木，补偿对象是村或村民小组。

（3）依法签订了林地林木承包和租赁合同的，在合同期内，补偿对象是承包者或租赁者。

（4）国有、集体林场的林地林木划为生态公益林的，补偿对象是国有、集体林场或其林地林木承包者、租赁者。

（5）执行谁种谁有政策但未与林地所有者签订合同的，补偿对象为经协商（协议）确定的对象。

生态补偿机制确保了相关利益者因保护生态环境而产生的经济损失得到合理补偿，进而促进生态系统服务的可持续提供和保护。

5.1.1.3　补偿资金来源

林业生态补偿资金的来源多种多样，旨在为生态系统保护和生态服务供给提供支持。林业生态补偿资金通常来自不同渠道，以确保对林业生态补偿的充分支持和资金可持续性。主要包括：①政府预算。政府在年度预算中专门拨款用于林业生态保护、资源管理和生态修复。以广东省为例，各级人民政府每年财政安排的林业资金中，用于生态公益林建设、保护和管理的资金占比不少于30%。②林业生态税收和环保费用。一些国家或地区征收特定的林业生态税收或环保费用，将这些税收或费用纳入林业生态补偿资金池，用于林业生态系统保护和林业生态服务的补偿。③市场化机制。林业生态市场化的方式形成专门的林业生态产品交易市场，林业生态服务的提供者(如农民、森林经营者等)可以出售其生态服务，而购买者可以购买生态服务，交易所得的资金可以用于林业生态补偿。④专门管理机构。为了确保这些资金有效管理和分配，政府成立专门的管理机构或委员会。管理机构负责资金的归集、分配和监管，确保补偿金用于合适的林业生态服务，并将资金合理分配给林业生态服务的提供者。林业生态补偿资金来源的多样性和可持续性对于确保林业生态补偿机制的运作至关重要，有助于激励更多人参与林业生态服务产品的提供，并推动林业生态系统的保护和改善。

广东省林业生态补偿资金通过多元化的资金来源渠道，确保了林业生态补偿机制的稳定运行，为生态保护和林业可持续发展提供了坚实的财政支持。资金来源主要包括以下几个方面。

(1)省级财政预算安排：根据《广东省省级生态公益林效益补偿资金管理办法》，省级生态公益林效益补偿资金(补偿资金)是指经广东省人民政府同意，由省级财政预算安排用于省级生态公益林效益补偿的资金。

(2)中央财政补助：中央财政安排的森林生态效益补偿补助资金与省财政安排的省级生态公益林效益补偿资金统筹使用。

(3)资源收费基金和资源有偿使用收入：按照中央部署，广东省将森林植被恢复费、地方水利建设资金、水资源费、海域使用金、探矿权采矿权使用费及价款等资源收费基金和资源有偿使用收入统筹用于相关领域的生态保护补偿。

(4)省级以上生态公益林效益补偿资金：广东省财政厅提前下达省级以上生态公益林效益补偿资金，用于对因划定为省级以上生态公益林而禁止采伐林木造成经济损失的林地经营者或林木所有者以及生态公益林公共管护经费进行补助。

(5)地方财政投入：各级人民政府每年财政安排的林业资金中，用于生态公益林建设、保护和管理的资金占比不少于30%。

(6)专项资金：广东省每年安排治理东江、北江、韩江水土流失经费中，用于综合治理水土流失的生物措施经费占比不少于25%。

(7)其他收入：广东省每年从东深供水工程水费收入中安排1000万元，用于东江流域水源涵养林建设。

5.1.1.4　补偿方式

　　林业生态补偿的方式多种多样，旨在通过多途径的支持和激励措施鼓励生态服务的提供者。常见的补偿方式包括直接支付经济补偿、投资林业生态保护和修复项目、提供培训和教育支持、支持科技创新和研究，以及资助社区发展项目。这些措施通过结合不同方式实现综合效果，增强了生态系统的稳定性和可持续性，为保护和管理林业生态系统提供了强有力的支持。广东省在林业生态补偿方面采取了多元化的策略，包括财政纵向补偿和地区间横向补偿，鼓励生态受益地区与保护地区之间建立协商机制。市场机制补偿通过鼓励社会力量参与生态保护，形成了市场化的运作模式。差异化补偿政策按生态区位进行调整，并对高质量森林提供额外激励。广东还实施奖惩机制，对公益林管护成效显著的市、县级政府给予奖励，并对表现不佳的地区扣减经费。此外，一些政策性补偿进一步完善了补偿体系，如将桉树商品林改造后划为公益林，并对相关林农提供项目扶持。多样化生态补偿方式共同体现了广东省在林业生态补偿方面的创新和务实，旨在提升森林生态与经济效益，实现生态保护的可持续发展。

　　总体来讲，林业生态补偿机制在推动森林资源可持续利用和生态环境保护方面具有重要作用。通过经济激励和奖励积极参与林业生态建设的经济社会组织和个人，能够提高社会各方对森林生态的关注和保护意识，推动社会各方更积极地参与林业生态环境的保护和恢复工作，有助于在市场经济框架下实现生态系统保护和资源管理的协调，推动生态文明建设和绿色发展。

5.1.2　林业生态补偿机制构建的理论基础

　　确定林业生态补偿标准，是一个融合自然科学、社会科学为一体的跨学科交叉研究课题，因此，构建良好的理论框架是研究的首要基础与实践依据。本节主要围绕林业生态补偿标准设定展开研究，具体从为什么要对林业资源进行补偿以及如何确定补偿标准两大方面建立林业生态补偿的理论基础。其中，回答第一个问题的理论基础包括自然资源价值论、生态资本理论；回答第二个问题的理论基础包括成本收益理论、可持续发展理论(表5-2)。

表5-2　林业生态补偿机制构建的理论基础

序号	理论基础	说明
1	自然资源价值论	该理论认为，自然资源拥有特定的价值，不仅是经济价值，还包括生态、社会和文化价值。它强调了自然资源的重要性和不可替代性，对于林业生态补偿标准的设定提供了价值评估的依据

续表

序号	理论基础	说明
2	生态资本理论	该理论强调生态系统对人类福祉的重要性,将生态系统视为提供服务的资本。这对于在确定补偿标准时,充分考量生态系统服务的价值和保护的必要性,具有关键指导意义
3	成本收益理论	该理论强调对投资和行动的成本与收益进行权衡。在确定补偿标准时,需考虑补偿带来的收益与投入成本,以确保补偿的合理性和有效性
4	可持续发展理论	该理论指导着在进行补偿标准设定时需考虑生态、经济和社会的平衡。既要确保补偿标准切实保护生态系统,又要满足当前需求,同时不损害未来世代的利益

5.1.2.1 自然资源价值论

自然资源价值论在历史上确实经历了不同阶段的认知演变。传统的经济学观点认为,自然资源只有在被转化为物质产品、通过交易获得经济利益时才具有价值。然而,现代对于自然资源价值的认知逐渐超越了传统观念,开始理解自然资源本身所具备的价值(刘宇晨,2018)。林业作为重要的自然资源,其价值不仅体现在木材等物质产品的生产,更重要的是其生态服务功能。林业生态服务涵盖了诸多方面,如生态平衡的维护、土壤保护、水资源调节、气候调节等,对社会和环境的贡献是非常显著的。林业资源的有限性和稀缺性意味着如果不合理开发和利用,其生态服务功能会逐步减少,对环境产生负面影响。因此,林业资源不仅具有经济价值,还具备显著的环境价值。在保护和恢复林业生态功能的过程中,消耗的人力、物力是体现林业资源环境价值的一部分。这种价值体现了维持林业生态系统所需的资源和投入,以保护生态系统的稳定性、生物多样性及其提供的各种生态服务。

因此,了解和认可林业资源的环境价值不仅是经济利益,还包括其对生态系统、人类福祉和社会稳定性的重要贡献,需要采取相应的保护和恢复措施以最大限度地发挥其环境价值。

5.1.2.2 生态资本理论

生态资本理论在生态经济学领域中占据着重要的地位。该理论认为生态系统所提供的各种生态产品和服务,是一种资源,也是基本的生产要素,被称为生态效益或生态资本。生态资本理论的观点是衡量生态系统价值、进行生态补偿的基础。

生态资本理论为生态环境资源的价值核算和生态补偿标准的制定提供了理论基础。在市场经济条件下,生态补偿是实现生态系统服务提供者和受益者之间二次分配的有效方式,将生态系统的外部经济性内部化。通过这种方式,环境保护者和建设者得到了合理回报,从而激励他们继续投资和参与生态环境的保护与修复,实现生态资本的增值(吴汶燕,2021)。

在林业生态补偿中，对林业资源价值的补偿，旨在恢复、维护或增强各种林业资源环境要素的价值创造能力与潜力。这种补偿不仅是对于物质产品的价值补偿，更重要的是对于生态系统所提供的各项生态服务的价值补偿。这种做法赋予了林业生态环境相对独立地位，使其能够参与价值分配，并且激励各参与者继续投入和保护林业生态系统(谢剑斌，2004)。

5.1.2.3 成本收益理论

成本收益理论在林业生态补偿的制定中发挥着重要作用。考虑到林业资源本身价值难以直接衡量，确定生态补偿标准通常采取间接的方式。各种计算方法虽然产生不同结果，但它们的基本原则是考虑供给者为维护生态环境所付出的成本和需求者从生态服务中获得的收益。

从供给者的角度看，他们为维护和保护林业生态环境投入了一定的成本，包括生态系统管理、恢复、监测等方面的费用。在成本收益理论中，林业生态补偿资金需要大于或等于这些保护成本，这样供给者才会愿意提供更多的林业生态服务，继续为生态环境的保护和恢复作出贡献。另一方面，从需求者的角度看，他们愿意为获得的林业生态服务支付一定的成本，因为这些服务带来的生态效益大于其支付的补偿资金。当获得的生态服务收益大于或等于支付的费用时，需求者将更愿意为了获取生态服务付出成本，这样就形成了一种平衡，满足了提供者和需求者之间的利益平衡。

因此，在成本收益理论的框架下，最佳的补偿标准应该是满足供给者成本支出和需求者获得的生态服务收益之间的平衡状态。这种标准既能够激励生态环境的保护者提供更多的生态服务，又能够使需求者为获得生态服务支付合理的成本。

5.1.2.4 可持续发展理论

1987年，世界环境与发展委员会最早正式提出可持续发展概念，并将其定义为"既能满足当代人需要，又不对后代人满足其需要的能力构成危害的发展"。这一概念涵盖了众多领域，旨在指导社会、经济和环境方面的发展，以满足现今需求而又不妨碍未来世代需求的实现。这一理论的提出强调了长期发展的重要性，主要包括三个基本原则：①公平性原则。资源分配的公平性是可持续发展理念的基石，在资源分配和利用上不应该产生严重的不平等。这意味着所有人都有权利去合理地利用资源，并且对资源的利用需要考虑到代际公平，确保当前世代和未来世代都能获得资源。②共同性原则。可持续发展需要全球范围内的合作和共同努力，鼓励国际社会共同努力解决全球性的环境和发展问题。所有的国家和地区都需要参与到可持续发展的进程中，因为环境和资源问题往往超越了单个国家的边界。③可持续性原则。这一原则强调了社会、经济和环境系统的稳定性和持续性发展。可持续性的发展意味着要在满足当前需求的同时，保护和保存资源，确保未来的代际也能满足其需求，包括对资源的合理利用、环境的保护和生态系统的可持续管理（马运好，2022）。总体而言，可持续发展理论强调了资源的可持续利用、环境的保护和未来世代的利益，要求我们在经济增长和社会发展的同时，也要保护环境资源，以保障全球的可持续发展。

以上三个基本原则在林业生态补偿均有体现。首先，林业生态补偿机制能够协调各方主体之间的利益分配，实现社会的公平正义；其次，林业生态补偿需要国际社会、各级政府及社会公众等主体共同履行各自的义务，积极参与生态建设；最后，建立林业生态补偿机制的目的是保护森林生态环境，实现生态系统的可持续发展，更好地服务人类社会。因此，可持续发展理论是构建林业生态补偿机制的重要理论基础，贯穿于林业生态补偿的各个环节。可持续发展理论与林业生态补偿机制互相融合、互相促进，二者有机结合共同发挥作用促进林业生态资源的可持续利用与发展。

5.1.3　林业生态补偿机制构建的基本原则

林业生态补偿机制的构建原则是建立林业生态补偿机制的宏观性准则和依据，具有统领全局的作用。准确把握相关原则能够为林业生态补偿机制提供正确的发展方向，是建立林业生态补偿机制的首要出发点。主要包括生态效益与经济效益统一原则、利益平衡原则、公平原则、政府补偿与市场补偿相结合原则（表5-3）。

表5-3　林业生态补偿机制构建的基本原则

序号	基本原则	说明
1	生态效益与经济效益统一原则	确保在进行生态补偿时，生态效益与经济效益相统一
2	利益平衡原则	确保在林业生态补偿中各利益相关方的权利得到平衡
3	公平原则	确保林业生态补偿过程中的公平性和合理性
4	政府补偿与市场补偿相结合原则	结合政府和市场的力量进行生态补偿

5.1.3.1　生态效益与经济效益统一原则

生态效益与经济效益的统一原则是指，在林业生态补偿机制中，将生态保护和经济社会发展协调统一起来，将生态系统的价值与人类社会的长远利益有机结合。这个原则强调了两个方面：一方面是生态效益与人类社会生存发展的关联。林业生态效益指的是森林生态系统对人类生存、健康和社会发展所产生的有益影响，涵盖了诸如森林的 O_2 供应、水源涵养、土壤保持、生物多样性维护等方面。保护和维护林业生态系统功能对人类的长期福祉至关重要。另一方面是经济效益与林业资源有效利用的关系。经济效益是指在经济活动中，以最小的成本获取最大的收益。在林业生态补偿机制中，要通过合理利用现有的林业资源，以最小的投入获得最大的经济效益，同时保护和修复生态系统，确保长期的生态效益（陈至立，2022）。

建立林业生态补偿机制不仅是为了保护生态环境，也是为了促进经济社会的发展。有效利用现有的林业资源，通过生态补偿机制鼓励林业从业者和保护者为生态系统提供服务，可以实现多个方面目标。一是生态服务与社会经济发展的协同增长。林业生态服务的提供不仅可以改善环境，还可以促进相关产业的发展，如生态旅游、生态农业等，为当地经济发展带来新的机遇和活力。二是林业资源有效配置与生态效益的双赢。通过经济激励手段，使得林业资源保护者更愿意投入生态系统的维护和修复中，从而实现生态系统的良性循环，提升生态系统的健康度和持续性。三是社会共识与可持续发展的实现。生态效益的认知不仅限于经济价值，也包括生态系统的稳定性和延续性。通过经济激励，可以建立更广泛的社会共识，推动可持续发展的实现，不断改善人类生存环境。

因此，生态效益与经济效益的统一原则在林业生态补偿机制中是至关重要的，它强调了在追求经济发展的同时，确保生态系统功能的保护和提升，从而实现可持续发展的目标。

5.1.3.2 利益平衡原则

在对生态补偿机制的政策研究中，利益平衡原则始终被加以强调。例如，中国生态补偿机制与政策研究课题组（2007）从制度角度进行分析，指出"生态补偿"（eco-compensation）是以保护和可持续利用生态系统服务为目的，以经济手段为主要方式，调节相关者利益关系的制度安排。《国民经济和社会发展第十一个五年规划纲要》提出，按照"谁开发谁保护，谁受益谁补偿"原则建立生态补偿机制。"谁受益，谁补偿"原则指从森林生态系统中取得好处，那么就应该承担相应的补偿义务。实际上，整个社会大众都是受益者，都在无形中享受森林带来的各种好处，有些是直接获益，如采伐木材、森林旅游以及获取林下产品；有些是间接获益，没有实际的获益行为，如森林净化空气而享受良好的空气质量，调节气候带来的身体舒适，还有涵养水源、净化水质等。"谁破坏，谁付费"原则也可以称作"谁破坏，谁赔偿"，只要对森林生态环境造成破坏，那么就要赔偿森林所有者和经营管理者的损失。"谁保护，谁受益"原则是指两类情况：一是对主动参与森林生态环境保护的相关主体进行补偿，如从事森林管护的护林员、提供资金或者技术支持的企业和其他组织。二是为保护森林生态放弃生产经营活动的主体，如因开展退耕还林工程无法继续从事农业生产的农民，还有自有林区被规划为公益林后不能采伐林木的林农，都间接起到了保护森林资源的作用（马运好，2022）。

5.1.3.3   公平原则

林业生态补偿机制的建立旨在解决涉及多方利益主体的复杂关系，确保生态环境的可持续性与人类社会的发展之间达到平衡。追求内部的公平正义在确定补偿标准和执行补偿措施时至关重要。公平正义的追求以确保对不同受偿主体的补偿过程中公平和正义。这种追求公平正义的原则在补偿过程中涉及多个方面：①保护强度差异。不同地区的生态环境面临的威胁和保护难度不同。公平原则要求在补偿过程中考虑到这些区域差异，对于保护强度较高的地区，需要给予更多的林业生态补偿以确保其生态系统的健康。②当地经济发展状况。考虑到不同地区的经济发展水平，林业生态补偿应当根据当地社会经济状况进行合理调整。需要根据地区的发展情况，平衡生态保护所需的成本和当地经济所能承受的压力。③生态要素相互影响。生态系统中各种要素之间相互依存、相互影响。在进行林业生态补偿时，需要考虑这些要素之间的关联性，确保补偿措施不会对其他生态要素造成负面影响。实践中，公平正义原则要求生态补偿机制不仅在形式上实现公平，更要在实质上实现正义。包括不断调整和完善林业生态补偿机制，确保其在理论和实践层面都能够体现公平正义。通过持续性的修正和调整，使得林业生态补偿机制更贴近实际需求，更好地满足各方的利益诉求，最终达到公平正义的目标（胡谢君，2021）。

5.1.3.4   政府补偿与市场补偿相结合原则

《国民经济和社会发展第十四个五年规划和2035年远景目标纲要》对建立健全各类生态补偿机制做出明确要求："加大重点生态功能区、重要水系源头地区、自然保护地转移支付力度，鼓励受益地区和保护地区、流域上下游通过资金补偿、产业扶持等多种形式开展横向生态补偿。完善市场化多元化生态补偿，鼓励各类社会资本参与生态保护修复。完善森林、草原和湿地生态补偿制度，建立生态产品价值实现机制，制定实施生态保护补偿条例。"生态补偿政策是以保护生态环境、促进人与自然和谐发展为目的，根据生态系统服务价值、生态保护成本、发展机会成本，运用政府和市场手段，调节生态保护利益相关者之间利益关系的公共政策。政府补偿是以政府为补偿主体，采取行政手段开展生态补偿；市场补偿是将林业生态补偿的利益相关者置于市场中，在法律允许的范围内自主交易。虽然生态补偿的市场化体现了国家生态补偿的发展水平，同时也是我国生态补偿发展的重大政策目标，但是不能单纯地依赖市场补偿，因为市场也有失灵的时候。所以，要合理运用政府补偿和市场补偿，正确把握二者的边界，取长补短，是开展林业生态补偿的一项重要原则。

5.2 林业生态补偿运行机制

生态补偿机制要回答"谁补谁""补什么""补多少"及"如何补"四个关键问题（钟瑜等，2002）。其中，"谁补谁"涉及确定生态补偿主客体，"补什么"涉及确定补偿对象，"补多少"涉及生态补偿标准确定，"如何补"涉及生态补偿方式选择。以林业生态产品价值实现为导向的生态补偿机制主要包含三部分内容（图5-1）。以林业生态产品价值识别确认生态补偿主客体和补偿对象、以林业生态产品价值核算方法确定补偿标准和以生态产品价值实现模式选择补偿方式，以生态产品价值实现为目的，推动林业生态补偿机制向多元化、市场化生态综合补偿机制转变，协调林业生态保护与高质量发展。

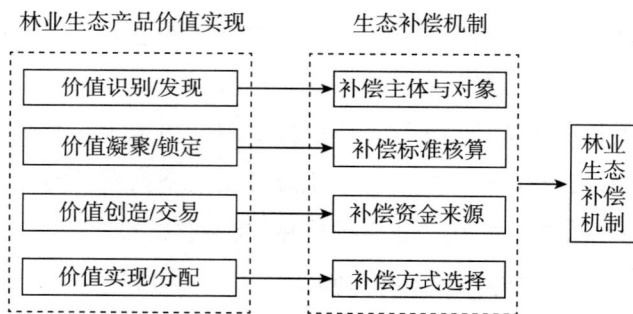

图 5-1 以林业生态产品价值实现为导向的生态补偿机制

5.2.1 林业生态补偿主体与客体

确定补偿主体与客体是林业生态补偿机制中的关键，涉及对生态系统保护和受益关系的确认。生态补偿机制实质上是各方主体间的利益协调机制，因此，对生态补偿的法律关系的定义是明确界定利益和法律义务的范围的前提，是成功实现生态补偿目的的保障。生态补偿法律关系的主体有两个方面：一是明确补偿主体，解决"由谁来补偿"的问题；二是确定受偿主体，解决"向谁提供补偿"的问题（吴汶燕，2021）。

5.2.1.1　补偿主体

补偿主体主要包括：①林业经营者。包括私人林场、林农等，他们通过管理和经营林地，如实施森林保护、定期修剪、防火等措施，为生态系统的健康和保护作出贡献。②政府机构。政府在生态系统保护和恢复中发挥着监督和管理的角色，通过政策、法规的制定和实施来确保林业生态系统的持续健康。③社区或生态组织。一些社区或生态组织积极参与保护和维护生态系统，如志愿者团体、环保组织或非政府组织等。开展植树活动、生态教育及环境保护宣传等工作。

5.2.1.2　补偿客体

补偿客体主要包括：①当地居民。生活在林业生态系统周围的居民直接从生态系统中获益，如获取森林提供的木材、水资源，参与生态旅游等。②其他生态系统利用者。林业生态系统服务不仅惠及当地居民，还影响到其他地区或其他生态系统的稳定性和功能性，这些受影响的利用者也是补偿客体的一部分。③整个社会。林业生态系统对全社会有间接影响，如提供 O_2、净化空气、防止水土流失等。

确定补偿主体与客体的关系，需要综合考虑不同参与者在生态系统保护和服务中的贡献和受益，以此为基础确立补偿机制，确保那些为生态系统保护作出贡献的主体能够得到合理的补偿。

5.2.2　林业生态补偿对象

补偿对象是指接受补偿的单位或个人，包括生态环境保护的贡献者和生态环境破坏的受损者。具体来说，一是指从事生态维护建设的单位或个人；二是指生态环境破坏受损的单位或个人；三是指补偿对象没有具体明确或产权关系、权益关系没有完全界定之前，作为公众利益的代表（代理人）而接受补偿的政府（宋有涛等，2022）。确定补偿对象是林业生态补偿机制中的重要环节，需要识别和确认提供生态系统服务的特定对象，以便给予适当的补偿。林业生态补偿对象主要包括森林经营者、农民或村民，以及生态组织或志愿者团体。

5.2.2.1　森林经营者

私人林场、林农等通过管理和经营森林资源，负责森林的种植、保护和管理，因而承担着维护生态系统健康的责任。他们的行为对于森林的生长、多样性和健康有着直接影响。

5.2.2.2　农民或村民

在一些地区，农民和村民的日常生活与森林资源紧密相连，他们不仅依赖森林获取木材、非木质林产品及草药等，还通过森林保护、植树造林等方式参与生态系统服务。

5.2.2.3　生态组织或志愿者团体

一些生态组织或志愿者团体积极参与保护和修复生态系统。他们通过植树造林、开展生态教育、宣传普及环保知识等活动，为生态系统的恢复和健康作出贡献。

因此，确定补偿对象，旨在对那些为生态系统服务提供者进行合理的经济补偿，鼓励他们继续参与并投入生态保护和修复工作，从而保障生态系统的稳定和可持续发展。

5.2.3 　林业生态补偿标准

测算生态补偿标准是生态补偿机制研究的关键一环，关系到能否充分保障受偿主体的合法权益，同样也是研究的重点和难点。

5.2.3.1　补偿标准分类

根据生态补偿标准的确定方式，生态补偿标准的制定可以分为核算法和协商法。核算法基于对生态环境管理和生态环境损失的评估，即通过计算生态环境保护成本和生态系统服务功能的成本来确定生态补偿标准。生态环境保护补偿标准的计算主要包括两种方法：第一是生态系统服务成本评估；第二是为生态系统服务提供者计算机会成本损失。前者主要评估和计算保护、供水、气候调节、生物多样性保护和绿化等服务，但由于计算复杂，很难为生态补偿提供直接依据。后者主要计算弥补机会成本的金额，如水源地山区退耕还林导致的粮食产量减少、部分生产工具闲置、劳动力富余，以及保护生态公益林而放弃的森林砍伐或经济林种植的收益等。这种计算方式旨在补偿生态环境保护和建设的直接成本，以及为生态环境服务提供者提供的全部或部分机会成本，以激励他们参与生态环境保护，从而使社会其他成员能够继续使用生态系统提供的服务。

在生态补偿中，协商法是一种由相关各方商定生态补偿规模和金额，并确定生态补偿标准的方法。与核算法的复杂性相比，协商法具有较强的可行性和可操作性，因此在国内外的生态补偿实践中应用更加广泛(吴汶燕，2021)。

5.2.3.2　补偿标准的评估方法

生态系统是自然的一个组成部分，作为对最终产品和服务生产的贡献，它具有直接或间接对人类有益的功能。生态补偿的标准是解决生态补偿数量问题的最终手段。因此，确定生态补偿标准对于准确评估生态系统的价值至关重要，因为在确定环境保护或破坏生态系统的行为补偿标准之前必须对生态系统服务成本的增加和下降量进行评估，评估结果须成为确定补偿标准的基础。我国生态价值的评估始于20世纪80年代初，自90年代以来已经公布了直接市场法、机会成本法、替代市场法、条件价值法、差别标准法等各级评价方法(吴汶燕，2021)。

5.2.4　林业生态补偿方式

林业生态补偿方式是指在生态补偿的法律关系中，补偿主体通过何种手段和途径对受偿主体进行生态补偿，实现受偿主体的经济利益和生态系统服务功能价值。在生态补偿机制中，生态补偿方式是生态补偿具体制度的实施方法和实现形式，解决生态补偿"如何补"这一问题，集中反映生态补偿法律关系主体之间的权利义务关系。

从生态补偿的支付形式来看，我国现行生态补偿相关立法中的生态补偿方式主要包括资金、实物、政策、技术和异地开发等补偿方式(宋有涛等，2022)，见表5-4。

表5-4　我国部分法律法规中关于生态补偿方式的规定(宋有涛等，2022)

名称和相关条款	补偿方式
《中华人民共和国环境保护法》第三十一条	财政转移支付，生态保护补偿资金
《中华人民共和国水污染防治法》第八条	财政转移支付等方式
《中华人民共和国防沙治沙法》第二十五条	政策优惠
《中华人民共和国防沙治沙法》第三十三条	资金补助、财政贴息以及税费减免等政策优惠
《中华人民共和国防沙治沙法》第三十五条	经济补偿
《中华人民共和国农业法》第六十二、六十三条	补助
《中华人民共和国草原法》第二十五条	粮食和资金补助
《中华人民共和国草原法》第四十八条	粮食、现金、草种费补助
《中华人民共和国森林法》第八条	森林生态效益补偿
《中华人民共和国野生动物保护法》第十九条	补偿、补助
《退耕还林条例》第四十五条	补助
《退耕还林条例》第四十九条	税收优惠、补助
《自然保护区条例》第二十三条	资金补助

林业生态补偿方式多样，旨在对提供生态系统服务的主体进行经济或非经济上的补偿，以激励他们保护和恢复生态系统。以下是一些常见的林业生态补偿方式。

5.2.4.1　直接经济补偿

直接经济补偿是一种常见的生态补偿方式，是指直接向提供生态服务的主体支付经济回报以激励其保护和恢复生态系统。其支付方式为一次性支付或者定期支付，根据其为生态系统服务的程度和贡献大小来确定补偿数额。直接经济补偿基于三大原则：①服务评估原则。确定服务的价值和贡献度，衡量其对生态系统的保护和提升作用。②公平性原则。补偿金额应基于服务的实际贡献度，公平公正地对待每一个提供者。③监督与评估原则。设立监督机制，对服务的实际提供情况进行评估，确保补偿的合理性。

基本步骤包括：①确定服务提供者。明确提供生态服务的主体，如林业经营者、保护区管理者或特定的生态保护组织。②评估生态服务。对服务进行评估，考虑其对生态系统的贡献，包括森林保护、水资源保护、生物多样性维护等。③确定补偿标准。根据服务的贡献度，结合服务的频率、服务覆盖的区域、服务的质量等因素制定补偿数额。④支付补偿。将确定的经济补偿直接支付给服务提供者。支付方式灵活，视具体情况而定。⑤跟踪与监管。设立监督机制，监测服务提供的实际效果，确保资金使用情况透明并符合既定的生态服务目标。

直接经济补偿作为一种明确的激励方式，能够直接回报服务提供者，激励其持续保护和改善生态系统，从而维护生态平衡并提供持续的生态服务。

5.2.4.2　生态服务购买

生态服务购买是一种策略，是指政府或其他机构向提供生态服务的实体购买生态系统提供的服务。这种形式的生态补偿以购买的方式实现，以弥补生态系统服务提供者的成本和维持服务的运作。例如，政府可从私人林场购买水源涵养服务以保障城市供水，或者向特定生态组织购买生态教育服务以提高公众对生态系统的认知。政府或其他组织可以直接购买服务，包括水资源管理、生态旅游、环境教育或其他生态服务方面，可以通过协商、合同或竞标等方式进行。生态服务种类广泛，如水资源保护、森林保护、土壤保育、生物多样性维护等。购买的服务通常涵盖不同范围和不同生态系统，如林地、湿地、草原等。政府或机构可以对提供的林业生态服务进行评估，确定其价值，并相应地支付补偿给生态系统服务提供者。支付方式通常为定期支付、按产生的效益支付或按协议支付。生态服务购买过程包括合同签订，明确双方责任和服务范围，并确保服务的交付和质量。监管机制可确保服务的透明性和有效性，监督服务的执行情况并评估服务的效果。

5.2.4.3　林业生态补偿项目投资

林业生态补偿项目投资指将补偿资金用于促进林业生态系统的保护、修复和提升，致力于通过补偿资金支持各种生态项目，以改善、保护和恢复森林生态系统，进而增强生态系统所提供的服务功能。项目投资可由政府、环保组织、企业或特定的利益相关者管理和实施。

常见项目主要包括：①植树造林项目。投资用于植树造林计划，旨在扩大森林覆盖面积，改善生态环境，增强土壤保持能力，促进水资源保护和提高碳汇容量。②林业生态修复项目。专注于对已经受损的森林生态系统进行修复，如治理受污染的土地、恢复被砍伐的森林、修复退化的生态系统等，以增进林业生态系统的恢复力和稳定性。③林业生态旅游开发。这类项目致力于发展可持续的林业生态旅游，通过开发具有林业生态特色的旅游景点，提高公众对自然环境的认知、保护和尊重，同时带动当地经济发展。④林业生态系统服务改善。资金用于改善和增强森林生态系统所提供的服务，如水源涵养、气候调节、生物多样性维护等。

5.2.4.4　林业税收或财政政策激励

林业税收或财政政策激励是指政府通过制定相关税收优惠或财政政策，以激励和支持个人、企业等主体参与林业生态系统的保护、恢复和可持续利用，旨在促进生态保护和可持续发展，提高对生态系统的投资和关注。

常见政策激励主要包括：①税收减免。政府可通过降低相关税收负担，如减少土地使用税、森林资源利用税等，以鼓励森林所有者或林业经营者采取生态友好型经营措施，如合理经营、生态修复和保护森林生态系统。②补贴政策。政府可提供经济补贴来支持林业生态系统的恢复和保护，一般针对植树造林项目、生态修复工程、生态系统服务改善等方面，鼓励相关主体积极投入。③生态奖励。通过奖励机制，政府可以向那些在林业生态保护和林业生态系统建设中表现出色的个人、组织或企业提供奖励，一般包括经济奖励、荣誉称号或其他激励措施，以鼓励更多人参与到林业生态保护中来。④可持续林业认证奖励。政府可以提供激励措施，鼓励林业企业或个人获得可持续林业认证。认证的企业享有一系列优惠政策或市场准入优势，会激励更多的林业从业者朝着可持续经营和生态友好型经营方向发展。

5.2.4.5　林业生态产业发展支持

林业生态产业的发展支持是指通过鼓励和支持与林业生态环境保护相结合的产业发展，为提供林业生态服务的主体创造更多经济收益机会，有助于实现生态保护和经济发展的双赢局面，激发生态系统的经济潜力，同时促进可持续发展。

这方面的支持涉及：①林业生态旅游业。鼓励和支持发展林业生态旅游业，将林业资源和自然生态环境转化为旅游资源。主要通过提供林业生态旅游景点、林业生态旅游线路、林业生态酒店等旅游服务来吸引游客，同时注重保护林业生态环境。

这种形式的旅游不仅能够为当地居民提供就业机会，还能够促进当地经济的发展。②环保科技创新。投资支持环保科技创新，以开发更环保的林业生态产品和服务，包括研发生态友好型的林业管理技术、生物多样性保护技术、森林保护监测技术等。政府可以提供资金支持、科研项目补贴或减免税收等激励措施，以鼓励创新。③可持续林业经营模式。支持可持续林业经营模式，鼓励采用生态友好的种植、采伐和管理方法，包括推广林木可持续管理、森林认证、零砍伐计划等，以保护生态系统，实现林业资源的可持续利用。④林业生态产品加工和价值链提升。支持林业生态产品的深加工和附加值提升。主要通过技术支持和资金投入，促进林业生态产品的加工开发，提高其附加值，包括木材加工、药材提取、特色食品加工等，增加生态产品的市场竞争力和经济效益。

5.2.5 政府生态保护修复补偿模式

政府生态保护修复补偿是指针对纯公共性生态产品，政府通过生态补偿机制对包括土地所有者、农民、林业经营者或其他参与生态系统维护的人群等生态系统功能提供者进行经济补偿，旨在激励个人或组织对纯公共性生态产品的保护、维护和修复工作。补偿的形式多样，如经济奖励、生态保护项目资金拨款或其他形式的激励。这种补偿机制的目的在于：①激励保护行为。提供经济奖励或其他激励，以鼓励人们采取行动，保护和维护林业生态系统功能，减少森林生态系统的破坏和负面影响。②促进森林生态系统修复。补偿可用于支持森林生态系统的修复和恢复工作，例如植树造林、湿地恢复、生物多样性保护等，以加速受损森林生态系统的恢复。③维持公共利益。纯公共性生态产品对社会具有广泛的价值，包括水源保护、气候调节等功能。政府补偿措施有助于维护这些公共利益，确保其长期稳定供应。④保障森林生态系统服务提供者的利益。对于那些为森林生态系统服务付出努力的个人或组织，补偿措施可以确保他们的经济利益受到保障，以鼓励他们长期从事森林生态系统的保护和维护工作。通过这种方式，政府补偿机制不仅有助于保护和维护森林生态系统的稳定性和健康性，还能够激励更多的人参与生态保护与修复，实现可持续发展。

5.3 林业生态补偿维护机制

生态补偿标准是林业生态补偿的核心，关系到补偿的效果和可行性。而林业生态补偿标准的有效实施需要完善的机制维护，即解决由谁来补偿、怎么进行补偿以及如何保证补偿资金使用的有效性。林业生态补偿维护机制是确保生态补偿执行和效果的一系列制度和机制，以保证生态补偿的有效性、可持续性和公平性。这种机制主要包括法律法规支持、监管机构设立、生态效益评估体系、公众参与机制、风险管控和纠纷解决机制、定期评估和调整六个方面（表5-5）。

表5-5　林业生态补偿维护机制

序号	维护机制	说明
1	法律法规支持	建立相关法律框架和政策规定，明确生态补偿的范围、标准、程序和责任。确保补偿活动的合法性和公平性
2	监管机构设立	设立专门机构或指定部门负责监督生态补偿计划的执行和效果，确保资金使用透明、规范，并推动补偿计划的实施
3	生态效益评估体系	建立科学评估机制，对提供的生态服务进行评估，量化生态效益，为确定补偿标准提供参考，并监测补偿效果
4	公众参与机制	鼓励公众参与生态补偿决策过程，提供意见和建议，增进补偿计划的透明度和公众认可度
5	风险管控和纠纷解决机制	设立风险评估和管控机制，预防和解决可能产生的纠纷或争议，确保生态补偿计划的顺利执行
6	定期评估和调整	定期对生态补偿计划进行评估，根据评估结果进行调整和改进，以适应生态环境的变化和持续改善生态系统服务

5.3.1　法律法规支持

法律法规的支持是确保林业生态补偿维护机制有效运行的重要作用。包含以下几个关键方面的内容。

（1）明确生态服务范畴。法律法规应明确定义生态服务，涵盖森林、湿地、水域等自然生态系统提供的各项服务，如水资源保护、土壤保护、生物多样性维护、气候调节等，明确生态服务的范围和种类。

（2）规范补偿标准制定。法律框架需要规定确定林业生态补偿标准的方法和程序，综合考量生态服务的提供量、质量、服务范围、服务频率等因素，以便确定补偿的数额或形式。

（3）确认补偿对象资格。法律法规需要明确谁有资格获得生态补偿，如保护生态系统的个人、组织或群体。同时，确定林业生态补偿对象的资格和责任，以及相关的林业生态补偿程序和条件。

（4）明确资金来源与管理。法律法规应明确林业生态补偿资金的来源和使用程序，包括政府预算拨款、生态税收、环境保护基金、市场化机制等。同时，确保林业生态补偿资金的合法性、透明度和专门管理。

(5)界定责任与违规处理。法律框架需要规定相关主体在林业生态补偿中的责任和义务，以及未遵守规定可能产生的后果和处罚机制，确保林业生态补偿活动的合法性和规范性。

通过建立清晰明确的法律法规框架，能够为林业生态补偿提供法律保障和指导，确保林业生态补偿计划的合法性和公平性，进而推动生态环境的保护和改善。

5.3.2 监管机构设立

设立专门的监管机构或部门，负责生态补偿计划的管理、实施和监督，如监督补偿资金的使用、效果评估和合规性审查，以确保林业生态补偿项目符合法律规定和预期效果。林业生态补偿的有效执行和监管是确保整个计划有效性和合规性的关键。专门的监管机构或相关部门承担着监督和管理责任，通过严格的监督和有效的执行，确保林业生态补偿计划的公平性、透明度和有效性，同时协助政府和利益相关方有效管理生态补偿活动。

(1)资金使用监管。监管机构负责确保补偿资金使用透明、合法，对资金的流向和使用情况进行细致审查和核实。

(2)效果评估。监管机构会负责监测生态补偿计划的实施效果，进行生态效益评估。依托专业评估团队，定期检查生态服务的提供和生态系统的改善，确保补偿项目达到预期效果。

(3)合规性审查。监管机构负责确保生态补偿计划符合法律法规要求，包括确定补偿对象的合法性、标准的合理性，检查补偿方案是否符合相关政策和法规。

(4)政策指导与协调。监管机构通常也承担着为政府提供建议、指导和政策制定的角色，协调各方利益，推动补偿机制的不断完善和改进。

(5)信息公开和沟通。为确保透明度，监管机构负责发布有关补偿计划的信息，与相关利益相关方保持沟通，回应公众关切和建议。

5.3.3 生态效益评估体系

建立生态效益评估体系对于林业生态补偿维护机制是至关重要的，其为衡量生态服务的提供和生态系统的改善提供了科学的依据和可量化的指标。建立完善的评估体系，可以促进生态服务的量化评估和监测，从而为保护和改善生态系统提供有效的管理工具。

(1)生态效益指标的建立。该体系可以基于多种生态指标来评估服务，如森林覆盖率、生物多样性指数、土壤质量、水源保护程度等。这些指标能够量化不同生态服务的提供情况，从而准确评估生态系统的健康状况和服务水平。

（2）服务贡献的评估。评估体系需考虑不同主体提供的生态服务贡献度。例如，林业经营者对森林保护和可持续管理作出了贡献，而当地村民通过土地保护或水源保护也提供了生态服务。通过定量或定性方法评估这些贡献度，有助于确定补偿对象和标准。

（3）定期评估与监测。生态效益评估是持续的过程，通过定期评估和监测，及时跟踪生态系统服务的变化，及时发现问题并采取相应措施。定期评估还有助于调整补偿标准，确保其与实际生态服务的提供情况相匹配。

（4）科学依据与政策支持。生态效益评估提供了科学依据，帮助决策者更准确地理解生态系统的状况和生态服务的提供情况。这样的评估有助于政府制定更有效的政策，指导生态补偿计划，确保资源分配和资金投入更加科学合理。

5.3.4 公众参与机制

公众参与在林业生态补偿维护机制中扮演着至关重要的角色。通过建立公众参与机制，不仅可以提高决策的民主性和透明度，也能够充分利用社会各界的智慧和经验，确保林业生态补偿计划更加符合各方的期望和需求。

（1）透明度与信任建立。公众参与确保了决策过程的透明度，使得决策者的考量和行为公开化，加强了政策和计划的合法性和合理性。这种透明性有助于建立公众对补偿计划的信任，减少猜疑和争议，从而提高了计划的执行效果。

（2）多元化的观点和经验。公众参与能够吸收来自不同利益相关者的观点和建议，包括当地社区、非政府组织（Non-Governmental Organizations，NGO）、专家学者等，充分考虑各方的利益诉求和实际需求。这样可以确保补偿计划更具包容性和全面性，同时能够解决更多的现实问题。

（3）增进可持续性。公众参与机制有助于创造更广泛的共识和支持，提高林业生态补偿计划的可持续性。当公众对决策过程有更多参与感和归属感时，更容易理解并支持决策结果，有利于长期的执行和维护。

（4）社会认可和共享责任。公众参与机制能够培养社会对于环境保护和林业生态补偿的共同责任感。通过参与决策和实施过程，公众能够更深入地了解生态问题，从而提高对于生态保护的认可和理解，进而促进社会共同参与生态系统的保护。

建立公众参与机制需要制定有效的沟通和参与方案，包括公开听证会、社区会议、线上平台、调查问卷等，确保不同人群都能够参与到决策过程中，使林业生态补偿机制更加公正、民主和可持续。

5.3.5 风险管控和纠纷解决机制

林业生态补偿维护机制涉及多方利益和复杂的生态系统动态，因此需要针对潜在风险建立有效的管控机制，同时设立纠纷解决机制以处理可能出现的争议和冲突。风险管控机制主要包括以下方面。

（1）风险评估与监控。在补偿计划开始前，进行全面的风险评估，识别潜在的不利因素和可能导致计划失败的风险。设立监控机制以实时跟踪项目执行过程中的风险变化。

（2）法律合规性和透明度。确保林业生态补偿机制的设计和执行符合相关法律法规，明确参与各方的权利和责任。透明度是维护机制有效性的重要一环，如公开项目进展、资金使用情况等信息。

（3）规范化管理。建立规范的管理流程和标准操作程序，明确各方职责，规范行为准则。这包括明确的报告机制、监督和审查程序，以及记录和报告问题的途径。

纠纷解决机制主要包括以下方面。

（1）多元化解决途径。提供多样化的纠纷解决途径，如调解、仲裁、诉讼等方式，让各方可以依据具体情况选择合适的解决方案。

（2）快速高效的解决机制。设立专门的机构或程序，迅速响应并处理纠纷，保证解决机制的高效性和迅速性，避免纠纷扩大或延长。

（3）中立性和公正性。确保解决机制的中立性和公正性，确保决策者和调解人员不受利益干扰，保证争议的公正解决。

（4）信息透明和参与。让参与方了解纠纷解决程序和进展情况，鼓励各方积极参与并提供相关信息，促进解决方案的公正性和合理性。

5.3.6 定期评估和调整

林业生态补偿维护机制的定期评估和调整是确保其持续有效性和适应性的重要环节。定期评估主要包括以下方面。

（1）执行情况评估。检查生态补偿机制的实施情况，包括资金使用、项目进展和达成的目标等。

（2）效果评估。对生态服务的提供情况和效果进行评估，考察补偿措施对生态系统的影响以及提供的生态服务是否达到预期效果。

（3）利益相关方反馈。收集各方利益相关者的意见和反馈，包括生态服务提供者、政府机构、公众等的评价和建议。

（4）法律法规遵从。审查机制是否符合现行法律法规，是否需要调整以满足新的法规要求。

调整和优化机制主要包括以下方面。

（1）补偿标准调整。根据评估结果，适时调整补偿标准，以反映生态服务的实际价值和贡献度。

（2）对象和方式优化。根据评估结果，确定是否需要调整补偿对象的范围或者调整补偿方式，以更好地满足生态保护的需要。

（3）政策和流程更新。针对评估结果，修订或更新生态补偿相关的政策、流程和规定，以提高补偿机制的效率和适应性。

（4）修正不足。根据评估发现的问题或不足，制定相关措施进行修正，确保补偿机制的良性发展。

（5）公众参与。在调整过程中，鼓励公众和利益相关者的参与，增强调整措施的合理性和透明度。

评估周期一般应根据补偿计划的特性和实际情况，一般是年度、两年或更长周期的定期评估。评估结果应被用来制定新的补偿方案或调整现有方案，以维护生态补偿机制的有效性和持续性。及时执行评估结果中的调整措施对于维护机制的有效性和适应性至关重要。

5.4　小　结

本部分系统阐述了林业生态补偿机制的内涵、运行机制及维护机制。

林业生态补偿机制概述部分介绍了林业生态补偿机制的定义及其理论基础，强调了自然资源价值论、生态资本理论、成本收益理论和可持续发展理论在机制构建中的重要作用。机制的基本原则包括生态效益与经济效益统一、利益平衡、公平、公正等。

在运行机制方面，本部分讨论了林业生态补偿的主体与客体、补偿对象、补偿标准及补偿方式，明确了生态服务的提供者与受益者的关系，确定了补偿标准的评估方法，补偿方式则涵盖了直接支付、生态服务购买、项目投资等多种形式。

维护机制部分提出了确保生态补偿有效实施的多种机制，包括法律法规支持、监管机构设立、生态效益评估体系的构建、公众参与机制、风险管控及纠纷解决机制，并提出了定期评估和调整的必要性，以保证补偿机制的持续性和有效性。

综上，本部分构建了完善的林业生态补偿机制框架，从理论基础到实践操作都为林业生态保护提供了强有力的制度保障，为实现生态保护与经济发展的协调统一奠定了基础。

参考文献

陈至立，2022. 辞海[M]. 上海：上海辞书出版社.

胡谢君，2021. 论我国自然保护地体系生态补偿机制的构建[D]. 南宁：广西大学.

刘宇晨，2018. 草原生态补偿标准设定、优化及保障机制研究——以内蒙古为例[D]. 呼和浩特：内蒙古农业大学.

马运好，2022. 山东省森林生态补偿机制研究[D]. 淄博：山东理工大学.

宋有涛，王夏晖，等，2022. 生态产品第四产业概论[M]. 北京：科学出版社.

王志刚，2017. 基于财政激励视角的生态补偿机制建设研究——以广东省为例[J]. 科技创业月刊，30(15)：62-64.

吴汶燕，2021. 京津冀生态补偿机制构建研究[D]. 北京：中国传媒大学.

谢剑斌，2004. 持续林业的分类经营与生态补偿[M]. 北京：中国环境出版集团.

中国生态补偿机制与政策研究课题组，2007. 中国生态补偿机制与政策研究[M]. 北京：科学出版社.

钟瑜，张胜，毛显强，2002. 退田还湖生态补偿机制研究——以鄱阳湖区为案例[J]. 中国人口·资源与环境，12(4)：46-50.

周一虹，芦海燕，2020. 基于生态产品价值实现的黄河上游生态补偿机制研究[J]. 商业会计(6)：4-9.

林业生态产品经营开发机制 6

2021年4月26日，中共中央办公厅、国务院办公厅印发的《关于建立健全生态产品价值实现机制的意见》重点提到，生态产品经营开发就是在严格保护生态环境前提下，充分发挥市场在资源配置中的决定性作用，既包括经营开发生态产品，推动生态产业化，也包括生态资源权益的直接交易。因此，市场手段是经营性林业生态产品的实现途径，可以依托商品市场实现林业生态产品价值，林业生态产品经营开发可通过大力发展特色林业生态产品，推进林业生态产品转型，构建林业绿色低碳循环产业，林业生态文化旅游等来拓展林业生态产品价值实现。目前，林业生态产品经营开发机制主要涵盖了资源管理与评估、生产技术、市场状况、政策与法律支持、合作与利益相关者参与、运行机制及可持续经营模式等多个方面。

6.1 林业生态产品经营开发现状

林业生态产品经营开发机制是指在可持续发展的框架下，通过科学的管理、技术创新、政策支持和市场运作等手段，系统地对林业生态资源进行保护、开发和利用，以生产和推广具有生态价值的产品。该机制包括资源评估与规划、生产与管理、市场营销、经济与财务管理、政策法规支持以及利益相关者参与等多个环节，旨在实现生态、经济和社会效益的协调统一，促进森林资源的可持续利用和生态环境的保护。林业生态产品经营开发机制的现状，需要考虑多个方面，包括资源管理、生产技术、市场状况、政策支持和面临的挑战等。

6.1.1 资源管理与评估现状

林业生态产品经营开发的资源管理与评估现状展现了先进技术应用和可持续实践的结合。当前，遥感技术、地理信息系统（GIS）和无人机等高科技手段被广泛应用于林业资源的监测和评估，提供了精准的数据支持。这些技术可以对森林覆盖率、生物多样性、碳储量等关键指标进行动态监测，及时发现和应对森林资源的变化，显著提升了资源管理的科学性和效率。同时，基于这些评估结果，制定科学合理的资源利用规划，确保森林资源的可持续利用和生态系统的稳定性。

然而，资源管理与评估仍面临诸多挑战。首先，技术应用的普及程度和水平在不同地区存在显著差异，特别是在发展中国家和偏远地区，技术资源和专业人才的不足限制了先进技术的应用。其次，尽管可持续管理理念日益普及，但在实际操作中，利益冲突、资金不足和政策执行不力等问题依然普遍存在。一些地区由于对短期经济利益的追求，仍存在过度采伐和非法采伐现象，威胁着森林资源的可持续性。此外，气候变化和自然灾害也对森林资源的管理和评估带来了新的挑战，需要构建更加灵活和应对能力强的管理策略。

广东省在资源管理与评估方面进行了创新和完善，建立了由广东省林业局主办的森林资源监测平台。根据《广东省森林保护管理条例》，广东省全面推行林长制，建立区域与自然生态系统相结合的省、市、县、镇、村五级林长体系，科学划定林长责任区域，加强林业主管部门队伍建设。相关部门加强了森林资源保护的信息化建设，创建了林业一体化数据库，开发了智慧林业应用系统，如森林资源监测、林业有害生物监测和森林火灾监测等。广东省定期开展森林资源现状和变化的调查、监测和评估，并向社会公布结果。县级以上政府的林业主管部门还建立并维护森林资源档案数据库，确保档案年度更新，以掌握和应对资源变化。

6.1.2 生产技术与管理现状

林业生态产品的生产技术与管理现状反映了现代科技与传统实践的深度融合，为提升生产效率和实现可持续发展提供了有力支持。目前，低影响伐木技术（reduced impact logging，RIL）在林业生产中得到了广泛应用，通过精准规划采伐路径、使用低影响机械以及减少土壤压实等措施，显著降低了伐木活动对森林生态系统的破坏（胡劲松等，2021）。这些技术手段不仅减少了对生物多样性的负面影响，还提高了资源利用效率，体现了生态友好的生产理念。同时，植被恢复技术和生态修复工程在生态产品生产中扮演着重要角色，借助科学手段恢复被破坏的森林生态系统，有力促进自然再生和生物多样性保护。

在生产管理方面，许多林业企业和组织逐步采用综合管理系统，对生产过程中的各个环节进行严格监控，确保符合环保标准和认证要求。循环经济理念在林业生产中逐渐推广，通过资源的循环利用和废弃物的回收处理，减少资源浪费和环境污染，体现了资源管理的高效性和可持续性。企业通过实施环境管理体系，如 ISO 14001 认证（International Organization for Standardization，国际标准化组织），加强生产过程中的环境保护措施，从而提升企业的环保形象和市场竞争力。

尽管广东省在林木种业、木材加工、非木质林产品深加工方面的技术处于国内领先水平，但与国际先进技术相比，如低影响伐木技术等在国外已广泛应用的技术，在广东省的应用范围还不够广泛。广东省的森林生态系统多样且地形条件变化多端，这增加了低影响伐木技术等先进林业技术的实施难度。复杂多变的地形条件要求广东省在林业生态产品生产技术与管理上必须因地制宜，采取更为精细化和个性化的管理措施。广东省正在大力推进森林可持续经营，尝试采用机械择伐的方式获取大径材目标树，以保持永续利用的同时对生态系统影响最小。这种经营方式要求广东省在林业生态产品生产技术与管理上实现精准化和科学化，以确保森林资源的长期稳定供给。广东省提出发展优质绿色生态农林业，加强岭南特色林药、林果、林菌、茶叶、油茶、竹类、花卉、苗木、珍贵树种等产业建设，大力培育非木质林产业，打造林业产业集群。这要求广东省在林业生态产品的生产技术与管理上不断创新，提升生态产品的市场竞争力。广东省在推进林业生态产品生产技术与管理认证时，需要平衡生态保护和经济发展的关系，确保在提升经济效益的同时，不损害生态环境的可持续性。广东省在林业生态产品的生产技术与管理方面面临着技术应用、地形条件、可持续经营、政策资金支持、生态产品经营开发以及生态保护与经济发展平衡等多方面的挑战。这些挑战要求广东省在林业生态产品生产技术与管理上不断创新和改进，以实现生态效益和经济效益的双赢。

6.1.3　市场现状

林业生态产品经营开发机制的市场现状呈现出需求增长、政策支持和技术创新等多方面的积极趋势。随着公众环保意识的提升和国家"双碳"目标的推进，市场对林业生态产品的需求不断增加，这包括木材、非木质林产品以及生态旅游和碳汇等服务（林业经济研究中心，2020）。

广东省政府出台了一系列政策支持措施，如财政补贴、税收优惠、技术支持和市场推广，促进了林业生态产业的发展。林业企业和农户采用多样化经营模式，包括生态农林复合经营、林下经济、生态旅游和碳汇交易，提升了林业生态产品的附加值和市场竞争力。科技的发展带来了生产和加工技术的创新，现代生物技术和信息技术的应用优化了林业经营管理，推动了产业升级。例如，广东省的湿地修复和森林生态系统恢复项目显著改善了生态环境，提升了生物多样性。

市场化程度的提升和多样化销售渠道的扩展，使得林业生态产品进入超市、电商平台和专业市场，品牌建设和市场推广逐渐受到重视，提高了产品知名度和消费者认可度。生态旅游作为重要的林业生态产品迅速兴起，广东省依托丰富的森林公园、自然保护区和生态景区，开发生态旅游项目，吸引大量游客，带动地方经济发展。碳汇交易市场也在扩展，通过科学管理和认证，实现了碳信用交易，带来经济收益，推动了林业的可持续发展。越来越多的企业和社会资本参与到林业生态产品的开发中，形成了政府引导、企业主导、社会参与的良好局面。

广东省林业生态产品市场现状表现在多个方面。随着消费者环保意识的提高，市场需求不断增加，对低碳木材、循环纸张和生态旅游等环保产品的需求日益增长，促使林业产业逐渐转型为提供环保产品和服务的产业，以满足消费者对环保产品的需求。广东省正在完善生态产品市场交易机制，实现生态产品供需精准对接，包括建立培育生态产品交易市场，探索开展绿化增量责任指标、清水增量责任指标等指标交易，以及碳汇、海岸线占补等产权指标交易。同时，广东省推动生态产品交易平台建设，以"分散化输入、整体化输出"模式推进自然资源和存量资源的权益集中流转经营，实现资源的产权明晰与收储、转化提升、市场化交易和可持续运营等。此外，广东省通过完善生态产品保护补偿机制，提升生态环境保护水平，包括森林资源支撑能力增强、林业产业结构优化、林业产业新业态大量涌现、优质林产品显著增加等。2023年，广东省林业产业总产值达到约8700亿元，约占全国的1/10，初步形成了木本粮油、竹木培育与高端家具加工、道地南药、木本香料、花卉苗木和森林旅游与森林康养六大产业集群，不断满足人民群众对优美生态环境和优质林产品的需求。同时，通过推动油茶、竹子、中药材、花卉苗木、经济林果等优势特色产业发展，大力发展林下经济，加快培育新型林业经营主体，搭建林产品交易平台，有助于乡村振兴和农民增收致富，推动林业生态产品价值实现。此外，广东省林业产业开拓线上线下统一销售平台，打造优秀线上林特品牌，推动林业产业与"互联网+"融合创新发展。这些因素综合作用，为广东省林业生态产业可持续发展营造良好的市场环境，提供广阔前景，成为生物多样性保护与开发的典范，有力支撑绿色发展和生态文明建设。

6.1.4 政策与法律支持现状

　　林业生态产品经营开发机制的政策与法律支持为实现生态、经济与社会效益的统一提供了重要保障。国家层面的政策制定与法律框架的完善，为林业生态产品的可持续经营和市场化发展奠定了坚实基础。

　　在政策层面，《关于建立健全生态产品价值实现机制的意见》是推动林业生态产品经营开发的重要指导文件。该意见明确了通过市场化手段推动林业生态产品开发的总体方向，强调在严格保护生态环境的前提下，发挥市场在资源配置中的决定性作用，推动生态产业化与资源权益交易。此外，《"十四五"林业草原保护发展规划纲要》等政策文件，进一步细化了林业生态产品开发的具体目标和任务，明确了绿色发展、资源循环利用和产业转型升级的重要性。这些政策的出台为林业生态产品经营开发提供了清晰的战略指导。

　　在法律层面，《中华人民共和国森林法》的修订增强了对森林资源可持续利用的法律保障，明确了森林资源保护、恢复与合理经营的法律责任。此外，《中华人民共和国环境保护法》和《中华人民共和国野生动物保护法》从环境保护与生物多样性角度对林业生态产品开发进行了全面规范，确保在开发过程中生态环境不受损害。与此同时，生态补偿机制的法律建设逐步完善，通过立法明确了生态产品价值实现中的利益分配问题，保障了各方利益，促进了生态产品的公平与可持续利用。

　　在地方层面，各地政府根据自身资源禀赋和发展需求，制定了相关支持政策。2021 年 11 月，广东省林业局发布了《广东省林业特色产业发展基地培育和管理办法》，旨在培育和发展一批具有广东特色的林业产业基地，建设国家现代林业产业示范园区，推动林业产业的转型升级与提质增效。2022 年 10 月，广东省人民政府办公厅出台了《广东省建立健全生态产品价值实现机制的实施方案》，聚焦生态产品"难度量、难抵押、难交易、难变现"等问题，探索以政府主导、企业和社会多方参与、市场化运作为基础的可持续价值实现路径，协同推进生态环境高水平保护与经济高质量发展。广东省政府通过财政补贴、税收优惠、技术支持和市场推广等多项措施，积极推动林业生态产品的多元化经营与市场化发展。这些地方政策的实施为林业生态产品的开发经营提供了有力支撑，促进了地方经济与生态环境的协调发展。

　　此外，监督与管理机制的逐步完善，确保了政策与法律的有效执行。国家和地方政府通过建立健全的监督体系，对林业生态产品开发全过程进行监管，确保各项经营活动符合国家和地方法律法规。尤其是森林资源监测系统和生态产品认证体系的引入，不仅提升了林业生态产品的市场竞争力，也增强了消费者的信任感。

总体而言，中国在政策与法律层面的支持为林业生态产品的经营开发提供了强大的制度保障。通过政策的引导和法律的约束，推动了林业生态产品在市场化、产业化道路上的稳步前行，实现了生态、经济和社会效益的协调发展。

6.1.5 合作与利益相关者参与现状

林业生态产品经营开发机制的有效推进依赖于广泛的合作与多元利益相关者的积极参与。各级政府、林业企业、科研机构、地方社区、非政府组织等多方力量共同作用，形成了多层次、多维度的合作与参与机制，为林业生态产品的可持续开发提供了强有力的支撑。

6.1.5.1 政府在合作与利益相关者参与中发挥着主导作用

中央和地方政府通过制定政策、提供资金支持、实施监督管理等方式，推动各方力量的协调合作。政府还通过建立公共—私人合作伙伴关系，吸引社会资本参与林业生态产品的开发和管理，促进资源的合理利用与生态环境的保护。

6.1.5.2 林业企业和科研机构在技术创新和可持续管理中发挥关键作用

林业企业通过与科研机构合作，引入先进的生产技术和管理模式，如低影响伐木技术（RIL）和生态修复工程，提升了林业生态产品的质量与市场竞争力。同时，科研机构在资源评估、生产技术改进和市场分析等方面提供了专业支持，推动了林业生态产品经营开发的科学化和精细化。

6.1.5.3 地方社区的参与是林业生态产品可持续发展的重要保障

社区林业管理模式在许多地区得到了推广，社区成员作为森林资源的共同管理者和受益者，积极参与资源的评估、规划和管理，提高了资源利用的公平性与可持续性。这种模式不仅增强了社区的经济收入，还提高了生态保护意识，促进了森林资源的可持续利用。

6.1.5.4 非政府组织在林业生态产品经营开发中也扮演着不可忽视的角色

通过项目实施、技术培训和宣传教育，非政府组织在推动生态保护、提高公众意识和促进利益相关者合作方面发挥了重要作用。此外，非政府组织还在推动政策落实和监督管理方面提供了有力支持，帮助确保林业生态产品开发过程的透明性和公平性。

总体来讲，林业生态产品经营开发机制在现阶段已经取得了一定的成效，反映了该领域在资源管理、生产技术、市场需求和政策支持方面的多层次发展。但仍面临不少挑战。不同利益相关者之间的利益冲突、信息不对称以及资源分配不均等问题，可能影响合作的效果和效率。此外，部分地区的利益相关者参与程度较低，缺乏有效的沟通与协作机制，导致资源管理与开发过程中的矛盾和问题难以得到及时解决。通过技术创新、政策支持和市场引导，未来这一领域有望实现更大的突破和发展。

6.2 林业生态产品经营开发运行机制

林业生态产品的经营开发牵涉复杂的运行机制，其中关键在于平衡可持续发展、市场推广和环境保护三者之间的关系。这个机制涵盖多个方面，主要包括市场导向与产品开发、可持续开发规划、科技创新与技术支持、资金支持与金融服务、生态产业化和价值链构建等。这些机制的有机结合和良好运作对于林业生态产品经营开发的成功至关重要。只有在这些方面取得平衡和协调，才能实现经营开发的可持续性、市场竞争力以及生态环境的有效保护。

6.2.1 林业生态产品经营开发的主体

林业生态产品经营开发的主体可以涉及以下几方面。

（1）政府部门。政府在林业生态产品经营开发中扮演着重要角色，负责制定政策、法规和标准，推动生态产品的产业化发展，以及提供相关的支持和指导。

（2）林业企事业单位。林业企事业单位是生态产品经营开发的关键主体，包括国有林场、林业公司等，负责林业资源的保护、管理和经营，通过种植、采集、加工等环节，生产和销售各类林业生态产品。

（3）农民和农村合作社。农民和农村合作社也参与了林业生态产品的经营开发。他们通过合理利用土地资源，进行林木种植、蜜蜂养殖、草药采集等活动，生产出具有生态特色的产品。

（4）私营企业和民间组织。私营企业和民间组织在林业生态产品经营开发中扮演着积极的角色。他们通过自主创新、市场化运作等方式，推动林业生态产品的研发、加工和销售，提供更多样化和高附加值的产品。

（5）旅游和休闲企业。林业生态产品与旅游和休闲产业密切相关。旅游和休闲企业可以将林业景观、森林生态等元素融入其业务中，开展生态旅游、生态农庄等活动，提供具有林业特色的服务和体验。

（6）研究机构和专业团队。研究机构和专业团队负责对林业生态产品进行科学研究和技术支持，提供新品种选育、生产技术改进、质量控制等方面的指导和帮助。

6.2.2 市场导向与产品开发

市场导向的产品开发是基于对市场需求和消费者喜好的深入理解，旨在创造有吸引力、具有竞争力并符合市场潜力的生态产品。这一过程综合考量多方面的因素，包括生态环境的保护、产品的品质、价格合理性，以及消费者对于生态产品的偏好等。

首先，对市场需求的深入分析至关重要。了解消费者的期望、趋势和购买动机是推动产品开发的基础，需要广泛的市场调查和消费者反馈，以便设计符合他们需求的产品。

在考虑生态环境时，产品开发需要兼顾可持续性和环境友好性。这意味着产品的设计和制造过程要减少对环境的负面影响，促进资源的可持续利用，以满足当今社会对于可持续发展的追求。品质是吸引消费者的关键因素之一，确保产品的品质符合标准，甚至超出预期，是保持消费者忠诚度和口碑的重要手段，包括产品的耐用性、安全性、外观设计和实际功能等方面。最后，价格因素是影响消费者购买决策的重要因素之一。在产品开发过程中，需要权衡成本、市场定价和产品附加价值之间的关系，以确保产品价格在合理范围内，与其品质和功能相匹配，同时能够吸引消费者。

综上所述，市场导向的林业生态产品开发需要在生态环境、品质和价格等多个方面取得平衡，以满足消费者需求，并在竞争激烈的市场中脱颖而出。

6.2.3 可持续开发规划

制定可持续发展规划对于林业生态产品的开发至关重要，不仅明确了产品开发的方向和目标，还为实现生态产品的可持续性提供了战略性指导。同时，政府部门、专家学者、产业界、当地居民和环保组织等利益相关者的广泛参与，有助于确保规划的多元化和综合性，使其在考虑各种利益和需求的同时能够制定出更加全面和可行的策略。可持续发展规划不仅可以引导林业生态产品的开发与利用，也能够促进当地经济的繁荣与生态环境的保护，实现资源的长期利用和保护的良性循环。

（1）明确林业生态产品的开发方向。即确定产品的种类、特性和应用领域，包括对于各类生态产品的潜在市场需求和发展趋势的深入研究，以及对当地生态资源的科学评估和规划。

（2）目标的设定是规划的核心。确定可衡量和可实现的目标，如在一定时间内提高林业生态产品的产量、改善产品质量、减少资源浪费等。目标需要与可持续发展原则相符，既能够满足当前需求，又能够保护和维护生态系统。

（3）制定策略是实现目标的关键步骤，涉及资源的合理配置和管理、技术的创新与应用、市场推广和品牌建设等多方面内容。同时，规划中需要包含有效的监测和评估机制，以便及时调整策略，确保规划的实施与目标的达成。

6.2.4 科技创新与技术支持

科技创新在林业生态产品开发中扮演着重要的角色。通过应用现代科技手段和技术，可以有效地提高生态产品的质量、效率和可持续性。

6.2.4.1 科技创新可以促进生态产品的质量提升

利用先进的生产技术和工艺，可以改善产品的品质和特性。例如，在木材加工方面，高效的加工技术可以生产更高质量的木材产品。

6.2.4.2 科技创新有助于提高生产效率

引入自动化和智能化技术，可以优化生产流程，减少资源浪费和能源消耗。例如，智能化林业管理系统能够实现精准造林抚育、病虫害防治自动化、火险智能预警等，提高森林经营管护效率。

6.2.4.3 科技支持还能推动可持续发展

通过生态监测技术，可以实时监测森林生态系统的健康状况，及时发现和解决问题。依托林木、竹炭等新型环保材料的开发与利用也有助于减少碳排放，促进循环经济的发展。

要实现科技创新的推动，需要政府、产业界和科研机构的合作。政府应加大对科技研发的投资力度，鼓励企业应用科技成果于生产实践，并培养相关领域的专业人才，推动科技成果向生产力转化。科技创新将为林业生态产品的发展注入新动力，使其更符合市场需求，更具竞争力和可持续性。

6.2.5 资金支持与金融服务

资金支持与金融服务是林业生态产品开发中至关重要的一环。通过提供金融支持、政策扶持和补贴，可以为生态产品的开发和生产提供资金保障，推动产业的健康发展。

资金支持是保障生态产品开发的基础。政府可以通过设立专项资金、提供贷款和拨款等方式，支持林业生态产品项目的启动和实施，有助于解决初期投资和运营资金不足的问题，降低生态产品开发者的经济压力。政策扶持和补贴可以激励生态产品开发者更积极地投入项目中。制定相关政策，如税收优惠、贷款利率减免、项目奖励等，可以提高生态产品的投资回报率，吸引更多投资者和企业参与生态产品的研发和生产。

在金融服务方面，建立完善的金融体系是关键。银行和金融机构可以通过提供贷款、融资和金融咨询服务，为生态产品开发者提供全方位的金融支持。不仅有助于解决中小企业在项目启动和运营中的融资问题，还促进生态产品产业链的健康发展。为了更好地推动产业发展，政府可以鼓励金融机构设立专门的金融产品和服务，以满足生态产品开发者的特殊需求。此外，建立风险共担机制，降低投资者和金融机构的风险，也是促进资金流动的有效手段。

总体而言，资金支持与金融服务的完善将为生态产品开发提供坚实的经济基础，有助于推动产业的可持续发展。政府、金融机构和产业方需要共同协作，形成合力，为生态产品开发创造有利的金融环境。

6.2.6 生态产业化和价值链构建

林业生态产业化和构建完整的价值链是利用原始林业生态资源，通过加工、增值和品牌塑造，转变为具有市场竞争力的商品的过程。通过下面5个步骤（图6-1），可以促进林业生态产业的良性发展，推动整个产业链的持续发展和生态保护。

（1）加工和增值。这一步骤涉及将原始林业生态资源进行加工和转化，包括木材的精细加工、林产品的提炼、提取药材成分或生产高附加值的木制品等，以提升其附加值和市场竞争力，此过程需要考虑现代科技手段和环保技术，以确保生态资源的合理利用和环境友好型的加工方式。

（2）品牌化。构建品牌形象和市场认知度，让消费者认可和信任产品。品牌化不仅是为产品起个名字和设计一个标志，更是通过产品质量、独特性和品牌故事，为产品树立起特有的形象，从而提升消费者的认可度和忠诚度。

（3）价值链的完善。构建完整的价值链需要考虑从原材料采集到产品销售的全过程，包括供应商、生产者、加工商、分销商和消费者等环节，需要协同合作、资源整合和信息流畅，确保产品从产地到消费者手中的流通畅通。

（4）可持续性和环保考量。在这个过程中，考虑到资源的可持续利用和生态环境的保护是至关重要的。采用环保型的生产方式，促进资源的可持续发展，有利于构建健康的林业生态产业链。

（5）市场营销和推广。通过各种渠道，包括线上线下渠道、广告宣传、展会等，积极开发新的销售渠道和市场定位策略，对产品进行有效的市场推广。

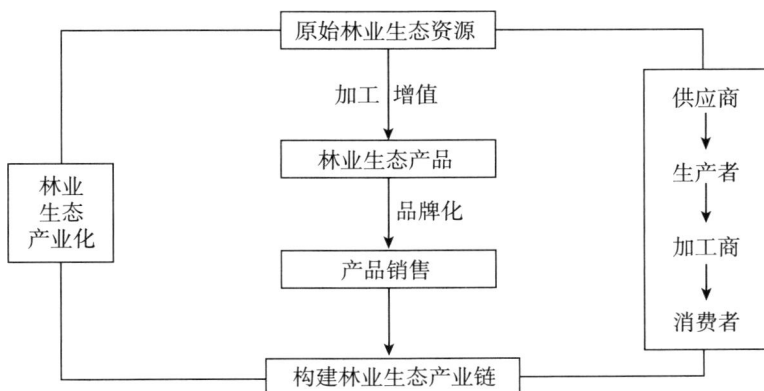

图 6-1 林业生态产业化

6.3 林业生态产品经营开发模式

林业生态产品经营开发机制的多样化模式，结合了生态保护、经济发展和社会参与的多重目标，通过创新的管理和经营方式，实现了森林资源的可持续利用。这些模式在实践中不断完善，为全球的生态保护和经济发展提供了有益的借鉴和启示。下面介绍几个主要的经营开发模式。

6.3.1 以核心生态产品为主导的模式

以核心生态产品为主导的模式是一种在保护生态环境的前提下，通过深度挖掘地方特色生态资源，将其转化为具有市场竞争力的高附加值产品，从而推动区域经济发展的经营模式。其核心在于将地方特色资源与现代技术相结合，通过科学的生产管理、加工工艺和市场化运营，打造独特品牌，实现生态产品的可持续利用与经济收益的双赢。

首先，这种模式依托本地特有的生态资源，如特定的植物、林产品等，利用其独特的生长环境、文化背景和营养价值，将这些资源开发成高质量的生态产品。各类开发的生态产品往往拥有历史悠久的种植和加工传统，通过现代化的林业经营技术、病虫害防治体系以及生态友好型的管理方法，确保产品的品质和产量。例如，选择适宜的种植基地，结合先进的种植技术和有机肥料，能够提升林产品的产量和质量，进而形成林业生态产品的核心竞争力。

其次，在加工过程中，通过严格的质量控制和标准化生产，保证产品的稳定性和安全性。传统加工工艺与现代机械化生产相结合，不仅能保持产品的独特风味和营养价值，还能提高生产效率。比如，在提取油茶等特定植物油的过程中，结合手工与现代压榨技术，能够提升产品的质量和提取率。此外，工艺的创新也是关键，通过不断改进和创新加工技术，适应市场需求的变化，提升产品的市场竞争力。品牌化是这种模式成功的关键。通过设计独特的品牌形象和包装，利用产品的地方特色和生态优势进行市场推广，能够在消费者中树立独特的认知度。同时，建立线上线下结合的销售渠道，利用社交媒体、电子商务平台等现代营销手段，将产品推向更广阔的市场。这不仅能提高产品的市场知名度，还能增强消费者对产品的信任和忠诚度。在市场化运作的同时，质量控制和认证是确保产品市场竞争力的重要环节。通过设立严格的生产流程和质量管理体系，确保从原材料的采集到产品的最终销售，每一个环节都符合标准和规范。例如，通过获取国家或地方的相关认证，如有机认证或地理标志认证，能够进一步提升产品的信誉度和市场竞争力。同时，产品的可追溯体系也至关重要，它能够确保从生产到销售的每个环节都可被监控，确保产品的安全性和透明度。这种模式具有较强的可复制性和移植性。任何拥有独特生态资源和丰富自然条件的地区都可以通过这一模式，将其生态产品开发成具有市场竞争力的品牌。无论是森林、湿地还是草地，都可以通过这种模式将其资源转化为经济收益。例如，广宁通过突出地方特色与传统工艺，成功将红花油茶发展为高附加值的生态产品，提升了市场竞争力。这些实践表明，广东的林业资源通过打造优势林业生态产品，能够有效转化为具有市场竞争力的品牌，推动地方经济的可持续发展。

最后，以核心生态产品为主导的模式不仅仅是经济发展的驱动力，更是生态保护的重要途径。通过合理规划和管理资源的开发与利用，确保资源的可持续性，避免过度开发或环境破坏，实现经济效益与生态保护的平衡。这一模式为那些拥有丰富自然资源的地区提供了可行的发展路径，通过整合本地特色资源、现代技术和市场化运作，打造高附加值的生态产品，不仅能促进地方经济的增长，还能实现生态资源的可持续利用。

6.3.2 以核心生态理念为主导的模式

以核心生态理念为主导的模式是一种通过强调生态保护理念，推动区域经济可持续发展的经营方式。其核心在于将生态优先的理念贯穿于资源开发和产业规划的各个环节，确保生态保护和经济发展能够相互促进。这种模式尤其适用于生态环境敏感、资源丰富的地区，通过在严格保护生态的前提下，科学合理地开发利用自然资源，实现区域经济的绿色转型。

这一模式首先强调对生态系统的长期保护与维护，将生态保护作为所有开发活动的前提。通过强化环保意识和引导社会各界参与生态治理，可以确保自然资源在开发过程中不会被过度消耗。这种理念贯穿于整个经济活动的策划和实施阶段，避免因短期的经济利益而破坏区域生态环境。各项政策和行动都会以生态为优先考虑，通过绿色发展理念来推动经济项目的落实。例如，南澳县通过实施"生态立岛"策略，将生态理念植入其产品和服务，结合绿色认证和环保标准提升产品的市场竞争力，成功吸引了环保意识强的消费者。

在产业开发方面，这种模式主张通过生态资源的合理利用推动绿色经济。生态旅游、绿色能源、生态农业等产业是其主要的经济驱动因素。生态旅游通过开发自然景观和文化资源，将生态保护与旅游经济结合，吸引游客参与并提高公众的环保意识。与此同时，绿色能源和清洁技术的引入，如风电、光伏等可再生能源项目，能够在减少传统能源消耗的同时，推动区域产业的低碳转型。此外，生态农业和养殖业通过循环利用资源，减少对环境的负面影响，进一步促进产业的可持续发展。

品牌化和市场推广在这种模式中同样重要。通过塑造以生态理念为基础的产品品牌，利用绿色认证和环保标准提高产品的市场竞争力，能够有效吸引具有环保意识的消费者。市场推广不仅局限于产品销售，还包括将区域的生态旅游资源与数字平台结合，通过现代化的手段扩大市场影响力，提升区域的整体经济效益。生态理念的植入，使得这些产品和服务具备独特的生态文化价值，从而增强其市场吸引力和竞争力。

这一模式尤其适用于那些具有重要生态资源的地区。通过推广核心生态理念，结合当地的资源优势，将生态保护和经济开发有机结合，实现可持续发展，其他地区也可以效仿这一模式。具体而言，区域可以根据自身资源禀赋，开发具有生态特色的产业，同时推动资源的合理利用和市场化运作，形成良性发展的循环体系。核心生态理念主导的模式不仅在经济活动中贯彻了绿色发展理念，还通过生态保护措施推动区域经济的持续增长。这一模式展示了如何将生态资源的保护与产业发展相结合，形成"生态优先、经济协调"的发展格局。通过生态修复、绿色产业的开发以及品牌化和市场推广的策略，为各类生态资源丰富的地区提供了一条实现可持续发展的路径。

6.3.3　以生态修复为主导的模式

以生态修复为主导的模式是一种通过系统性恢复自然生态环境，进而推动区域经济和社会发展的可持续模式。该模式的核心理念是通过修复已经受到破坏的生态系统，恢复其自然功能，同时引入绿色产业和生态产品，逐步实现经济效益和生态效益的平衡。该模式适用于自然资源开发后留下环境破坏问题的地区，特别是曾经受到工业开发、矿山开采、城市化等活动影响较大的区域。

广东省第一届国土空间生态修复十大范例不仅在生态修复领域取得的显著成效，也促进了生态产品价值的实现。广东省十大生态修复案例中，韶关市凡口铅锌矿矿山综合生态修复项目通过综合生态修复恢复矿区生态环境，减少污染，提升生态服务功能，为地区经济发展提供新动力；韶关市大宝山新山片区历史遗留矿山生态修复改善区域生态状况，促进生态平衡，增加生态产品供给，实现生态产品价值提升和外溢；湛江市三岭山生态修复工程恢复三岭山的生态功能和生物多样性，提升地区生态价值，为生态旅游等产业提供基础；佛山市河心岛生态修复提升岛屿生态价值和景观效果，增强岛屿生态服务功能，促进生态旅游产业发展；江门市沙坪河整治修复改善水质，恢复河流生态，通过水质净化、生境营造等综合生态效益提升河流生态价值；广州海珠国家湿地公园垛基果林湿地生态修复项目保护和恢复湿地生态系统，提升生物多样性，为城市提供重要生态服务，为生态教育和生态旅游提供平台；深圳市深圳湾滨海红树林湿地生态修复保护红树林生态系统，维护海岸线生态安全，提升生态价值，支持城市可持续发展；珠海市淇澳红树林湿地保护生态修复提升湿地生态功能，保护生物多样性，增强湿地生态服务功能，为生态旅游等产业提供基础；东莞市华阳湖湿地生态修复恢复湿地生态，提升生态服务功能，为城市提供重要生态服务，为生态教育和生态旅游提供平台；汕头市南澳岛蓝色海湾整治修复改善海洋生态环境，保护海洋资源，提升海洋生态价值，支持海洋经济可持续发展。这些案例展示了广东省在生态修复方面的创新和努力，通过生态修复、系统治理和综合开发增加生态产品供给，并利用优化国土空间布局、调整土地用途等政策措施发展接续产业，实现生态产品价值提升和外溢，为实现绿色发展和生态文明建设提供有力支撑。

广东省第二届国土空间生态修复十大范例涵盖了从河流综合治理到矿山生态修复，从土地综合整治到国家石漠公园建设等多个方面，体现了广东省在生态产品价值实现方面的进一步积极探索和实践。茅洲河生态修复综合治理项目(深圳光明段、宝安段，东莞滨海湾段)通过系统治理，改善了河流水质，恢复了河流生态，提升了河流的生态服务功能，为周边地区提供了清洁的水源和优美的景观，增加了生态产品的供给；茂名市油页岩矿区矿山地质环境治理项目通过矿山修复，减少了地质环境破坏，恢复了矿区生态，促进了生态平衡，提升了矿区的生态价值；江门市新会区"侨都锦田"土地综合整治项目通过土地整治，提高了土地利用效率，改善了土地生态环境，为农业发展和生态保护提供了基础；珠海市三角岛湖泊整治及生态修复项目通过湖泊整治，改善了湖泊水质，恢复了湖泊生态，提升了湖泊的生态服务功能，为当地居民提供了休闲和旅游的好去处；广东连南万山朝王国家石漠公园森林生态综合示范园项目通过石漠化治理，恢复了森林生态，提升了森林的生态价值，为生物多样性保护和生态旅游提供了平台；深圳市大沙河生态长廊生态修复项目通过河流生态修复，改善了河流生态环境，提升了河流的生态服务功能，为城市提供了重要的生态走廊；广州市顺兴石场矿山生态修复项目通过矿山修复，减少了矿山环境破坏，恢复了矿区生态，提升了矿区的生态价值；深圳市大梅沙海滨公园整体生态修复工程通过海滨公园生态修复，改善了海滨公园生态环境，提升了海滨公园的生态服务功能，为市民提供了优质的休闲空间；韶关市南雄市梅关古驿道重点线路生态修复项目通过古驿道生态修复，保护了历史文化遗迹，恢复了沿线生态，提升了古驿道的生态和文化价值；广州市麓湖水体生态修复工程通过水体修复，改善了水体水质，恢复了水体生态，提升了水体的生态服务功能，为城市提供了重要的生态资源。这些生态修复项目不仅改善了生态环境，也为实现绿色发展和生态文明建设提供了有力支撑，通过生态修复、系统治理和综合开发，增加了生态产品的供给，实现了生态产品价值提升和价值外溢，为广东省的可持续发展提供了坚实的生态基础。

首先，这种模式以恢复生态功能为首要目标，强调通过一系列技术手段恢复受损环境的自然功能。常见的做法包括河道治理、矿区修复、植被恢复等。这些项目不仅可以改善环境质量，还能提升区域的生态承载力和抗灾能力。生态修复不仅解决了环境问题，还为后续的经济开发提供了健康的生态基础。例如，通过河流清淤、植被恢复等措施，恢复水体和土壤的健康，为野生动植物的栖息提供更好的环境条件。这些修复项目从根本上改善了区域生态，既提高了生物多样性，又恢复了自然生态循环。

其次，生态修复为主导的模式不仅关注生态环境的恢复，还通过与绿色产业的结合，实现经济效益的持续增长。在修复后的区域中，往往会发展诸如生态旅游、生态农业等低碳产业。例如，在恢复后的自然区域，可以建立生态公园、旅游景点，吸引游客参观，发展当地的生态旅游产业。通过整合自然景观和人文资源，设计生态旅游线路，打造旅游服务设施，带动周边产业链的发展。同时，生态农业依托恢复的自然环境，利用有机和无污染的农耕方式，生产符合绿色环保标准的农产品，进一步提升经济价值。

在绿色产业开发过程中，基础设施建设也是生态修复的重要组成部分。通过恢复基础设施，如道路、供水系统、电力系统等，可以为区域内绿色产业的发展提供硬件保障。例如，通过修建污水处理设施和完善垃圾处理系统，可以保障区域内的环境清洁，促进生态农业、生态旅游等产业的健康发展。再如，植被的恢复与水源的保护相结合，不仅能恢复自然景观，还能促进水资源的合理利用。这些基础设施建设不仅为经济活动提供支持，也为生态环境的长期稳定奠定了基础。

同时，生态修复模式强调公众参与和社会共治。政府、企业、社区和社会组织在这一模式中共同作用，形成合作机制，共同推动生态修复的实施和管理。公众参与不仅体现在修复项目的规划和实施阶段，还包括后续的管理和维护。在修复的区域中，可以通过社区合作，推动生态农场的建设，或者通过合作社模式管理生态旅游项目。社会共治机制能够确保修复后的生态系统得到持续维护，同时也为区域经济的长期可持续发展提供了广泛的社会支持。

最后，生态修复为主导的模式，通过创新和引领绿色产业发展，为区域提供了新的经济增长机会。在修复后的区域内，绿色产业的蓬勃发展不仅能够带动就业，还能提升当地的经济活力。修复带来的生态环境改善，吸引了更多的游客和投资者，从而推动地方经济转型，实现可持续发展。这一模式通过结合生态修复和经济开发，展现了如何将环境治理与区域经济振兴有机结合，使其成为推动绿色发展的典范。该模式通过恢复受损的生态环境，激发了新的经济潜力和社会价值。

6.3.4 以自然教育为主导的模式

以自然教育为主导的模式是一种通过开展系统化的自然教育活动，促进生态保护意识提升和区域经济发展的模式。该模式通过依托独特的自然资源和生态环境，提供以自然体验和环境教育为核心的产品和服务，旨在培养公众的生态意识，特别是对青少年学生进行科普教育，推动生态文明建设。这种模式不仅强调教育功能，还通过旅游、文化等多产业联动，实现可持续的经济效益。

首先，自然教育基地的建设是该模式的核心。通过依托当地丰富的自然资源，如山川、河流、森林等，建立设施完善、功能齐全的自然教育基地，这些基地不仅提供教育课程，还通过导览、讲解和互动体验，为游客提供了深入了解自然环境的机会。这种基地通常会设置多个自然教育径，涵盖地质、动植物、天文、气候等多个学科，为不同年龄和兴趣的游客提供多样化的学习体验。通过这种系统化的自然教育体系，参与者可以在游览的过程中，增强对环境保护和生态文明的认知。

其次，丰富的教育资源和课程设计是该模式成功的关键。自然教育课程通常结合当地的自然特色和文化背景，针对不同的目标群体(如中小学生、大学生、科研人员或普通游客)开发多样化的教育项目。这些项目包括地质探索、植物认知、动物观察、天文学等领域，既可以让青少年在户外实践中亲身体验自然之美，又能够激发他们对环境保护的兴趣。例如，在山地景区或森林公园中，可以通过设立"地质之旅"或"生态探险"等课程，带领学生在亲近自然的过程中，学习自然科学知识。这种教学方式不仅可以激发学习兴趣，还能培养学生动手实践和团队合作的能力。

第三，参与式教育和互动体验是这种模式的重要特色。自然教育并不是简单的知识传授，而是强调体验式学习。通过建立自然教育之家、设置科普展览区以及组织户外活动，游客和学生可以亲自参与到生态保护的实际行动中。这种参与式教育包括自然观察、标本制作、野外考察等形式，使参与者在实际操作中加深对自然环境的理解和认同感。例如，游客可以在植物园中通过辨认不同种类的植物，学习其生态功能和保护价值，或者通过观察野生动物，理解它们在生态系统中的角色。这种互动式教育不仅能够增强参与者的学习体验，还能够将环保理念植入日常生活中。

同时，自然教育基地的设置通常会与地方社区紧密结合，通过社区的参与和互动，推动教育资源的共享和区域经济的发展。例如，自然教育基地可以利用周边的村庄、农田和渔场，开发劳动教育课程或农耕体验活动，吸引游客深入了解当地的传统文化和生态实践。这种形式的教育活动不仅能够促进游客与当地居民的互动，还能够带动乡村经济的发展，提升社区的经济活力。通过这种方式，教育基地不仅为游客提供了丰富的学习体验，还为地方居民提供了就业机会和收入来源。

此外，推广和传播自然教育理念也是该模式的重要组成部分。自然教育基地通过与学校、科研机构、非政府组织等的合作，推广自然教育课程和活动，提升公众对自然保护的认识。同时，基地还通过举办各类科普活动，如自然讲座、科考营、亲子活动等，吸引社会各界参与，扩大自然教育的影响力。例如，可以组织"自然学校"或"自然体验营"，邀请各类专家进行现场讲授和示范，让参与者在亲身体验中感受大自然的魅力，并学会如何保护和利用自然资源。这种科普活动的广泛推广，有助于提升公众的环保意识，推动社会整体向生态文明迈进。

最后，经济效益的实现也是自然教育为主导的模式的一个重要目标。通过发展自然教育旅游，吸引大量游客前来参与自然教育活动，不仅能够增加旅游收入，还能够推动当地绿色经济的可持续发展。特别是在依赖生态资源的地区，自然教育的推广可以有效减少对环境的破坏，促进生态旅游业和文化产业的深度融合。自然教育的商业化运作还可以通过推出定制化的教育产品、体验项目和纪念品，进一步提升区域经济的活力。

总之，以自然教育为主导的模式通过构建完善的教育基地、开发丰富的课程体系、推动参与式教育和社区互动，能够有效促进公众对自然的认知和保护意识的提升。这种模式不仅在生态保护和环境教育方面发挥了重要作用，还为地方经济发展提供了新的路径，实现了社会效益与经济效益的双赢。在未来的发展中，自然教育将成为推动绿色发展和生态文明建设的重要力量。

6.3.5 以森林康养为主导的模式

以森林康养为主导的模式是一种基于森林资源和自然环境，通过提供健康管理、自然疗法和生态体验等服务，促进人们身心健康，同时推动区域经济发展的模式。森林康养产业的核心在于依托优质的森林资源，通过多元化的康养服务和自然体验项目，满足人们对健康、休闲和环境友好的需求。这种模式既促进了生态旅游的发展，也为地方经济带来了新的增长点。例如，广宁竹海大观森林康养基地通过"竹海·璞山里"项目提供多元化康养服务和生态体验，推动当地旅游和经济发展。

在实践中，森林康养模式首先依托于良好的生态环境和丰富的自然资源。广阔的森林、清新的空气、多样的植被和宁静的自然环境为人们提供了舒适的康养场所。通过对森林资源的合理规划和保护，康养基地能够为游客提供一种远离城市喧嚣的自然疗愈体验。在这样的环境中，人们可以通过参与瑜伽、冥想、森林浴等康养活动，缓解压力、放松身心。这些活动通过结合自然疗法与现代健康理念，帮助人们恢复身心平衡，提升整体健康水平。其次，康养服务的多样性和个性化设计是森林康养模式的亮点。根据不同游客的需求，基地通常会设计一系列的康养服务项目，如自然疗法、按摩护理、户外运动等。例如，瑜伽课程和冥想指导能够帮助游客调节情绪，改善精神状态；而按摩护理和自然疗法则能够促进身体循环、缓解肌肉紧张，帮助游客更好地放松身心。此外，森林康养基地还可以提供健康管理服务，通过专业团队为游客提供个性化的健康建议和治疗方案。这些康养服务通过结合自然资源与医疗保健手段，为游客提供全方位的健康管理。

森林康养模式的重要特色在于结合了自然体验与文化元素。康养基地通常会开发一系列的生态体验项目，让游客能够更深入地接触大自然，感受森林的疗愈力量。例如，徒步穿越竹林、登山远足、溪流漫步等自然活动，可以帮助游客与自然建立更紧密的联系，增强身体素质。此外，基地还可以组织生态教育活动，向游客介绍森林的生态系统和动植物知识，提升他们对环境保护的意识。通过这种方式，游客不仅可以享受康养服务，还能够学习到更多的生态知识，增强环保意识。

在森林康养模式中，生态产品的开发也是重要组成部分。基地可以利用当地的自然资源，生产一系列具有地方特色的生态产品，如竹制工艺品、健康食品、家居用品等。这些产品不仅具备实用性和美观性，还融入了环保和可持续发展的理念。

例如，利用可再生的竹资源制作的工艺品，不仅展示了当地的传统文化和手工艺技艺，还具有环保价值。通过这些产品的开发和销售，康养基地能够进一步丰富游客的体验，同时促进地方经济的发展。

为了确保森林康养基地的可持续性，环境保护与生态平衡是这一模式中至关重要的因素。康养活动和服务的设计必须以保护环境为前提，避免对自然资源的过度消耗。例如，基地在建设过程中应采用环保材料，减少对森林资源的破坏，同时加强生态管理和维护，确保自然环境的长期健康。此外，通过垃圾分类、节能减排等环保措施，康养基地可以有效减少对环境的影响，推动绿色可持续发展。环境保护不仅是康养基地长期运营的关键，也能够增强游客的环保意识，促使他们更加关注生态环境的保护。

森林康养模式的成功还依赖于与地方经济和社区的深度融合。通过发展康养产业，基地能够为地方社区提供大量的就业机会，带动相关产业链的发展。例如，康养基地可以与当地农民、手工艺者合作，生产和销售特色生态产品，帮助地方居民增加收入。此外，康养基地的发展还能够推动区域内旅游业的升级，吸引更多的游客前来体验康养服务，从而促进整个地区的经济增长。

森林康养模式不仅具有显著的经济效益，还为社会带来了积极的健康影响。在当前社会，随着生活节奏的加快和压力的增加，人们对健康和放松的需求越来越强烈。森林康养通过提供自然疗愈和健康管理服务，帮助人们在自然环境中找到身体与心灵的平衡，提升生活质量。同时，康养基地通过推广可持续发展理念，培养了更多的环保意识，使生态保护与经济发展实现了协调统一。

6.3.6 以生态旅游开发为主导的模式

以生态旅游开发为主导的模式，是通过利用森林、海岸、山地等自然资源，开发低影响的生态旅游项目，达到生态保护、经济发展和文化传承的综合目标。这一模式不仅为游客提供亲近自然、体验生态的机会，还强调环境教育，旨在提高游客的环保意识，促进当地社区的经济和社会可持续发展。

首先，生态旅游开发模式依托于丰富的自然生态资源和景观。广东省的自然资源涵盖了广阔的海岸线、壮丽的山川、原始森林和珍贵的生态系统，如丹霞山、湛江红树林保护区、南澳岛等。这些地区不仅具备生态保护价值，同时也为旅游开发提供了理想的条件。例如，广东省拥有珠江三角洲和粤东沿海地区的美丽海景，沿海地区的海洋生态系统如珊瑚礁、海洋动植物等，适合发展海岸旅游、海滨度假、水上运动等项目。在山地和森林区域，可以开设森林徒步、露营、攀岩等生态体验活动，为游客提供全方位的自然探险和生态体验。

其次，生态旅游项目的多样性是这一模式的重要特点。生态旅游不仅限于简单的观光，还包括多样化的体验项目，如生态探险、野生动物观察、物种保护、植树造林等。游客可以通过亲身参与这些活动，深入了解生态系统，增强对环境保护的责任感。例如，游客可以参与野生动植物观察、植树活动、湿地修复项目等，体验保护自然的乐趣，同时提升对生物多样性和生态系统功能的认识。这种互动式、参与式的体验不仅丰富了游客的旅游体验，也为环境保护贡献了一份力量。

文化与历史价值的结合是生态旅游开发模式的另一个重要元素。广东省不仅拥有丰富的自然资源，还承载着悠久的文化历史，如岭南文化、客家文化等。将这些文化资源与生态旅游项目结合，可以为游客提供更加丰富的旅游体验。比如，游客可以在游览自然景观的同时，了解当地的历史文化，参与传统手工艺制作和文化节庆活动。这种结合能够为生态旅游注入更多的人文内涵，让游客在欣赏自然美景的同时，感受到当地独特的文化魅力。

在推动生态旅游发展的过程中，可持续发展理念贯穿始终。生态旅游强调低影响、可持续的旅游开发方式，通过合理的规划和管理，减少对环境的破坏，保护自然资源的长期健康。游客在参与生态旅游时，不仅可以享受自然之美，还能够在无形中学习如何更好地保护环境。同时，通过生态旅游的经济收益，可以为地方提供环保资金，进一步加强对生态系统的保护措施。这种经济与生态的良性互动有助于实现区域的可持续发展。

政府的支持与投资在生态旅游开发中起着至关重要的作用。政府通过推动政策、建设基础设施、提供资金支持，能够为生态旅游的长期发展奠定坚实的基础。例如，政府可以建设生态步道、观景台、环保设施等，提升游客的体验质量，同时减少旅游活动对环境的负面影响。此外，通过制定环境保护法规和政策，引导企业和社区参与生态旅游的开发与管理，确保项目的可持续性和经济效益。

6.3.7 以林下经济为主导的模式

以林下经济为主导的模式，是通过合理利用森林的下层空间，发展多种经济活动，如药材种植、食用菌栽培、养蜂、林下养殖等，实现森林资源的多元化开发和增值的模式。该模式不仅提升了森林资源的经济效益，同时还促进了生态保护与社区经济发展，是一种兼具环境与经济效益的可持续发展模式。

林下经济模式的核心在于充分利用森林的垂直空间结构和丰富的生物多样性，通过发展多元化的经济活动，减少对单一林业资源的依赖。例如，在林地中种植药材或栽培食用菌，不仅可以利用森林下层的阴凉环境，还能与森林生态系统的循环相结合，减少对土地的破坏，同时提升经济效益。此外，林下养殖，如养蜂、养鸡等项目，充分利用森林的自然资源，使得林业资源得到更高效的使用。这些活动为森林的多层次开发创造了机会，使林业经济不再局限于单一的木材采伐或传统种植业。

林下经济模式的可持续性体现在其对生态系统的保护和合理利用。通过在不破坏森林生态系统的前提下进行生产活动，这一模式有效保护了生物多样性和生态功能。例如，林下养蜂和林下养殖项目既不破坏森林植被，还能通过授粉等自然过程进一步促进森林的生态平衡。与此同时，林下种植的作物也往往与森林生态系统相互依存，能够更好地维护土壤健康和水资源循环。这种可持续的生产方式确保了森林资源的长期稳定利用，同时减少了对生态环境的负面影响。

在推动林下经济发展的过程中，社区的参与和支持至关重要。林下经济模式通过建立利益共享机制，鼓励当地居民积极参与经济活动，增强了社区的经济活力。例如，社区居民可以通过参与林下养殖、种植等项目，不仅实现了自给自足，还通过销售生态产品获得额外收入。这种模式通过利益共享，不仅提高了社区的参与度，还带动了村民的收入增长和生活质量的提升。在这一过程中，社区和森林的关系更加紧密，居民的环境保护意识也得到提升，从而形成了生态保护与经济发展的良性循环。

广东省作为中国重要的林业大省，拥有丰富的森林资源和多样的生态环境，为林下经济模式的推广和实践提供了得天独厚的条件。近年来，广东省在多个地区积极推广林下经济项目，取得了显著成效。例如，广宁县发展林下经济，着重培育南药、茶、竹荪、灵芝等林下种植，竹笋、竹虫等采集加工业，林下养禽畜和蜜蜂等养殖业。截至 2023 年年底，广宁县林下经济总产值达到了 15.16 亿元。广东省2021 年林下经济发展面积 132.5 万公顷，产值 448.1 亿元；2023 年广东林下经济经营面积已达 226.87 万公顷，产值 546.3 亿元。

林下经济模式的成功实践不仅在经济上造福了当地居民，还为生态文明建设提供了生动的范例。通过发展林下经济，广东省的森林资源得到了有效保护，生物多样性得以维持，森林生态系统的健康发展得到了保障。与此同时，社区居民通过林下经济获得了更加稳定的收入来源，生活条件得到改善。这种模式在实践中展示了通过生态友好型经济活动实现可持续发展的广阔前景。

林下经济模式的成功经验为其他地区提供了宝贵的借鉴。通过推广这种模式，其他拥有丰富森林资源的地区也可以探索多样化的经济活动，在实现生态保护的同时推动经济增长。这种模式不仅能有效提高森林资源的利用效率，还能促进生态保护和社区发展的和谐共生。未来，随着林下经济的进一步推广和完善，这一模式有望在更广泛的区域得到应用，为全国范围内的生态经济发展提供新的动能。

6.4 小 结

本部分从多个层面探讨了林业生态产品的经营开发机制，涵盖了其现状、运行机制和主要开发模式，为林业生态产品的可持续开发提供了理论支持，并指出了未来发展中的挑战与机遇。

林业生态产品经营开发现状指出了通过资源管理与评估、生产技术与管理、市场需求、政策与法律支持，以及多方合作与利益相关者参与，推动林业生态产品的持续发展。目前，先进技术（如遥感、GIS、无人机等）在资源管理中的应用显著提高了管理效率，但也面临技术普及不均衡、资金短缺等挑战。生产管理领域通过低影响伐木技术和生态修复工程提升了生产效率，但非法采伐和高昂成本依然是难题。市场需求因环保意识提升而不断增长，政策支持也为林业生态产业提供了发展保障。

在运行机制方面，政府、林业企业、农民及其他企业和研究机构等多方主体共同参与，通过市场导向的产品开发、可持续发展规划、科技创新、资金支持和生态产业化，确保生态产品的持续开发和市场竞争力。科技创新和金融支持是推动林业生态产品发展不可或缺的要素，生态产业化则进一步提升了产品的市场价值。

开发模式涵盖了以生态产品、生态理念、生态修复、自然教育、森林康养、生态旅游和林下经济等多种要素为主导的多元模式，推动了森林资源的综合利用，实现了生态、经济和社会效益的协调统一。这些模式在实践中不断优化和完善，为全球生态保护与经济发展的协调提供了重要借鉴和参考。

参考文献

胡劲松，李娜，2021. 低影响伐木技术研究与应用[M]. 北京：中国林业出版社.

林业经济研究中心，2020. 林业生态产品市场分析与研究[M]. 北京：科学出版社.

林业生态产品价值实现保障机制 7

建立健全林业生态产品价值实现保障机制对林业生态产品价值实现具有重要意义。推动林业生态产品价值实现，既需要政府和市场两个层面双向发力，也需要完善相关配套政策制度。这些制度能为林业生态产品价值实现提供必要的支持和保障。林业生态产品价值保障机制可通过法律法规保障、政策机制保障、管理体制建设、技术创新支持、市场机制保障以及公众参与和宣传教育等手段，建立政府、企业、社会等多元素主体参与的林业生态产品价值实现的激励约束机制。

7.1 法律法规保障

林业生态产品价值的实现离不开一系列的法律法规的坚实支撑。这些法律法规可以促进林业可持续发展、保护生态环境，以及增强林业经济效益，保障林业生态产品价值实现。国家制定了多项法律法规政策来保障林业生态产品的价值实现，体现了我国在林业和草原资源管理方面的全面战略思维，旨在实现生态文明建设和绿色发展的目标。《中华人民共和国森林法》作为我国最主要的森林保护法律法规之一，规定了森林资源的保护、开发利用、经营管理、监督检查等方面的基本原则和政策。《中华人民共和国草原法》规定了草原资源的保护、合理利用、经营管理、生态保护等内容，涉及草原生态环境保护和草原资源的可持续利用。《中华人民共和国环境保护法》涉及环境资源的保护和管理，包括森林、草原等生态系统的保护和恢复，对于维护林业生态产品的品质和生态环境具有重要意义。此外，还制定了

《中华人民共和国湿地保护法》《自然保护区条例》《风景名胜区条例》《中华人民共和国森林法实施条例》等法律法规。其中，《中华人民共和国湿地保护法》通过对湿地的保护、恢复和合理利用，有助于维护湿地生态系统的稳定性和完整性，促进湿地生态产品的丰富度和价值实现。《自然保护区条例》的实施有助于加强对自然资源的保护和合理利用，确保生态产品的可持续利用，避免资源的过度开发和损耗，保障了生态产品的长期发展和利用。《风景名胜区条例》的实施有助于规范和管理风景名胜区内的旅游开发活动，推动生态旅游业的发展，保障生态产品的旅游价值。针对林业生态产品的社会化和公益化属性，应加强林业法治建设，完善林业法律法规体系，强化林业执法力度，为林业生态产品价值实现提供有力的法治保障。

7.2 政策机制保障

建立和完善生态产品价值实现机制，是落实习近平生态文明思想的重要举措，也是践行"两山"理念的关键路径。自2021年4月中共中央办公厅、国务院办公厅印发《关于建立健全生态产品价值实现机制的意见》以来，国家层面对生态产品价值实现进行了系统部署，通过政策引导、市场调节和制度保障，推动生态产品的市场化和价值转化，取得了显著成效。

政策机制的核心是通过明确的制度设计和政策框架，推动生态产品价值实现的全流程。2022年10月16日，党的二十大报告提出了"建立生态产品价值实现机制，完善生态保护补偿制度"，明确了生态产品在国民经济中的重要地位。2023年12月27日，中共中央国务院印发的《关于全面推进美丽中国建设的意见》进一步指出，要健全生态产品价值实现机制，推进生态环境导向的开发模式和创新投融资模式，并提出深化横向生态保护补偿机制建设。这些政策的提出，旨在通过完善补偿机制和创新市场化手段，确保生态产品的价值能够有效实现。

为了加强生态产品价值实现机制的实施效果，2024年2月4日，国家发展和改革委员会资源节约和环境保护司召开了生态产品价值实现机制专家委员会第一次全体会议，审议了《生态产品价值实现机制专家委员会管理办法》，并听取专家意见，聚焦生态产品价值实现的重点难点问题，进一步推动机制完善。随后，2024年3月5日，十四届全国人大二次会议的政府工作报告再次强调了"完善生态产品价值实现机制，健全生态保护补偿制度，充分调动各方面保护和改善生态环境的积极性"，为生态产品市场化提供了持续的政策支持。

2022年11月，广东省人民政府办公厅发布了《广东省建立健全生态产品价值实现机制的实施方案》（以下简称《方案》），提出通过加快探索建立七大机制，包括自然资源调查监测机制、生态产品价值评价机制、生态产品经营开发机制、生态产品市场交易机制、生态产品保护补偿机制、生态产品价值实现保障机制以及生态产品价值实现推进机制，旨在形成具有广东特色的生态产品价值实现体系，为美丽广东建设提供有力支持。

《方案》提出，通过自然资源调查监测机制，全面掌握生态产品资源，推动重点区域的自然资源确权登记，实现覆盖全省的资源管理。通过网络化监测技术和多层次数据支撑，建立统一的调查和监测体系。在生态产品经营开发方面，《方案》提出提升生态产品价值，发展岭南特色林药、林果、茶叶、油茶等产业，培育非木质林业产品，构建林业产业集群，目标是在2025年之前建设多个示范园区和林业产业基地。此外，《方案》鼓励推动"森林+"康养和旅游业态，完善基础设施，建设森林康养基地和旅游线路，并推动自然教育基地的发展（吴后建等，2018）。到2025年，计划建成100个以上的森林康养基地和省级自然教育基地，加快南岭国家公园的建设。

通过这些政策文件，国家为林业生态产品的市场化和可持续发展提供了坚实的政策基础。政策机制不仅提供了制度保障，也为地方政府和市场主体的实际操作指明了方向。通过补偿制度、投融资创新和市场机制的结合，生态产品的价值实现得以有效推进，生态保护与经济发展的双赢格局得以形成。这种系统性的政策支持，推动了林业生态产品的价值实现和绿色经济的全面发展。

7.3　管理体制建设

党的十八届三中全会首次提出健全自然资源资产产权与用途管制制度，提出要"健全国家自然资源资产管理体制，建立统一行使全民所有自然资源资产所有权人职责的体制"，旨在用制度高效配置资源，保障资源节约利用，推动形成人与自然和谐发展。随后，我国自然资源资产管理体制进入全面深化改革阶段，并出台了一系列相关改革文件，要求"推进全民所有自然资源资产清查核算""建立国务院向全国人大常委会报告国有资产管理情况制度"。正是在这个背景下，新成立的自然资源部为履行全民所有各类自然资源资产所有者职责，着力推动解决全民所有自然资源底数不清问题，2019年首次开展全民所有自然资源资产清查试点，2021年继续开展第二批试点，形成了《全民所有自然资源资产清查技术指南》（以下简称《技术指南》）。

2021 年 3 月，广东省自然资源厅印发了《广东省全民所有自然资源资产清查试点实施方案》，强调了资源清查和保护优先的重要性。通过加强生态环境保护和修复，严格守护自然生态安全边界，为生态产品价值的实现奠定了坚实的基础。通过全面开展自然资源统一确权登记，广东省致力于实现自然资源确权登记的全覆盖，并建立自然资源地籍调查和确权登记数据库，实现数据共享服务，为生态产品价值核算提供了必要的前提条件。同时，启动"广东省全民所有森林、草地、湿地资源资产清查试点"项目，旨在通过全省动员部署和系统实施推进清查试点工作，提出建立全面的工作协调机制，确保责任明确、分工合理、流程清晰。通过"四个一工作机制"，加强了工作协调、咨询和监督，每月定期协调会与多层级培训确保工作执行力和持续推进。技术保障和人力支持由省级技术团队和相关单位提供，共计300 多名专职技术人员参与，确保核算科学合理。

在管理体制建设方面，首次构建了完整的资产清查技术体系和省级价格体系，推动全省森林、草地、湿地资源的系统化管理和价值评估。项目实现了底图数据整合、实物量清查、经济价值估算的全流程管理，开发了林草湿资产清查建库系统，确保了数据和管理的统一性与高效性。项目通过专家评审并被认可为国内领先成果，标志着广东在资源资产清查与管理体制建设方面取得了重大突破。

为了科学量化生态产品的价值，广东省推动生态产品价值核算，并建立生态产品价值核算统计报表制度，同时探索将生态产品价值核算的基础数据纳入国民经济核算体系。在产业发展方面，广东省致力于发展优质绿色生态农林业，加强岭南特色林药、林果等产业建设，打造林业产业集群，拓展生态产品价值实现的路径。

此外，广东省还致力于建立和培育生态产品交易市场，推动生态产品交易平台的建设，以实现生态产品供需的精准对接。为了提升生态环境保护水平，该省完善了生态保护补偿制度，并健全了生态环境损害赔偿制度。

广东省还建立了生态产品价值考核机制，发挥生态环境保护的利益导向作用，并深化绿色金融创新，以提升生态产品价值实现的支撑保障能力。通过强化组织领导、开展试点示范、推动督促落实和加强宣传引导等措施，广东省确保了工作的扎实有效推进。这些措施共同构成了广东省推动生态产品价值实现的综合策略。

7.4 技术创新支持

技术创新在支持林业生态产品发展中扮演着关键角色，通过引入新技术或改进现有技术，可以极大地提高效率、降低成本、增强竞争力，并推动林业生态产品可持续发展。因此，林业生态产品价值实现的保障机制，需要依托于技术创新和制度创新的双轮驱动。林业生态产品价值实现保障机制的技术创新支持主要聚焦于提高林业资源的可持续管理、使用和保护能力，以及促进林业生态产品价值的有效实现。技术创新在此过程中起到核心作用，不仅能够提高林业生产的效率和可持续性，还能帮助更好地量化、评估和交易林业生态产品的价值。

7.4.1 资源生态调查监测

资源生态调查监测是全面掌握森林、草原、湿地等生态系统质量、服务、功能及其动态变化的基础手段，对生态保护和生态文明建设具有重要支撑作用。广东省对这一领域高度重视，构建了完善的资源生态调查监测技术体系和平台。2017 年，广东省政府发布了《广东省生态环境监测网络建设实施方案》，明确了建立覆盖重点生态功能区、环境脆弱区和敏感区的大范围、全天候生态监测网络的任务，旨在提供科学的生态数据支持，为生态系统保护和管理提供坚实保障。

广东省自然资源调查监测体系的建立，是实现生态产品价值核算的前提条件，对推动广东省生态产品价值的实现具有重要意义。近年开展的自然资源调查监测相关工作是全省森林、草原、湿地、荒漠化资源调查和生态环境监测工作的核心，为生态产品价值核算提供坚实的基础数据支撑。目前，正在开展广东林草湿荒普查工作是落实"十年一次普查、年度动态监测"的全国林草湿荒普查体系的重要举措，将实现自然资源统一底版，为广东提供翔实的林草资源本底和生态状况信息。同时，通过技术支撑自然资源调查监测、深化集体林权制度改革以及利用数字技术赋能生态建设等工作，积极推动生态产品价值的实现，为广东省乃至全国的生态保护和绿色发展作出了积极贡献。此外，广东利用网络化监测手段，实现了全要素、全时空、多尺度、多维度的数据支撑森林、草原、湿地、沙化石漠化等专项调查监测。这种监测手段的运用，不仅提高了数据的准确性和实时性，还为生态产品价值核算提供了更为全面和深入的科学依据。通过这些数据，可以更准确地评估生态产品的价值，为生态产品的保护、开发和利用提供决策支持。

广东正在开展深化集体林权制度改革工作，结合该项工作，探索和完善林业生态产品价值实现机制，研究林业生态产品价值核算方法，构建林业碳汇计量监测体系，拓展林业生态产品价值实现路径。借助深化集体林权制度改革的推力，这些措施有助于激发林业生态产品的价值潜力，促进林业资源的可持续利用和保护。

广东十分重视数字技术在生态建设中的应用，通过数字赋能生态建设，提高资源生态调查监测的效率和准确性。数字技术的应用，如遥感技术、地理信息系统(GIS)、大数据分析等,使得资源监测更加精准和高效(王飞等,2019;牟宗刚,2022)。这些技术的应用不仅提高了数据的质量和可用性,还为生态产品价值实现提供了强有力的技术支撑。

7.4.2 生态价值评估

在林业生态产品价值实现方面,生态价值评估技术创新主要聚焦于精细化、动态化和多尺度评估。首先,通过遥感、大数据和地理信息系统(GIS)集成技术,分析生态系统的空间分布状况,并实现动态监测(赵成录,2019)。其次,基于生态服务价值的分类与量化模型,如森林碳汇、水源涵养、土壤保持等,能够更准确地评估不同生态系统服务的经济价值。此外,利用多源数据融合,包括气象、水文和生物多样性数据的集成,构建生态系统服务评估的综合数据库,从而实现更科学的定量分析。最后,基于人工智能的机器学习算法,能够识别和预测生态产品价值变化趋势,为政策制定和管理决策提供数据支持。

在生态价值评估方面,广东省积极建立生态产品价值评价机制,开展系统的生态产品价值核算,探索将核算数据纳入国民经济核算体系,进而支持生态保护的政策制定。省政府鼓励各市、县级政府依据地方资源特点,对国家公园、自然保护区等特定区域进行生态产品价值核算,并开发适应本地的核算方法,反映生态产品的保护和开发成本。对惠州市森林生态系统的涵养水源、防止土壤侵蚀、固碳释氧、净化大气环境、森林防护、生物多样性保护、森林游憩7项生态系统服务功能及其价值进行定量评估,旨在摸清惠州市森林生态资源家底,为实施森林生态系统分区管理、划定生态保护红线、生态保护财政转移支付、政府生态环境绩效评估考核、生态保护和恢复工程等提供科学依据。研究显示,惠州市森林生态服务总价值达441.38亿元/年,其中水源涵养和生物多样性价值之和占比超77%,反映出这些功能在惠州生态系统中的关键作用。该评估成果为广东省实施分区管理、划定生态保护红线和政府绩效考核等提供了科学依据。

在提升生态价值评估的精准度与效率方面,运用数字化转型,通过引入RTK实时定位技术、开发数据采集与综合分析APP、应用三维仿真技术等创新手段,极大地提升了资源生态数据获取的精确度和效率。以下是这些技术在生态价值评估中的具体应用和影响。

7.4.2.1 RTK实时定位技术在生态价值评估中的应用

RTK技术提供了厘米级的定位精度,对于精确评估森林、草原、湿地等生态系统的空间分布和健康状况至关重要。在生态价值评估中，高精度的定位能力使得评估人员能够准确地识别和记录关键生态资源的位置、面积和储量指标，从而更准确地评估其生态服务和价值。RTK 技术显著提高林木定位精度，结合各类高清影像，能够快速获取森林覆盖率变化、森林蓄积量变化、生物多样性热点区域、水土流失情况等关键数据，对于评估生态系统服务价值和制定保护措施至关重要。

7.4.2.2 数据采集与综合分析 APP 在生态价值评估中的作用

该 APP 集成了数据采集、处理、分析和展示等功能，使得生态价值评估工作更加高效。评估人员可以在野外直接采集植被覆盖、土壤质量、水质等相关数据，并通过移动设备实时上传至数据中心。数据中心对上传的数据进行快速处理和分析，生成关于生态系统服务价值的图表和报告，为决策者提供实时的数据支持。这种实时化的数据采集和处理方式，不仅提高了工作效率，还增强了数据的时效性和准确性，为生态价值的动态评估和管理提供了有力保障。

7.4.2.3 三维仿真技术在生态价值评估中的应用

近年来，广东应用三维仿真技术精确构建了全省森林、湿地、自然保护地、绿美广东造林地示范点等林业场景模型，为公众和决策者提供沉浸式的体验。这种技术在生态价值评估中尤为重要，因为它能够直观展示生态系统的复杂性和多样性，以及人类活动对生态系统的影响。通过三维仿真技术，可以模拟不同保护和开发情景下的生态价值变化，帮助决策者评估不同管理策略的长期影响，从而做出更科学的决策。

7.4.3 生物技术

生物技术是一种新型科学育种方法，能够对生物体进行改造，形成一种具有多种功能的产品，能够满足人们对生产的需要。在林业中使用生物技术对原物质进行改造，为林业生产提供更优良的品种，从而提高林业的生产质量(邱建勋等，2018)。

生物技术在林业和生态保护领域的应用正变得日益重要。利用精准的基因编辑技术，可以针对性地修改树木基因组，培育出生长速率更快、木材质量更优，以及抗病虫害能力更强的新品种(李冬梅，2023)。这种技术不仅有助于增加生物多样性，还能通过基因保存和恢复濒危树种，开发适应干旱、盐碱化土壤等环境压力的树种，有效地恢复受损的生态系统。随着生物技术的持续进步，未来有望开发出能够适应气候变化挑战的树种，如能承受更高温度和更少降雨的品种，以及能吸收和储存更多碳的树种，从而在全球气候变化缓解中发挥关键作用。此外，增强树种的遗传多样性将进一步确保森林生态系统的健康和稳定。

广东省在林木育种领域大力应用生物技术，以实现多方面的突破。通过基因改良技术，有效提高林木的抗逆性和适应性，同时缩短育种周期，提升产量和品质。运用全基因组选择技术，对红锥等树种进行早期评选，全面评估个体遗传潜力，极大地提升了育种效率。在现代分子设计育种方面，构建精准高效育种技术体系，创制林木新种质，选育出优质、高效、抗逆的良种，精确地对控制优良性状的基因进行定位并定向改良，成功培育出如抗病虫害、抗旱、耐盐碱等具有优良性状的新品种，对提高林业生态产品价值意义重大。此外，研究院利用生物技术筛选培育抗病虫害新品种，减少化学农药依赖，降低环境污染，保障林业生态产品质量。在珍贵树种与木本花卉研究中，探索生长、材性等重要表型分子机理，将常规育种与分子育种相结合定向创制新种质，既提升观赏和经济价值，又利于保护生物多样性和促进生态平衡。同时，积极开展良种壮苗高效培育研究，采取有性繁育和无性繁育并举策略，实现苗木标准化、规模化繁育，为绿美广东生态建设提供优质苗木供给，提高林业生态产品的经济效益和生态效益。

随着生物技术的频繁使用，生物技术已经成为林业发展中必不可少的一项技术。在推进生物技术应用的同时，也需考虑各种生态风险，确保生物技术的应用不会对自然环境和生物多样性产生负面影响。通过跨学科合作和国际合作，共享知识和资源，可以加快生物技术在林业和生态保护领域的创新和应用，为实现可持续发展目标贡献力量。

7.4.4 循环经济和绿色能源技术

林业循环经济是基于循环经济理念提出的，以林业生产资源的循环利用为手段，在追求经济发展的同时，以较低的林业资源消耗实现多级循环运转，最终实现经济、生态、社会多方面共赢的一种流动性经济模式(吉敏等，2019)。

将林业废弃物转化为生物能源是实现林业可持续发展的关键策略之一。借助生物技术和物理化学处理，树枝、树叶等废弃物可转化为木炭、生物乙醇、生物甲烷等多种生物质燃料，为"双碳"目标下的生物质能源转型提供有效模式和理论支持(徐漓等，2023)。使用生物质能源，既能减少对化石燃料的依赖、降低环境污染，又有利于应对气候变化。循环经济强调资源高效利用与再循环，推动林业产业生态化，提升林业生态水平，促进其持续发展(李红彬等，2019)。例如，木材加工副产品可用于生产木质板材或作生物能源原料，废旧木制品经回收加工能制成新木材产品，实现资源高效循环利用。技术创新对绿色能源和循环经济至关重要，开发高效转化技术、改进回收方法、探索新材料，可降低林业生产对环境的影响，提升生态经济效益（张国平等，2023）。如纳米技术改善木材性能，既减少原木需求，又提升产品附加值。

广东省在循环经济和绿色能源技术推动林业生态产品方面成效显著。随着《广东省循环经济发展实施方案（2022—2025 年）》的推进，广东以提升资源利用效率为核心，遵循"减量化、再利用、资源化"原则，构建绿色低碳循环经济体系，为"双碳"目标和美丽广东建设提供保障。在林业循环经济发展中，广东培育龙头企业，打造林草中药材、油茶等特色产业基地，创建国家现代林业产业示范园区。实施森林生态标志产品建设工程，推广林下经济，培育新型经营主体，搭建交易平台，助力乡村振兴和农民增收，实现林业生态产品价值。广东省还开展碳排放权交易试点，为林业碳汇等生态产品提供交易渠道，利用森林资源提升生态产品价值。同时，健全经营开发机制，拓展价值实现路径，发展绿色生态农林业，推动其转型升级。此外，广东培育建设国家林业产业示范园区，推进森林生态综合示范园建设，依托本地资源，高标准打造示范园，推动林业生态产品高质量发展，促进林业产业转型升级，助力绿色发展和生态文明建设。

技术创新与制度改革的协同发力是推动林业生态产品价值高效转化的关键。通过加强资源调查、生态评估、生物技术应用等方面的技术研发，结合循环经济和绿色发展的理念，可以有效提升林业生态产品的经济、社会和生态效益，实现林业产业的可持续发展。

7.5 市场机制保障

构建林业生态产品市场机制是促进林业可持续发展的关键策略之一。林业生态产品价值实现的市场机制保障涉及建立和运营交易平台、构建价格机制、林业生态积分体系和绿色金融创新，以激励和促进林业生态产品的合理利用和保护，实现林业生态价值的最大化。主要内容包括交易平台、价格机制和金融创新。

7.5.1 交易平台建立与运营

建立和运营一个多元化的林业交易平台涉及构建一个复杂且高度功能化的生态系统，旨在促进林业资源的高效利用和可持续发展。一个成功的交易平台应当不仅仅是一个买卖双方进行交易的场所，而是一个全方位服务体系，支持林业产业链的各个环节。

7.5.1.1 碳排放交易平台

碳排放交易（以下简称碳交易）是为促进全球温室气体减排，减少全球 CO_2 排放所采用的市场机制，是林业交易平台的重要组成部分，可以保障林业生态产品价值市场机制的可持续发展。2013 年 6 月 18 日，国内首个碳排放权交易平台在深圳启动，标志着中国碳交易市场建设迈出了关键性一步。2022 年 4 月发布的《中共中央国务院关于加快建设全国统一大市场的意见》明确提出培育发展全国统一的生态环境市场，这对建设统一、规范、高效的全国碳排放权交易市场具有重要指导意义。全国碳市场自 2021 年 7 月 16 日启动上线，截至 2022 年 6 月 24 日，碳排放配额累计成交量 1.93 亿吨，累计成交额 84.3 亿元，已经成为全球覆盖温室气体排放量规模最大的碳市场。

目前，广东主要的碳排放交易所是广州碳排放权交易所、深圳排放权交易所。广州碳排放权交易所前身为广州环境资源交易所，于 2009 年 4 月完成工商注册。广州碳排放权交易所由广州交易所集团独资成立，致力于搭建"立足广东、服务全国、面向世界"的第三方公共交易服务平台，为企业进行碳排放权交易、排污权交易提供规范的、具有信用保证的服务。广州碳排放权交易所由广东省政府和广州市政府合作共建，正式挂牌成立于 2012 年 9 月，是国家级碳交易试点交易所和广东省政府唯一指定的碳排放配额有偿发放及交易平台。2013 年 1 月成为国家发展和改革委员会首批认定核证自愿减排量（CCER）交易机构之一。深圳排放权交易所于 2010 年 9 月 30 日经深圳市人民政府批准成立，是全国首批温室气体自愿减排交易机构，是深圳市范围内唯一指定从事排放权交易的专业化平台和服务性机构。深圳排放权交易所通过提供交易场所、信息发布、咨询策划及其他投融资配套服务，实现信息集散、价格发现、政策引导、金融创新、资源配置、规范交易等六大功能。

7.5.1.2 技术支持系统

利用最新的信息技术，区块链技术不仅能够保障交易的透明度和安全性，还可以通过智能合约自动化处理交易和支付过程，减少交易成本和时间延迟。物联网技术可以实时监控林区的环境条件、林木生长状态和采伐活动，确保资源的合理利用和保护（谭星等，2019；杨凤，2024）。此外，物联网技术还能帮助实现林产品的全程可追溯，增强消费者信任。人工智能利用大数据分析和机器学习，可以优化交易匹配机制，为用户推荐最合适的交易对象。同时，人工智能在价格预测、市场趋势分析等方面的应用，可以为交易双方提供科学的决策支持。

7.5.1.3 服务多样化

交易平台可以提供专业的市场分析报告、行业动态、法律法规咨询、技术培训、金融服务等，帮助参与者提高竞争力和适应市场变化。社区和教育功能主要是建立在线社区和论坛，促进业内人士交流经验、分享最佳实践和创新案例。通过组织线上线下的培训课程和研讨会，提升行业整体的专业水平。其次，定制化服务针对不同用户群体的特定需求，提供定制化服务方案。例如，对于小型林农，提供简化的交易流程和低门槛金融支持；对于大型企业，则提供全面的供应链管理和物流解决方案。

7.5.2 构建价格机制

构建一个高效、公平的价格机制是促进林业生态产品和服务市场健康发展的关键。价格机制不仅需要反映林业生态产品的内在价值和市场供需状况，还应考虑到生态保护的成本和价值，以及全球市场的趋势(于爱水，2022)。构建价格机制关键措施主要有以下方面。

7.5.2.1 市场导向定价

通过吸引政府、企业、非政府组织和消费者等多方参与，构建一个多元化的市场体系，促使平台能够集中反映各方的需求和供给，使价格更加真实和透明。同时，定期发布林业生态产品的供需数据、价格指数、市场分析报告等信息，帮助市场参与者做出更加理性的决策，促进价格的公平形成。

7.5.2.2 动态调整机制

建立和完善价格评估体系，开发一套科学、系统的评估模型，定期对林业生态服务的质量和数量进行评估，同时考虑社会经济发展、环境变化等因素的影响。同时，引入灵活的价格调整机制，根据评估结果和市场反馈，灵活调整林业生态产品和服务的价格，建立价格波动的预警机制，及时响应市场的异常波动。

7.5.2.3 参考国际市场

关注和研究国际市场动态，通过收集和分析国际市场的价格信息和政策趋势，了解全球林业生态产品和服务的发展动态。建立国际合作机制，与国际林业组织和机构建立合作关系，参与国际林业生态产品的交易和项目合作，以丰富国内市场的供给，同时提高国内产品和服务的国际竞争力。根据国际市场的价格变动和趋势，适时调整国内的价格政策和补贴机制，保证国内林业生态产品和服务的国际竞争力，同时促进国际市场的公平贸易。

通过上述措施，可以建立一个既反映真实市场供需关系，又能体现林业生态产品和服务生态价值的价格机制。这样的机制不仅有助于激励生态保护和可持续利用林业资源，还能促进国内林业产业的健康发展和国际竞争力的提升。

7.5.3 林业生态积分体系

林业生态积分体系是一个量化的奖励机制，通过为特定的、有助于林业可持续性的行为或成就赋予积分，以激励和奖励参与者。这些积分可以是象征性的，也可以兑换成实际的经济或物质奖励。构建林业生态积分体系主要涉及以下方面。

7.5.3.1 目标

林业生态积分体系旨在通过一系列综合措施实现可持续林业发展，具体目标包括：其一，生态保护。通过保护现有森林、防止非法砍伐和退化、增强森林的自然恢复能力来维持生态平衡。其二，生物多样性提升。增加森林生物多样性并保护野生动植物栖息地，以支持生态系统的健康和稳定。其三，碳减排和气候变化缓解。通过增加森林碳汇和碳储存来减少温室气体排放，从而应对气候变化挑战。其四，社会和经济发展。通过林业活动提高社区经济福利，并增强森林依赖社群的生计安全。最后，教育和意识提升。通过教育项目提升公众对森林重要性的认识，并推广可持续林业实践。这些目标共同推动林业的持续健康发展，造福当前及未来社会。

7.5.3.2 指标

（1）植树和再造林活动。植树数量、成功种植的树木种类和成活率。

（2）森林保护行动。非法砍伐减少的面积、保护区扩大的面积。

（3）生态系统服务改善。水源保护、土壤侵蚀控制和生物多样性指数。

（4）社区参与和福利改进。当地社区参与林业项目的人数、通过林业活动改善的家庭收入。

（5）碳足迹和气候影响。通过林业活动累积的碳吸收量、减少的温室气体排放量。

7.5.3.3 制定积分规则

基于上述指标，制定具体的积分赋予规则。例如，植树和再造林活动：对于种植的每一棵本地树种，可以赋予 1 分；对于种植的每一棵适应性较强或具有特殊生态价值的树种，可以赋予 2 分。额外奖励：如果种植活动达到一定规模（如超过 1000 棵树），则额外赋予 10 分作为规模奖励。成活率奖励：根据树木一年后的成活率进行额外积分赋予，如成活率超过 80% 的，赋予额外 5 分。

7.5.3.4 参与者注册和验证

确保所有参与者都注册在系统中，并设置验证机制来确认他们的活动是符合规定的，需要第三方机构来进行监督和验证。

7.5.3.5　积分奖励和兑换机制

设立一个系统，使参与者可以看到他们的林业生态积分余额，并可以将积分用于某些奖励，如财务补偿、技术支持或更多的林业生态产品价值实现。

7.5.3.6　监测和报告

建立一个透明的监测系统，定期评估项目的进展和效果。这包括收集相关数据，分析林业生态积分分配的公平性及其对林业生态的实际影响。

7.5.3.7　宣传和教育

通过教育和宣传活动提高公众和参与者对林业生态积分体系的认知，增强其参与的积极性。

总体来讲，构建这样的林业生态积分体系需要生态学、林业管理、经济学、法律和信息技术等领域的专家开展跨学科合作。通过这种多方面的合作，确保林业生态积分体系既公平又有效，能够实现长期的林业生态和社会效益，鼓励和奖励参与者积极投身林业生态保护和林业生态产品可持续管理中。

7.5.4　绿色金融创新

绿色金融创新是指在金融服务和产品中融入环境考量的实践，旨在支持并促进环保项目和可持续发展目标的实现。这类金融创新通常涉及为低碳、可再生能源、环境保护和其他可持续项目提供资金和投资。2016年8月31日，中国人民银行会同财政部、国家发展和改革委员会等部门联合发布《关于构建绿色金融体系的指导意见》，将"绿色金融"界定为"为支持环境改善、应对气候变化和资源节约高效利用的经济活动，即对环保、节能、清洁能源、绿色交通、绿色建筑等领域的项目投融资、项目运营、风险管理等所提供的金融服务"。中央经济工作会议明确提出，引导金融机构加大对绿色发展的支持力度。林业绿色金融服务力度方面，重点要从实施"林业金融+生态"工程、林业绿色金融产品创新、林业融资项目保障、林业生态产品资产证券化等方面建设，可以为林业生态产品价值实现提供坚强的资金保障。

最新数据显示，2022年年末，我国本外币绿色贷款余额22.03万亿元，同比增长38.5%，全年增加6.01万亿元。其中，投向具有直接和间接碳减排效益项目的贷款分别为8.62万亿元和6.08万亿元，合计占绿色贷款的66.7%（郭子源，2023）。党的二十大报告明确提出，完善支持绿色发展的财税、金融、投资、价格政策和标准体系。近年来，我国绿色金融坚持"先铺轨道再跑车"，完善顶层设计，推进产品创新，为世界贡献"中国方案"。

7.5.4.1 "林业绿色金融+生态"工程

传统的林业信贷产品多是以经济林作为抵押物来获取信贷资源。而生态公益林由于其"公益性"，砍伐受限，故此前不在合格抵押物之列。生态林经营主体一方面收入来源渠道较为单一（每年仅有一定数额的补偿金）；另一方面又缺乏抵押物，权益不能流转，融资需求受限，生态公益林的经济价值得不到充分的释放。为此，邮储银行广东省肇庆市分行积极探索、创新推出生态公益林补偿收益权质押贷款模式——"绿色金融+林业生态补偿"机制，通过绿色金融新途径，激活林业经济效益，实现林业生态产品价值，有助于实现林业财务自平衡、经济可持续、生态能保护的良性循环。

"绿色金融+生态补偿"机制办理流程包括：第一步，由借款主体向银行提出贷款申请，并提供借款主体及出具主体合法资格以及经营证明材料；林业部门出具合法有效的公益林补偿收益权证明。第二步，贷款行在受理公益林补偿收益权质押贷款申请后，进行贷款主体申请资格审核。第三步，对于审批通过的贷款，签订相关借款质押合同。第四步，借款主体和贷款行签订质押贷款合同后，贷款行通过中国人民银行征信中心的"动产融资统一登记平台"进行质押信息登记公示。第五步，贷款行在登记公示后，到林业局进行质押信息备案，林业局出具备案回执，贷款行收到备案回执后，进行贷款发放。第六步，公益林补偿收益权质押贷款到期，债务履行完毕后，贷款行登录"中征动产融资统一登记平台"办理注销登记，并及时将公益林补偿收益权质押贷款结清证明报送林业局。第七步，贷款贴息。对于用于种植、改造公益林，发展林下经济的贷款，借款主体可按照相关规定向当地林业部门提出贴息申请，如图7-1所示。从业务开展情况来看，生态公益林补偿收益权质押贷取得了较好效果（李琪，2022）。

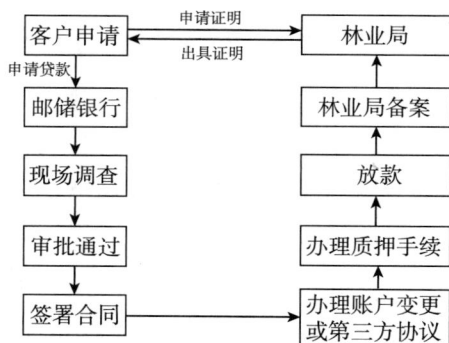

图7-1 生态公益林补偿收益权质押贷款业务办理流程

7.5.4.2 林业绿色金融产品创新

研发设计林业金融产品，可满足多样化林业绿色融资需求。一是主动参与林业市场建设，推动林业金融发展。积极开发林业基金、林业信托、林业指数、林业远期碳汇产品等林业绿色金融产品，稳妥开展林业绿色金融产品交易，满足林业绿色经济多样化融资需求。二是与相关的林业产权交易所进行创新合作，探索更加灵活的质押模式。依托林业资源资产推动林业绿色金融创新产品落地，推动区内企业率先实现覆盖一体化示范区的林业绿色金融产品交易，助力林业生态产品价值实现。

7.5.4.3 林业绿色融资项目服务

2023年3月2日，广东省人民政府办公厅印发《2023年广东金融支持经济高质量发展行动方案》，提出打造全国领先的绿色金融服务体系。推动法人金融机构加快绿色转型，实施"零碳"（低碳）机构网点建设，提升环境信息披露水平，鼓励有条件的法人金融机构组建绿色金融专业部门、建设特色分支机构，建立完善"环境、社会和公司治理（ESG）"评价体系。发展碳核算与核查、绿色认证、环境咨询、绿色资产评估、数据服务等绿色中介服务机构，建立健全对绿色低碳项目和企业的识别、认证、评估以及风险管理体系。同时，建立"绿色项目库"，并定期开展融资对接，对重大建设项目实施第三方绿色项目评估认证。综合运用绿色信贷、绿色债券、绿色基金、绿色保险等方式，支持海上风电、光伏发电、核电和气电等新能源、清洁低碳能源产业发展。推动政策性开发性金融更好应用于国家储备林建设，推广"光伏贷""林链贷"等绿色金融产品，推动绿色龙头企业上市和并购重组。

通过林业绿色融资项目服务实施，可以有效激活林业生态产品市场，促进资源的合理利用和生态保护，实现林业生态产品价值的最大化。这不仅需要政府的引导和支持，还需要社会各界的广泛参与和合作，包括企业、金融机构、研究机构和公众等。

7.5.4.4 林业生态产品资产证券化

林业生态产品资产证券化是将林业生态产品的未来收益流转化为可交易的证券的金融过程。这种做法可以提供资金支持林业项目，同时为投资者提供新的投资机会。林业生态产品通常包括木材、非木林产品（如药材、食品、观赏植物等）及其提供的生态服务（如碳捕获、水源保护、生物多样性保护等）。

2021年4月26日，中共中央办公厅、国务院办公厅印发《关于建立健全生态产品价值实现机制的意见》，要求加大绿色金融支持力度，鼓励企业和个人依法依规开展水权和林权等使用权抵押、产品订单抵押等绿色信贷业务，探索"生态资产权益抵押+项目贷"模式，支持区域内生态环境提升及绿色产业发展，探索生态产品资产证券化路径和模式，展现了中国政府在生态环境保护和绿色金融领域的重视，特别是强调了生态产品资产证券化的探索和推动。

鼓励企业和个人依法依规开展水权和林权等使用权抵押、产品订单抵押等绿色信贷业务，意味着政府支持借助生态产品价值进行抵押融资，推动生态环境保护和绿色产业发展。这种绿色信贷业务将有助于激励企业和个人更加积极地参与生态保护和绿色产业建设。同时，探索"生态资产权益抵押+项目贷"模式，可将生态资产的价值转化为可质押的资产，提供更多融资渠道和选择，促进区域内生态环境提升。这种模式不仅有助于企业获得资金支持，也会加速生态产品的可持续发展。最重要的是，支持探索生态产品资产证券化路径和模式，意味着政府鼓励将生态产品的资产进行证券化，将其转化为可交易的金融产品。这将有助于提高生态产品资产的流动性，吸引更多的投资者参与到生态环境保护和绿色产业发展中来，进一步推动生态产品的价值实现。随着金融创新的加速以及国家对林业产业的政策支持力度增强，林业生态产品资产证券化成为突破的关键。即通过将林业生态产品转化为证券化产品，为林业产业提供了新的融资渠道和资金来源，不仅能够解决传统金融模式下林业融资困境，还能够吸引更多社会资本参与到林业产业的发展中来。林业生态产品资产证券化是一项前瞻性的金融工具，通过在资本市场引入更多投资者，为林业产业的融资注入新活力。同时，这也是推动林业产业金融市场化、促进林业产业可持续发展的重要路径。随着金融体系的不断完善和资本市场的日益成熟，林业产业将更好地融入金融体系，实现可持续发展的目标。

7.6 公众参与和宣传教育

林业生态产品价值实现过程中的公众参与和宣传教育是促进林业可持续发展的重要组成部分，在实现林业生态产品价值方面起到关键作用。这两者不仅帮助提升社会对林业生态产品价值的认识和重视，还促进了相关政策的实施和市场的发展。主要包括以下方面。

7.6.1 提高公众意识

提高公众意识是促进林业生态产品价值实现的关键一环。通过有效的宣传策略，可以激发公众对林业保护的兴趣和参与，进一步促进林业生态系统的可持续发展。2023年9月，广东省人民政府办公厅出台《广东省人民政府办公厅关于鼓励和支持社会资本参与生态保护修复的实施意见》，指出要充分利用各类媒体平台，积极宣传习近平生态文明思想和相关法律法规政策，传播推广好经验好做法，营造良好社会氛围，做好宣传引导，提高公众意识。与媒体合作举办林业和生态保护主题的报道活动，如"世界森林日""地球日"等，通过报道成功案例和专家访谈，提高公众的关注度；投资制作关于森林生态、野生动植物保护以及林业生态产品开发的纪录片和特辑，通过视觉冲击力和故事情节的吸引，提升公众的认知和兴趣；在微博、微信公众号等社交媒体上发布关于林业生态保护和产品价值的教育性内容，利用短视频、图文故事、在线直播等形式，增加互动性和参与感等。教育公众了解林业产品不仅是物理产品(如木材、树脂)，还包括休闲旅游、药用植物等非木林产品的多样化价值。

7.6.2　参与式管理

参与式管理是实现林业资源可持续管理和保护的有效途径，它强调公众在林业资源管理中的积极角色。通过各种形式和渠道的参与，公众不仅可以贡献个人力量，还能通过集体智慧和社会监督促进林业管理的透明度和公正性。通过设置奖励和补贴等激励措施，鼓励个人和社区参与林业生态保护活动。建立公众参与林业生态保护的平台，提供参与途径和方法，让每个人都能找到适合自己的参与方式。2022 年10 月，广东省人民政府办公厅印发《广东省建立健全生态产品价值实现机制的实施方案》，强调加大对典型经验做法和创新成果的宣传力度，让广大群众成为生态产品价值实现的参与者、推广者和受益者。充分发挥各类媒体的宣传主阵地作用，宣传生态产品价值实现典型案例、优秀品牌等，为建立生态产品价值实现机制提供良好的舆论环境。广东省委作出深入推进绿美广东生态建设的决定以来，全省各地、各部门认真贯彻落实省委决策部署，结合"百千万工程"的实施，以绿美广东生态建设为牵引，统筹实施"六大行动"，举办"21 市同心聚力共建绿美广东"主题宣传活动 150 场，开展大型全媒体宣传活动 86 场。以"6·30"活动为平台，发起"企业助力绿美广东生态建设联盟"，推出绿美广东公共服务平台，发布"认种一棵树"线上植树小程序，动员全社会通过冠名、认捐、认种、认建等方式参与绿美广东生态建设，已累计接受认捐资金 15.76 亿元。

具体措施：①建立志愿者网络。组织志愿者团体参与植树造林、森林病虫害防治、野生动物保护等活动。通过提供培训和资源，使志愿者能够有效参与到林业保护工作中。②开展科普教育志愿服务行动。组织志愿者深入学校、社区中开展林业知识的普及活动，提高公众的环保意识和林业知识水平。③举办定期交流论坛。设立定期的公众论坛和研讨会，邀请林业专家、政策制定者和公众代表共同讨论林业资源管理的热点问题和挑战，收集公众意见和建议。④开展公众评估和监督。鼓励公众参与林业项目的环境影响评估和监督工作，通过提供必要的训练和支持，让公众能够对项目的实施效果进行监督和评价。⑤反馈机制。建立有效的公众反馈机制，确保公众的意见和建议能够及时被听取和采纳，增强公众对林业项目和政策的认同感和满意度。通过这些方法，可以更好地实现参与式管理，使公众成为林业资源保护和管理的重要参与者。这种参与不仅可以保障林业生态产品价值实现，还能增强公众对环境保护工作的责任感和归属感，共同促进林业资源的可持续发展。

7.6.3 案例分享和最佳实践

案例分享和最佳实践的公开展示是激励公众参与林业生态产品保护和可持续利用的有效方式。通过展示成功案例，可以为公众、企业和政府提供可行的模式和策略，促进知识和经验的传播，激发创新和参与的动力。具体做法：①建立案例数据库。创建一个包含成功林业管理和生态产品开发案例的数据库，涵盖不同地区、不同规模和不同类型的项目，便于公众查询和学习。②制作案例研究报告。深入分析成功案例，制作详细的案例研究报告或视频纪录片，强调采用的策略、面临的挑战、取得的成效以及可复制的经验。③举办分享会和研讨会。定期举办线上线下的案例分享会和研讨会，邀请项目负责人、参与者和专家分享经验，提供交流和学习的平台。④出版最佳实践指南。根据成功案例和专家建议，编制和出版林业管理和生态产品开发的最佳实践指南，为相关人员提供操作性强的参考资料。⑤设立奖项和认证。设立林业生态保护和产品开发领域的奖项，表彰在可持续林业管理和生态产品开发方面取得显著成效的个人、社区和企业。⑥开展公众投票和评选。通过公众投票和评选活动，让公众参与到最佳实践案例的选择过程中，增加公众的参与感和认同感。通过这些策略的实施，不仅可以提升公众和相关方对林业生态产品价值的认识和认可度，还能激励更多的创新和实践，推动林业生态保护和可持续发展向前发展。分享成功案例和最佳实践是构建知识共享和互助文化的重要手段，有助于形成全社会共同参与林业生态保护和可持续利用的良好氛围。

7.6.4 政策支持和激励机制

政策支持和激励机制对于促进公众参与林业生态保护和产品开发至关重要。通过制定和实施有利政策，政府和相关机构可以激发个人、社区和企业的积极性，引导更多资源流向林业生态保护和可持续发展领域。2023 年 9 月，国家出台了《深化集体林权制度改革方案》。这是党的二十大以来中央出台的关于林业改革发展的第一个文件，为促进林业高质量发展锚定了方向，对建设人与自然和谐共生的中国式现代化具有非常重要的意义。具体措施包括：①启动资金和补贴。为新启动的林业生态保护项目和生态产品开发提供启动资金支持和项目补贴，降低初期投资风险和成本。②奖励机制。对于在林业生态保护和可持续利用方面取得显著成效的个人、组织和企业，提供奖金、荣誉证书等奖励，增加公众参与的吸引力。③税收减免。对参与林业生态保护和生态产品开发的企业和个人提供税收减免，如增值税减免、所得税优惠等。④优惠贷款和信贷支持。为从事林业生态保护和生态产品开发的项目提供优惠贷款利率和信贷支持，减轻资金压力。总体来讲，政府和相关机构可以为公众参与林业生态保护和产品开发提供有力的政策支持和激励，促进社会资本和个人的广泛投入，共同推动林业资源的可持续管理和可持续利用，实现社会、经济和环境的和谐发展。

通过上述措施，可以有效增强公众对林业生态产品价值的认识，激发社会各界的参与热情，共同构建林业生态产品价值实现的社会保障机制，为实现可持续发展目标奠定坚实的社会基础，进而支持林业资源的可持续管理和保护。

7.7 小 结

本部分从多个维度系统阐述了林业生态产品价值实现的保障机制。首先，通过法律法规保障，国家制定了一系列法律政策为林业生态产品的可持续利用和保护提供了法律框架和执行保障。其次，政策机制保障重点介绍了近年来国家政策在推动生态产品价值实现机制方面的部署和举措，凸显了政府引导和市场机制的重要性。在管理体制建设部分，详细讨论了自然资源资产管理体制的建立和完善，以及其对林业资源合理利用的促进作用。同时，技术创新支持涵盖了资源监测、生态评估、生物技术等前沿科技的应用，这些技术创新为林业生态产品的管理和发展提供了强有力的支持。市场机制保障部分分析了如何通过交易平台、价格机制、林业生态积分体系和绿色金融创新等手段，促进林业生态产品的市场化，实现生态产品的价值转换。最后，公众参与和宣传教育则强调了公众参与对生态保护和林业发展的重要性，并探讨了通过宣传、教育和激励机制来增强公众意识、推动社会力量广泛参与的方式。综上所述，林业生态产品价值实现的保障机制需要法律、政策、技术、市场和公众等多方面的共同作用，才能形成一个完善的体系，确保林业资源的可持续利用和生态效益的最大化。

参考文献

郭子源，2023-03-26. 绿色金融须稳中求进［N］. 经济日报，第 007 版.

吉敏，耿利敏，2019. 基于林业循环经济的林业生物质能源发展研究［J］. 中国林业经济（5）：82-86.

李冬梅，2023. 生物技术在林业病虫害防治中的应用［J］. 农业灾害研究，13(1)：7-9.

李红彬，林志芳，2019. 基于循环经济的林业产业生态化研究［J］. 江西农业(12)：88-89.

李琪，2022. 绿色金融助力生态资源的价值实现——中国银行业绿色低碳金融产品创新系列典型案例［J］. 中国银行业(2)：82-85.

牟宗刚，2022. GIS 系统在果树林业资源管理中的应用与探索［J］. 农业开发与装备(8)：99-100.

邱建勋，殷贤章，2018. 生物技术在林业育种中的应用研究［J］. 农业开发与装备(5)：50+78.

谭星，冯鹏飞，张旭，等，2019. 物联网技术在我国智慧林业建设中的应用现状及发展策略［J］. 世界林业研究，32(5)：57-62.

王飞，王克仁，2019. GIS 在森林资源管理监测中的应用［J］. 农家致富顾问，12(6)：97.

吴后建，但新球，刘世好，等，2018. 森林康养：概念内涵、产品类型和发展路径［J］. 生态学志，37(7)：2159-2169.

徐漓，吴玉锋，张元甲，等，2023. "双碳"目标背景下广东农林废弃物综合利用技术进展［J］. 化工进展，42(11)：5648-5660.

杨凤，2024. 物联网与智慧林业融合发展研究［J］. 智慧农业导刊，4(1)：6-9.

于爱水，2022. 森林生态产品价值实现机制构建［J］. 中国林业产业(8)：72-73.

张国平，王永豪，2023. 我国生物质转化技术应用现状及展望［J］. 安徽农业科学，51(17)：1-5+10.

赵成录，2019. GIS 系统在林业资源管理中的应用与思考［J］. 绿色科技，22(11)：199-200.

广东林业生态产品价值实现典型案例 8

绿水青山作为宝贵的生态资源财富，为林业生态产品的价值实现提供了坚实的物质基础。广东省建立健全林业生态产品价值实现机制，通过统筹推进山水林田湖草沙一体化保护和系统治理，充分挖掘生态底蕴下潜藏的巨大经济价值，实现中国式现代化潜在经济价值的显现化，具有重要的现实意义。近年来，广东各地积极探索构建政府主导、企业和社会各界参与、市场化运作、可持续发展的林业生态产品价值实现机制，并取得了显著成效。这些实践形成了一系列有特色的模式，对于推进广东省林业生态产品价值实现机制的理论和实践探索，以及发挥典型案例的示范作用具有重要的指导意义。本部分是对广东林业生态产品价值实现的典型案例的详细介绍。这些典型案例不仅在物质供给、调节服务和文化服务方面展示了广东林业生态产品的价值实现，同时也为其他地区提供了有益的借鉴和启示。通过不断探索和创新，广东省将进一步推动林业生态产品的发展，实现经济效益、社会效益和生态效益的良性互动，为可持续发展作出积极贡献。

8.1 长隆林业碳汇交易类生态产品

8.1.1 案例背景

广东长隆碳汇造林项目是中国林业领域的里程碑，于 2014 年 7 月 21 日成为全国首个获得国家发展和改革委员会签发的中国林业温室气体自愿减排（CCER）项目。

其独特性在于作为中国林业领域中可进入碳市场交易的第一个温室气体自愿减排项目，为我国林业碳汇参与应对气候变化树立了重要的示范。这个项目通过大规模的造林活动成功吸收和固定 CO_2，产生了可测量、可报告、可核查的温室气体减排量。因此，它在发挥碳汇造林项目的试验和示范作用方面功不可没。此外，该项目的影响还体现在增强了项目区森林生态系统的碳汇功能，加快了森林恢复进程，有效控制了水土流失，并且在保护生物多样性方面发挥了重要作用。这些积极影响对应对气候变化起到了显著且长远的作用。

广东长隆碳汇造林项目不仅在生态方面取得了显著成就，还带来了重要的经济和社会效益。项目通过多元途径，增加当地农户的收入，有力促进了当地经济社会的可持续发展，为周边社区创造了更多的就业机会和经济增长点。这种积极影响展示了碳汇造林项目对于地方社会经济发展的推动作用，为广大农户提供了更多收入来源，有助于提升其生活水平。此外，广东长隆碳汇造林项目的成功也为其他类似项目提供了宝贵的经验和借鉴。其成功经验不仅在技术层面，更在于为项目管理、社区参与可持续发展模式等方面提供了示范。这种经验分享和借鉴，对于我国林业参与应对气候变化具有深远的影响，为未来类似项目的实施提供了有益的指导和范本。项目的成功突出了林业在减缓气候变化方面的重要作用，也强调了森林生态系统的保护和恢复对于增强碳汇功能、改善生态环境的关键性。广东长隆碳汇造林项目不仅在国内掀起了林业碳市场交易的探索和实践浪潮，也为全球气候变化治理树立了积极典范，为推动全球气候变化治理贡献了重要力量。

8.1.2 具体做法

广东长隆碳汇造林项目规模达到了 866.67 公顷（1.3 万亩），预计在 20 年项目期内将产生 34.7 万吨的减排量，年均减排量为 1.74 万吨（表 8-1）。此后，项目以 20 元/吨的价格出售固碳量，完成了国内碳市场上林业碳汇 CCER 的首次交易（石柳等，2017）。CCER 林业碳汇项目的开发流程通常分为八个阶段，包括项目设计、项目审定、项目备案、项目实施、项目监测、项目核证、减排量备案签发以及减排量交易（金婷，2017）。开发流程涵盖了从项目规划到实施和最终交易的全过程，包括审批备案、实地实施、监测核实等关键步骤，确保减排量的真实性和可靠性。项目的成功标志着中国林业碳汇项目在国内碳市场交易的开启，并且提供了一个清晰的建立项目开发流程的指南，为未来类似项目的实施提供了可靠的参考。具体流程如图 8-1 所示。

表 8-1　广东长隆碳汇造林项目成本与收益(石柳等，2017)

成本	收益
1. 土地租金：30 元/亩×1.3 万亩×20 年 = 780 万元	1. 已经实现的收益碳汇收益： 34.7292 万吨×20 元/吨 = 694.584 万元
2. 造林成本：700 元/亩×1.3 万亩 = 910 万元	
3. 抚育成本：150 元/亩×1.3 万亩 = 195 万元	2. 未来可能实现的收益木材纯收入： 500 元/立方米×14 万立方米 = 7000 万元
4. 计量监测成本：20 万元/次×5 次 = 100 万元	
5. 核证成本：10 万元/次×5 次 = 50 万元	3. 无法实现的收益生态效益： 5000 元/亩×20 年×1.3 万亩 = 13 亿元
以上直接投入成本合计：2035 万元	

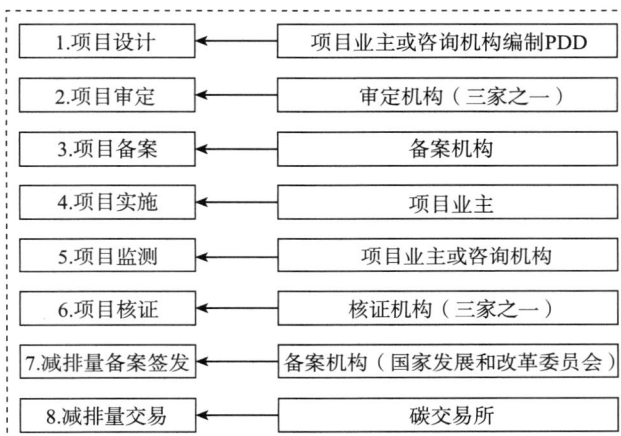

图 8-1　CCER 林业碳汇项目开发流程与执行主体示意

8.1.2.1　项目设计

首先，由技术支持机构(咨询机构)，按照国家有关规定，开展项目基准线识别、造林作业设计调查，以及编制造林作业设计(造林类项目)或森林经营方案(森林经营类项目)，并报地方林业主管部门审批，获取批复。其次，请地方环保部门出具项目环保证明文件。最后，按照国家《温室气体自愿减排交易管理暂行办法》《温室气体自愿减排项目审定与核证指南》和林业碳汇项目方法学的相关要求，由项目业主或技术支持机构开展开发工作，识别项目的基准线、论证额外性、预估项目减排量和编写项目设计文件(PDD)。

8.1.2.2　项目审定

项目审定由项目业主或咨询机构委托，经国家发展和改革委员会批准备案的审定机构依据《温室气体自愿减排交易管理暂行办法》《温室气体自愿减排项目审定与核证指南》，以及所选用的林业碳汇项目方法学进行审定。整个审定程序细分为七个环节，分别是合同签订、审定准备、项目设计文件公示、文件评审、现场访问、审定报告的编写及内部评审，以及最后的审定报告交付。

8.1.2.3　项目备案

项目经过审定后，向国家发展和改革委员会提交备案申请。对于项目业主企业(不包括央企)，其需经省级国家发展和改革委员会初步审查后方可上报国家发展和改革委员会，同时还需获得省级林业主管部门出具的关于项目真实性的证明，主要涉及土地合法性及项目活动真实性的确认。国家发展和改革委员会委托专家对项目文件进行评估，并对自愿减排项目备案申请进行资格审查，对符合条件的碳汇项目进行备案。

8.1.2.4　项目实施

在项目实施阶段，项目业主依据项目设计文件(PDD)、林业碳汇项目方法学以及具体的造林或森林经营项目作业设计要求，展开了一系列营造林项目活动。项目活动包括选址评估、土地准备、树木苗种选取和培育、种植和栽种过程的实施、定期的监测和评估，以及管理措施等，旨在确保项目的顺利实施并达到预期的环境效益和碳汇目标。此过程需要密切遵循设计文件及林业碳汇项目方法学的规定，确保活动的合法性、科学性和可持续性，以达到项目的长期利益和环境效益。

8.1.2.5　项目监测

在项目实施期间，依据备案的项目设计文件、监测计划和监测手册的规定，进行项目监测活动。按照相关林业碳汇项目方法学的要求编写项目监测报告(MR)，同时收集所需的证明文件，用于项目的核证过程。监测工作可以由项目业主自行执行，也可以选择委托咨询服务机构来执行，确保监测的准确性和合规性。这一过程旨在确保项目活动按照设计文件和监测计划的要求实施，并生成符合标准的监测报告，以验证项目的减排效果和环境效益。

8.1.2.6　项目核证

业主或咨询机构可以委托国家发展和改革委员会备案的核证机构进行独立核证，核证的内容主要包括项目的运行情况、监测执行情况以及监测报告的真实性与准确性。核证程序一般细分为七个关键环节，即合同签订、核证准备、监测报告公示、文件评审、现场访问、核证报告编写及内部评审，最后是核证报告的交付。这一过程旨在通过独立的审核程序确认项目运行和监测报告的合规性与真实性，确保项目达到预期减排目标并产生环境效益。

8.1.2.7　减排量备案签发

整个减排量备案流程首先由项目业主直接向国家发展和改革委员会提交减排量

备案申请材料。随后，国家发展和改革委员会委托专家对项目进行评估，评估时间通常不超过 30 个工作日。最后，国家发展和改革委员会结合专家评估意见，对自愿减排项目的减排量备案申请材料进行资格审查。对于符合要求的项目，将在一般不超过 30 个工作日（不包含专家评估时间）内签发减排量备案。这个流程旨在确保项目减排量的真实性和合规性，同时促进减排项目的快速备案和执行。

8.1.2.8　减排量交易

林业碳汇核证自愿减排量（CCER）的交易主要有两种方式：一是林业碳汇 CCER 获得国家发展和改革委员会备案签发后，通过国家发展和改革委员会备案的碳交易所进行交易。二是项目备案注册后，项目业主与买家签署订购协议，每次获得国家主管部门签发的减排量后，将其交付给买家，完成私下的减排量交易。这两种方式都允许林业碳汇 CCER 进行交易，但途径和具体流程略有不同。

〉8.1.3〉　主要成效

广东长隆碳汇造林项目就成本而言，项目的直接投入成本来自五个方面，即土地租金、造林成本、抚育成本、计量监测成本及核证成本。经计算，土地租金成本为 780 万元；造林成本大约为 910 万元；除草、松土、施肥等抚育成本至少需要 195 万元；碳汇计量监测成本至少需要 100 万元；减排量核证成本大约为 50 万元；预计投入成本共 2035 万元。在首个 4 年监测期内，其实际温室气体减排量为 0.52 万吨 CO_2 当量（远低于备案的项目设计文件中预估的本监测期内温室气体减排量 7.71 万吨 CO_2 当量）。受当时低迷的碳价影响，第一个监测期的减碳量仅为 20 元/吨，即共售得 10.4 万元收入（石柳等，2017）。项目申请 CCER 的 20 年固定计入期的减排量，项目预计年减排量为 1.74 万吨 CO_2 当量。项目计入期为 2011 年 1 月 1 日至 2030 年 12 月 31 日，计入期内的总减排量为 34.73 万吨 CO_2 当量。

总体来讲，广东长隆碳汇造林项目是长隆集团旗下的生态环境保护项目之一。该项目旨在通过大规模的树木种植和生态保护，实现对大气中 CO_2 的吸收，进而达到减少温室气体排放、改善生态环境的目的。通过植树造林活动，长隆项目有望吸收大量的 CO_2，减少大气中的温室气体含量。项目可以改善当地的生态环境，包括保护和恢复植被、增加绿地覆盖率，从而改善当地的生态系统健康状况。此外，该项目可以为当地社区提供就业机会，促进经济发展，并且在环境保护方面具有长期的可持续性。

8.2 湛江红树林造林碳中和类生态产品

8.2.1 案例背景

广东湛江红树林造林项目在自然资源部国土空间生态修复司发布的《中国生态修复典型案例集》中备受瞩目，被列为其中一例，题为《红树林变"金树林"助推实现碳中和—广东湛江红树林造林项目》。红树林作为重要的蓝碳生态系统，在固碳储碳、应对气候变化和维持生物多样性等方面扮演着至关重要的角色。广东湛江红树林国家级自然保护区位于广东省西南部，分布在雷州半岛沿海滩涂上，总面积约2万公顷，是目前我国最大的红树林自然保护区之一。这个区域的红树林生态系统不仅对维护当地生物多样性具有重要意义，还在固碳、储碳方面发挥着关键作用。该项目被列为典型案例，凸显了其在生态修复和气候变化应对方面所取得的重要成就，特别是在利用红树林的能力进行固碳和储碳方面发挥的积极作用。红树林生态系统不仅对当地的生态环境有益，也对全球的生态平衡和气候变化应对具有深远意义。它们作为蓝碳生态系统的一部分，是重要的碳汇，有助于减少大气中的 CO_2 含量，缓解气候变化，同时也提供了丰富的生态服务，保护了海岸线，维护了海洋生态系统的平衡(吴逸然，2022)。

该项目于2021年6月8日取得重要进展。广东湛江红树林国家级自然保护区管理局、自然资源部第三海洋研究所以及北京市企业家环保基金会签署了"湛江红树林造林项目"首笔碳减排量转让协议，涉及0.59万吨的碳减排量。这个协议的达成标志着我国首个"蓝碳"交易项目正式启动。这一成就为红树林等蓝碳生态系统的生态产品价值实现提供了范例，激励社会资本投入红树林生态保护修复，对推动碳中和目标的实现具有重要意义。

8.2.2 具体做法

2019年启动的湛江红树林造林项目是我国首个蓝碳交易项目。该项目由广东湛江红树林国家级自然保护区管理局与自然资源部第三海洋研究所合作完成。项目的开发对象是湛江红树林国家级自然保护区，项目经授权给自然资源部第三海洋研究所进行碳汇项目的开发。主要依托麻章区岭头岛湿地恢复工程和退塘造林等举措，利用2015—2019年在湛江红树林国家级自然保护区内种植的红树林(380公顷)所吸收的碳量。该项目按照国际自愿碳标准项目(VCS)与气候、社区和生物多样性

（CCB）标准进行开发，预计在2015—2055年能够抵消约16万吨CO_2排放，年均减排量约为0.4万吨。

在交易对象方面，该项目与北京市企业家环保基金会合作，基金会购买了湛江红树林造林项目首笔0.59万吨CO_2减排量，用于抵消基金会在日常工作和活动中的碳排放。这一交易为湛江红树林国家级自然保护区带来了超过780万元的资金。在认证标准方面，湛江红树林造林项目进行了VCS和CCB的双重认证，以确认其减排量。VCS是国际上最广泛使用的自愿性减排量认证标准，而CCB则是附加标准，强调项目对气候变化的适应性、生物多样性保护和社区可持续发展等多重效益。湛江红树林造林项目作为我国首个蓝碳交易项目，其具体做法如图8-2所示。

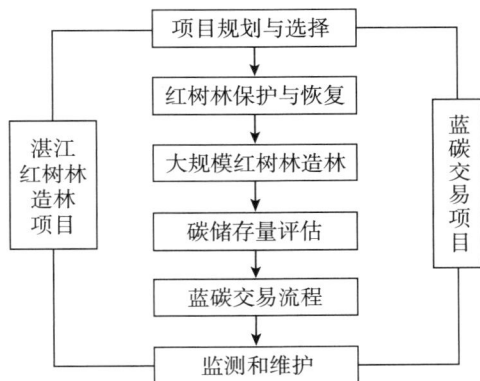

图8-2　湛江红树林造林项目流程示意

8.2.2.1　项目规划与选择

项目团队对湛江地区的红树林资源展开详尽的调查评估。对当地生态环境的现状、红树林分布情况、生长状况、植被类型、土壤质量等进行全面调查。通过对生态环境的分析，评估红树林生态系统的健康状况和潜在的问题。基于调查和分析结果，确定适宜进行红树林保护、恢复和造林的区域。这些区域可以是已有红树林的保护区、退化严重需要恢复的地区，或者是适合进行新的红树林造林的区域。根据对区域特征和需求的理解，制定相应的生态修复策略和计划。在确定区域和制定策略时，也会考虑到项目的长期可持续性，包括当地社区参与、生态系统的稳定性和生态系统服务的提供等方面。

8.2.2.2　红树林保护与恢复

对于处于濒危状态的红树林区域，项目采取了设置边界、建立警示标识、加强巡逻和监测等保护措施，以防止人为因素或其他破坏性活动对红树林的进一步损害。

针对已受损的红树林区域，采取土壤修复、植被修复等措施，以促进土壤结构的恢复和植被生长的重新建立，包括土壤保护覆盖、植物种植、水土保持措施等。通过重新栽植红树林树种来重建受损或丧失的红树林区域。同时，调控水文环境，确保适宜的水质和水量供应，有利于红树林的生长。同时，增加对生态环境进行调整，以提供适宜的生态条件，促进红树林的生态恢复。

8.2.2.3　大规模红树林造林

优先选择对当地环境适应性强的红树林树种，经科学研究或实地调查确定合适树种后，进行引种和培育，确保引进的树种具备生长良好的基因特性。确定适合红树林生长的区域，是之前退化或未有红树林覆盖的区域，确保选择区域具有良好的土壤质量和水文条件。在确定的地点进行红树林的种植和造林工作，包括手工种植或机械化造林，确保种植树木的密度和布局符合生态系统的需求，并促进红树林树木的快速生长和扎根。为了确保新种植的红树林树木能够顺利生长和繁衍，采取建立防护栏、定期灌溉、除草、防止盗伐和保护野生动植物等保护措施。

8.2.2.4　碳储存量评估

选择适用于红树林生态系统的碳储存量评估方法，基于树木生物量、土壤有机碳等因素，采用生物量测量、样地调查和数据模型分析等方式。在项目区域内设立样地，进行数据采集和监测工作，将采集到的数据进行整理、处理和分析，计算出红树林生态系统的碳储存量。建立定期的监测机制，对红树林生态系统的碳储存量进行持续的监测和验证，跟踪碳储存量的变化趋势，确保数据的准确性和可靠性。最终将碳储存量的评估结果整理成报告，并通过第三方机构或认证机构进行认证，确保数据的可信度和可靠性，为后续的蓝碳交易做准备。

8.2.2.5　蓝碳交易流程

项目完成后，进行碳减排量核查和评估，确保项目产生了真实的减排效果。然后将项目的减排量转化为蓝碳积分或证书，在碳交易市场上进行交易，将红树林所吸收的 CO_2 排放量的减少转化为经济价值。

8.2.2.6　监测和维护

设立监测机制，对红树林的生长状态、植被覆盖率、树木健康状况、土壤质量等因素进行定期监测和评估。针对红树林遭遇的病虫害问题，采取相应的防治措施，以保障红树林树木的健康生长。确保红树林所处的水文环境合适，根据需要进行水文调整和管理，保证水质和水量的供给。实施定期的维护和管理工作，包括除草、修剪、补植、灌溉等，以维持红树林的健康生长。此外，通过社区参与和教育宣传，提高当地社区对于红树林保护的重视程度，并鼓励他们积极参与红树林的监测和维护工作。

湛江红树林造林项目利用红树林的生态特性，将其作为蓝碳生态系统的一部分，实现了 CO_2 的吸收和储存，并将其转化为具有经济价值的蓝碳产品，为我国蓝碳交易领域的发展提供了宝贵的经验和案例。项目通过市场机制进行碳汇交易，买方北京市企业家环保基金会获得了 CO_2 减排量，卖方湛江红树林国家级自然保护区则解决了在红树林生态系统建设和修复方面资金筹集的难题，既带来环保收益，又提供经济可持续资金支持。随着蓝碳碳汇交易市场机制的进一步完善，有望吸引更多社会资金参与蓝碳交易，推动蓝碳经济的发展，助力我国实现碳中和目标，促进更多环保和碳减排项目的实施。

8.2.3 主要成效

广东湛江红树林造林项目在碳中和类生态产品方面取得了多方面的成效，不仅对当地生态环境产生了正面影响，也为应对碳中和和气候变化提供了有益实践经验。

8.2.3.1 提升了区域红树林生态系统质量和稳定性

广东湛江红树林国家级自然保护区不仅是国际候鸟重要迁徙通道，也是许多留鸟的主要栖息地、繁殖地和候鸟迁徙途中的重要驿站、越冬场所。该区域实施红树林造林项目后，进一步提升了红树林生态系统的质量和稳定性。这种改善为诸多海洋生物和鸟类提供了更加优质的栖息地和觅食环境，尤其是对于在此地越冬的极危物种勺嘴鹬和濒危物种黑脸琵鹭来说意义重大。它们是珍贵的水鸟，栖息于红树林生态系统，这些栖息地的改善和扩展对于它们的生存和繁衍具有关键性作用。这不仅是为了保护这些物种，更是为了维护整个生态系统的稳定性和生物多样性。红树林的恢复和生态系统的改善既有助于保护这些珍稀物种，也有助于提升整个区域的生态平衡，为更多的动植物提供合适的栖息环境和食物来源，充分彰显了对自然生态平衡的尊重和保护。

8.2.3.2 生态产品价值得到体现

该项目经过第三方核算，准确量化了碳汇量，借助市场交易机制，成功盘活了自然资源资产，实现了红树林生态产品的价值转化，有机融合了其生态效益和经济效益。通过开发"蓝碳"碳汇项目，推动建立了蓝碳生态产品价值实现机制，为后续红树林管护提供了新的资金来源，也促进了社区共同参与管理。这种综合性的方法不仅强调红树林的生态保护和恢复，还利用其潜在的碳汇效应，将其转化为可交易的碳减排量，从而赋予了红树林更多的生态和经济价值。这样的项目不仅可以保护环境、促进生态平衡，也可以为当地社区提供就业机会和经济收益，同时吸引更多利益相关者共同参与红树林保护和管理工作。

8.2.3.3 构建了生态修复长效机制

按照"谁修复，谁受益"的原则，该项目所获得的收益将被用于红树林的修复、管护以及科普宣教等方面。这种做法有助于进一步激发各方参与红树林修复工作的积极性，同时也营造了社会上关注、珍爱和保护红树林的良好氛围。项目收益返还到红树林的修复和管理，使得参与项目的利益相关者能够直接受益于自己的努力和投入。此举不仅能够激发更多人参与到红树林生态系统的保护和修复中，也有助于提高社会对红树林保护的关注度，形成一种共同关心并积极参与保护红树林的社会意识和行动。这种社会氛围和参与度对于长期的生态保护和修复工作至关重要。

8.3 广州花都公益林碳普惠类生态产品

8.3.1 案例背景

2020 年 11 月 3 日，广东省广州市花都区公益林碳普惠项目入选自然资源部公布的《关于生态产品价值实现典型案例的通知》(第二批)，成为典型范例。这一成果充分展现了该项目在生态产品价值转化、碳减排和生态保护等方面的成功经验，其工作成效得到高度肯定。

花都区位于广州市北部，拥有丰富的林业资源，被誉为广州市的"北大门"和"后花园"，为开展生态保护和碳普惠项目提供了得天独厚的自然条件。项目依托广东省碳排放权交易市场和碳普惠制试点，在梯面林场开发了公益林碳普惠项目。通过保护林业资源，提高森林生态系统的储碳和固碳能力，有助于吸收和固定大量的CO_2。通过引入第三方机构核算减排量、采取网上公开竞价等措施，成功将森林生态系统的无形服务转化为有形的经济效益。这种方式构建了政府、市场双向发力的生态产品价值实现机制。该项目不仅实现了经济效益的提升，同时也推动了生态效益的提升，让经济发展与生态保护相得益彰。这种模式为其他地区建立碳减排激励机制提供了有益借鉴，促进了社会经济绿色发展。

这个案例展示了在林业资源保护和生态系统服务价值实现方面的成功实践。通过将生态价值转化为经济效益，为绿色发展提供了可行的模式和有益的经验，对于推动其他地区开展类似的生态保护和碳减排项目具有重要的启示意义。

8.3.2 **具体做法**

广州市花都区公益林碳普惠项目是一个结合生态保护和碳市场交易的项目，其具体做法主要包括政府主导和保障、保护和提升生态系统健康、第三方核算减排量和碳市场交易等方面。这些具体做法结合了生态保护和碳市场交易，旨在通过保护和利用生态系统服务，实现生态效益与经济效益的双赢，并在碳排放减少和生态保护方面发挥示范和推动作用。

8.3.2.1   政府主导和保障

政府在碳普惠项目中扮演了主导角色，并提供了基础数据和制度保障，推动了广东省碳普惠制度的建立和实施。首先，广东省在 2017 年公布了林业碳普惠方法学和基础数据。这些方法学和数据作为基准值和核算依据，反映了广东省林业经营水平的现状。项目通过采用森林资源调查数据或档案数据进行核算，将优于全省平均固碳水平的碳汇量作为碳普惠核证减排量的计算依据，为项目的认证和量化提供了标准和依据。其次，广州碳排放权交易所在 2017 年 7 月发布了《广东省碳普惠制核证减排量交易规则》，为林业碳普惠项目的交易提供了明确的指导和规则，明确了交易标的、规格、交易方式、时间、价格波动范围、资金监管、纠纷处理等方面的规定。同步建成了广州碳排放权交易所的碳普惠制核证减排量竞价交易系统，为碳排放量的交易提供了有效的平台和机制。因此，政府的这些举措为碳普惠项目的实施提供了规范性指导和支持，促进了碳交易的开展，也为林业碳汇项目的认证、核销和交易提供了坚实的基础和制度保障。

8.3.2.2   保护和提升生态系统健康

第一，实施最严格的林地和林木资源管理制度，停止商业性林木砍伐，转向生态公益林和其他林地的养护。通过严格保护措施促进自然生态系统的保护和恢复，防止过度砍伐对环境造成的破坏，为生态产品的供给提供了良好的生长环境。第二，为保障林地的安全，促进生态环境的稳定，采取防火带建设、防火设施添置以及防火员技能培训等措施，着重于森林防火工作。第三，专注于提升森林抚育水平和生态产品的质量，更好地管理和保护植被，确保生态系统的稳定和森林的健康。第四，推动林业碳普惠项目，尝试探索生态产品的价值实现途径。通过这种方式，将生态系统的服务价值转化为经济效益，激发更多人对生态环境保护的重视。第五，教育与意识觉醒。通过正反案例教育，激发社区居民和林场干部职工对于生态环境保护的意识和行动。

8.3.2.3　第三方核算减排量

2018 年 2 月，梯面林场依据《广东省森林保护碳普惠方法学》，委托中国质量认证中心广州分中心对其权属范围内 1800 多公顷的生态公益林在 2011—2014 年产生的林业碳普惠核证减排量进行了第三方核算，重点核实了林场内森林生态系统的碳汇量，结果显示该项目区年平均碳汇增长速率超过了全省公益林的平均水平，达到了 5.0 吨 CO_2 当量/公顷，高于全省公益林平均水平的 3.3247 吨 CO_2 当量/公顷。2011—2014 年，该项目区共产生了 1.33 万吨 CO_2 当量的林业碳普惠核证减排量。这些数据经省主管部门审核后，被发放至梯面林场的碳排放权登记账户，使其在广东碳市场可自由交易。这一成就不仅证明了梯面林场在碳汇增长方面的优异表现，也为其在碳交易市场中获得了可观的减排量，为生态保护和碳交易领域树立了良好的示范。

8.3.2.4　碳市场交易

广东省是首批实行碳排放权交易试点的地区之一。每年设定碳排放总量，并将其分配给涵盖在碳排放范围内的企业。若企业实际排放超出配额，将会面临处罚。为抵消超出的排放量，企业可以购买碳排放配额或采用自愿减排核证减排量等方式。前者通过技术改造、节能减排等手段获得，而后者则涉及购买林业碳汇、可再生能源项目减排量等。但企业购买的自愿减排核证减排量不能超过其全年碳排放配额的 10%，从而构建了一个基于碳排放权交易市场的碳汇交易机制。按照广东省碳普惠制核证减排量交易规则，梯面林场委托广州碳排放权交易所于 2018 年 8 月进行了林业碳普惠项目的竞价。竞价底价按照前三个自然月广东碳市场配额挂牌价加权平均成交价的 80% 确定，为 12.06 元/吨。广州碳排放权交易所内具有自营或公益资质的个人和机构会员都可以参与竞价。共有 10 家机构和个人参与了竞价，最终成交价为 17.06 元/吨，溢价率超过 40%，总成交额达 22.72 万元。这次交易成为广州市首个成功的林业碳普惠项目。2019 年 6 月，该林业碳普惠核证减排量被广州市一家企业购得，并用于抵消其碳排放配额，实现了对企业碳排放的补偿。这个案例展示了通过碳交易市场完成林业碳普惠项目的成功交易，并充分利用林业碳汇来抵消企业的碳排放。

8.3.3　主要成效

广州花都公益林碳普惠项目取得了多方面的成效。这些成效显示了该项目在生态保护、碳排放抵消和经济效益方面取得了积极的成果，为生态保护与碳交易市场的发展树立了良好的范例。

一是花都区梯面林场公益林碳普惠项目通过市场化手段成功盘活了自然资源资产，充分利用了公益林资源的生态价值。通过将森林资源所提供的生态产品价值，如固碳释氧、气候调节等转化为碳普惠交易的经济效益，项目成功将生态价值量化并在碳排放权交易市场体系中实现经济价值。传统上，由于公益林的公共属性和限制性质，林地管护主体受限于固定的补偿款，无法充分利用林业资产。但碳普惠项目通过碳交易市场机制，使得这些资源得到更多利用，解决了资源资产"沉睡"的问题，有效提升了其价值和利用效率。项目允许森林资源在保持正常管护的前提下，不仅发挥了其生态功能，还通过市场化的手段将其生态价值转化为经济效益。这样的做法使得森林生态系统的价值得到充分体现并实现。因此，该项目在保持公益林正常管护的前提下，有效地通过市场化手段将公益林的生态价值转化为经济效益，实现了自然资源资产的活化和森林生态系统价值的实现。

二是碳普惠项目体现了"政府+市场"模式下各方共赢的情景。作为购买方，控排企业通过购买碳减排量，有效降低了企业的减排成本，帮助企业实现减排目标，展现其社会责任，同时为企业品牌建设带来正面影响。作为销售方，森林经营部门借助碳交易市场获得收益，有助于激发森林经营主体的积极性。通过获得收益，激励森林经营主体更关注公益林的抚育、自然保护和生态修复等工作，提升了森林资源的管理质量。作为监管方和制度供给方，政府推动了林业资源的保护和质量提升，增强生态产品的供给能力，为其他具有良好生态条件的地区提供可推广借鉴的模式。这种"政府+市场"的模式促进了企业的减排、森林资源的合理利用，使政府在生态保护和资源管理方面发挥了重要作用，有助于实现生态保护和经济效益的平衡，是可持续发展的重要探索。

三是花都区梯面林场公益林碳普惠制项目的成功实施产生了良好的示范效应，对碳汇交易市场和生态保护产生了积极影响。该项目的成功实施开启了广东碳普惠项目交易的序幕，为碳汇交易市场的健康发展起到了推动作用。河源市国有桂山林场、新丰江林场及韶关市始兴县和清远市英德市等其他地区也借鉴其成功经验，成功开展了类似的碳普惠核证减排量交易。2020年8月的数据显示，广州碳排放权交易所林业碳普惠项目成交总量超过300万吨，总成交额超过2000万元。这些数据反映了该制度在促进碳排放权交易体系中的有效作用，为生态保护和价值实现形成了良性循环。此外，该项目成功结合了碳普惠制度与碳排放权交易体系，实现了生态保护和碳减排的双重目标，并形成有机的循环，为更广泛的生态保护和碳交易市场提供示范和借鉴，加速碳汇交易市场的发展，同时也在生态保护和经济发展之间探索出一条积极可行的道路。

8.4 生态公益林建设与补偿类生态产品

8.4.1 案例背景

广东省位于中国南部，拥有丰富多样的自然环境，但也面临着生态环境压力。为了保护和恢复广东省的生态环境，减缓生态环境恶化的趋势，并维护生态平衡，政府制定了一系列生态保护政策和措施，其中包括生态公益林建设。这一举措得到了省政府的大力支持和推动，也符合社会对绿色发展、可持续发展的期待。此外，生态公益林建设还可以促进广东省农村经济结构调整，增加农民收入，实现传统农业向生态农业的转变。因此，广东省生态公益林建设旨在通过生态保护和恢复，推动生态文明建设，实现经济社会可持续发展的目标。广东省生态公益林建设的政策法规包括多个方面。首先，《广东省生态公益林建设管理办法》规定了生态公益林的建设目标、范围、管理机构、经费来源和使用，以及生态公益林的管理和监督等内容。其次，《广东省森林资源保护条例》对生态公益林的保护和管理提出了要求，确保其生长和发展。此外，《广东省林业保护发展"十四五"规划》明确了生态公益林建设的发展目标、重点任务和政策措施。国家层面的法律法规如《中华人民共和国森林法》和《国务院关于实施退耕还林工程的意见》也对生态公益林建设有相关规定。除法律法规外，广东省还制定了经济补贴、税收优惠等扶持政策，以鼓励和支持生态公益林建设。政策法规共同构建了一个完整的框架，以确保广东省生态公益林建设的顺利推进和持续发展。

广东省人民政府早在1998年就制定了《广东省生态公益林建设管理和效益补偿办法》，用于生态公益林补偿管理。其中，生态公益林的建设、保护和管理资金来源主要包括：各级人民政府每年财政安排的林业资金中，用于生态公益林建设、保护和管理的资金不少于30%；每年安排治理东江、北江、韩江水土流失经费中，用于综合治理水土流失的生物措施经费不少于25%；每年从东深供水工程水费收入中安排1000万元，用于东江流域水源涵养林建设；东江、西江、北江、韩江等生态公益林建设重点工程，列入省级财政预算内基本建设投资计划；省财政对省核定的生态公益林按25元/（亩·年）给予补偿，不足部分由市、县政府给予补偿。在推动绿色发展和可持续发展的大背景下，广东省积极响应国家政策，加大了生态公益林建设的力度。此后，广东省连续 17 年提升生态公益林的补偿标准。

2022 年以来，国家、省、市三级政府相继出台一系列政策文件，要求加大生态保护补偿力度，建立健全生态公益林效益补偿标准稳步增长机制。2023 年 5 月，广东省林业局提出结合森林质量实施公益林效益差异化补偿的新研究课题。同年 7 月 1 日起施行的《广东省森林保护管理条例》在全国率先规定根据生态功能区保护需求和森林质量状况实行生态公益林效益差异化补偿。

生态公益林建设是维护生态平衡的重要手段，对于保护生物多样性至关重要。作为自然生态系统的重要组成部分，生态公益林地一方面为重要野生动植物特别是珍稀濒危物种提供安全的栖息地，促进生物多样性的恢复和保护；另一方面在提供木材、林副产品等资源的同时，还在土壤保护、水资源保护以及空气净化等方面发挥着关键作用，促进生态系统的稳定和顺畅的自然循环。生态公益林补偿旨在加强生态公益林的建设、保护和管理，改善和优化生态环境，维护生态公益林经营者的合法权益，是通过生态公益林建设促进全省整体生态环境显著改善，创建广东省生态宜居环境的有力保障。

8.4.2　具体做法

广东省围绕加强天然林的保护与修复、巩固基础工作、完善制度建设、强化管理措施及示范带动和惠民增效的"五个聚焦"做法，全面提升生态公益林的质量，确保全省生态公益林和天然林体系建设持续保持全国领先地位。这一战略定位将广东省的生态公益林建设提升到一个更高的水平，旨在为全国生态保护事业树立榜样，并为广大公众提供更美好的生态环境和可持续的生活方式。

2023 年，广东省财政资金投入超过 30 亿元，用于全省 449.87 公顷（6748 万亩）省级以上公益林效益补偿工作，将省级以上公益林平均补偿标准提高至 45 元/（亩·年）。自 1999 年广东率先在全国实施公益林补偿制度以来，省政府积极整合中央资金及省级资金用于公益林效益补偿，有效促进了粤东、粤西和粤北地区的生态安全屏障保护。截至 2023 年，广东累计投入省级以上公益林补偿资金高达 317 亿元，覆盖全省 44% 的林业用地面积，惠及 560 余万户群众，约占全省农业人口的 2/3。这一举措有效推动了山区群众的持续增收，让林农在保护生态的同时获得实际收益。自 2018 年起，广东创新实施分区域差异化补偿方式，将省级以上公益林划分为一般区域和特殊区域进行不同补偿。据了解，2023 年特殊区域的补偿标准为 51.2 元/（亩·年），而一般区域则为 38 元/（亩·年）。针对不同区域的差异化补偿方式更贴近实际情况，更有针对性地支持各地区的生态保护工作，为促进广东省生态文明建设区域化协同发挥了积极作用。

为深入贯彻落实省委、省政府关于绿美广东生态建设的工作部署，广东省不断优化创新公益林差异补偿、奖惩激励、适时调整等机制，积极推动公益林效益补偿工作提质增效。

（1）优化差异补偿机制，因地制宜，推动公益林补偿"更有方"。广东聚焦优化公益林补偿制度，创新"基础性补偿+激励性补偿"的差异化分配方式。2024年对省级以上公益林按照一般区域39元/（亩·年），特殊区域52元/（亩·年）的补偿标准给予基础性补偿，持续支持公益林管护工作，不断巩固造林护林成效。打破补偿资金平均分配的固化思维，对森林质量高、林相好的区域安排额外的激励性补偿，2024年激励性补偿标准较基础性补偿标准高4元/（亩·年），使森林质量较好地区获得更高补偿标准，并在以后年度优先得到扶持。

（2）强化奖惩激励机制，宽严并济，推动公益林补偿"更有效"。结合公益林管护水平、生态产品价值实现等因素，广东推行公益林管护奖惩机制和公益林生态产品价值实现激励机制。一方面，强化对公益林管护主体的激励示范作用，根据公益林管护成效评价结果，在安排当年度补偿资金时对管护工作较好县（区、市）安排额外奖励资金，并相应扣减管护工作较差县（区、市）的分配额度。另一方面，对公益林生态产品价值实现成效明显的村集体安排激励资金，鼓励引导当地村民群众积极推动公益林林下经济及森林旅游等林业产业发展，提升林地经营效益，加速促进森林生态、经济效益双提升。

（3）深化适时调整机制，稳步提升，推动公益林补偿"更有力"。为持续做好公益林管护工作，进一步加强广东省生态惠民利民力度，提高林农获得感、幸福感。广东省财政结合国民经济和社会发展情况、公益林面积等因素，建立公益林补偿标准适时调整机制，2024年统筹资金将省级以上公益林平均补偿标准提高至47元/（亩·年），实现连续第17年提高公益林补偿标准，省级以上公益林补偿标准和省级财政资金安排额度持续位于全国首位，大力保障广东超440万公顷（6600万亩）省级以上公益林效益补偿工作开展。

在广东从化陈禾洞省级自然保护区，小杉村的公益林管护诠释了"靠山吃山"的全新内涵。自2007年经省政府批准成立以来，这个面积达7054.36公顷的保护区成为广州市唯一的省级自然保护区，其森林覆盖率高达94.7%。据统计，截至2023年，保护区已发放的损失性补偿资金总额达1498.6万元，发放比例达91.0%，惠及户数约为2320户。公益林补偿标准自2007年16元/（亩·年）提高至2023年的159元/（亩·年），整整提升了10倍。小杉村共拥有1566.67公顷的林地划归为广州市一级生态公益林，每年可获得 370 万元的补偿款。除了补偿制度的提升，该保护区还不断创新保护机制，通过与法律力量合作，形成了良好的公益林保护氛围。2023 年，保护区管理处与从化区检察院、从化区林业和园林局合作设立了公益诉讼观察站，旨在提升附近村民的法治观念和公益保护意识。同时，联合从化区人民法院成立生态保护巡回法庭工作站，通过巡回审判、精准服务、案例解说和法律宣传等手段，促进生态纠纷在当地得到解决。这一系列举措突显了小杉村在生态保护方面的卓越成就，展现了保护区在补偿制度升级和创新保护机制方面的努力，为实现生态保护与法治建设的有机结合提供了典范。

广州市的公益林主要分布在自然保护区、森林公园、河流两侧、水库周围以及主要道路两侧，其中 90% 位于北部地区，包括从化区、增城区、花都区和白云区。公益林的生态效益经济补偿自 1999 年起统一为 4 元/（亩·年），至 2023 年已分三级提高至 85 元/（亩·年）、106 元/（亩·年）和 159 元/（亩·年），见表 8-2。2023 年，广州市投入超过 3 亿元用于公益林的补偿和管护资金，惠及 45 万户林农共计 200 万人。据广州市林业和园林局相关负责人介绍，市政府计划在 2025 年将公益林的补偿标准再次提高，预计提高到 90 元/（亩·年）、112 元/（亩·年）和 168 元/（亩·年）。提高公益林补偿标准旨在进一步激励保护者对公益林的管护，以提升生态环境的质量，促进森林资源的可持续利用，同时也为林农提供了更好的经济支持。

表 8-2　生态公益林补偿标准

案例	年份	补偿标准[元/（亩·年）]
广东从化陈禾洞省级自然保护区	2007	16
	2023	159
广州市	1999	4
	2023	85
		106
		159

广东省将继续优化差异化补偿机制，适度调整公益林补偿标准，并建立天然林休养生息制度。这意味着将全面停止天然林的商业性采伐，推动天然林的修复与保护。同时，将进一步完善公益林和天然林的保护和管理规定，以构建合理的空间布局，完善制度体系，科学精准地落实各项管理措施，实现惠民增绿增效，促进生物多样性的丰富。这些举措旨在高质量地保护那些具有重要保护价值的森林植被和野生动植物资源。通过推进生态文明建设，广东省期望取得新的成就，进一步巩固和加强广东的生态安全屏障。

8.4.3 主要成效

广东生态公益林的建设在生态保护、水源涵养、碳汇和气候调节、社会效益等方面取得了显著成效，主要表现在以下方面。

(1)生态保护与恢复。广东生态公益林的建设在生态保护与恢复方面发挥着重要作用。通过长期造林绿化和森林抚育行动，显著提高了森林覆盖率和国土绿化率，有效地遏制土地退化、水土流失、沙尘暴、洪涝灾害等现象发生。公益林不仅是树木的集合，更为野生动植物提供理想的栖息地，使其不断生长繁衍，促进生物多样性的恢复和保护。

(2)水源涵养和水土保持。生态公益林的建设显著增加地表水的蓄存能力，改善水资源供应情况。通过植被的拦截作用，可以减少雨水径流速度，增加水体的滞留时间，降低洪水发生的概率。此外，公益林还可以保持土壤的结构稳定性，减少侵蚀和土壤流失，维护良好的水土环境。因此，生态公益林的种植与保护不仅有助于改善水资源供应情况，降低洪涝灾害的风险，还能保护土壤资源，维护良好的水土环境。

(3)碳汇和气候调节。生态公益林的建设是巨大的碳汇，能够吸收大量 CO_2 并将其储存起来，起到一定程度的气候调节作用。通过扩大森林覆盖面积和植物生物量，可以缓解气候变化所导致的不利影响。生态公益林不仅能够吸收 CO_2，还能够调节温度和湿度等气候要素，在一定程度上改善城市"热岛效应"，为周围地区带来更为舒适的气候条件。

(4)社会效益和可持续发展。生态公益林建设不仅符合可持续发展理念，而且在实践中体现了生态、经济和社会效益的协调发展，为当地居民提供了就业机会和收入来源。通过保护和恢复生态环境，实现全省经济、社会和环境的良性互动，为地方的可持续发展注入了新的活力。

8.5 东江水系生态补偿类生态产品

8.5.1 案例背景

东江发源地位于江西省赣州市，其流域面积约为 3532.6 平方千米，大致占据了东江全流域面积的十分之一。50 多年来，一泓东江水通过东江—深圳供水工程(以下简称"东深供水工程")，为香港的繁荣稳定和深莞地区的加速发展作出了重要贡献。这项工程被誉为"生命水、政治水、经济水"，体现了三个方面的重要意义：首先是作为"生命水"，供应了饮用水资源，保障了人民生活和城市发展的基本需求。其次是作为"政治水"，在维护香港社会稳定和繁荣方面发挥了积极作用。最后是作为"经济水"，促进了深莞地区经济的加速发展，为当地经济繁荣作出了重要贡献。

1964 年，东深供水工程动工兴建。在这场人与自然的较量之中，数以万计的建设者艰苦奋战，开山劈岭、凿洞架桥。规模宏大的东深供水工程将由南向北流入东江的水位提高 46 米，使之倒流 83 千米进入深圳水库，再经 3.5 千米长的输水涵管送入香港供水系统。1965 年 3 月，历时一年建设的东深供水工程正式向香港供水，终结了香港严重缺水的历史。后来，为了支持香港、深圳和东莞三地经济的发展，从 20 世纪 70 年代以来，东深供水工程进行了四次大规模的扩建、改造，对香港、深圳及东莞沿线供水能力提升至初期的十倍多。

自 2012 年起，广东省相继颁布了《广东省生态保护补偿办法》和《广东省生态保护补偿机制考核办法》等法规文件，旨在完善生态补偿制度，积极探索相关的生态补偿机制和规定，以推动科学发展观和绿色发展理念的贯彻实施。《第三轮东江流域横向生态补偿协议》是关于东江水系生态补偿的典型案例。该协议是基于《广东省生态保护补偿办法》和《广东省生态保护补偿机制考核办法》等文件制定的重要协议，由江西、广东两省份共同签署。该补偿协议旨在通过合理的生态补偿机制，保护和维护东江流域的生态环境，确保水资源的持续供应，促进区域间的生态平衡和可持续发展。

东江对香港、广州和深圳等地的饮用水源至关重要，直接满足了这些地区的生活、生产和生态用水需求。东江流域的生态健康和水资源的保护对广东省乃至周边地区的可持续发展具有极其重要的意义。广东省为了保护东江水资源，加大了对东江水源区的生态环境保护力度，并通过加大财政资金投入，特别是在林业、水土保持和环境保护等方面。自 2006 年起，广东粤海集团每年从东深供水工程所得的水费中拨出 1.5 亿元作为转移支付，专款用于东江源头地区的生态环境保护，资助江西省的寻乌县、安远县、定南县和广东省的河源市。专项资金的使用确保了上游地区的生态环境得到有效的保护和改善，为东江水源区的生态保护提供了稳定的财政支持，有助于实现生态环境的持续改善。这一措施不仅促进了跨省区间的生态合作，也为保障东江水资源的质量和可持续供应提供了重要保障。

8.5.2 具体做法

东江水系生态补偿是为了保护和维护东江水系生态环境，确保水资源的供给和可持续利用而实施的一种补偿机制。具体的做法包括以下方面。

（1）资金转移支付。资金转移支付是一项重要的生态补偿机制，通过将资金从水资源利用者或污染者转移到生态保护和水源地提供者，用于生态环境修复、植被保护、水土保持、环境监测等方面。广东省东江流域已实践的生态补偿包括中央政府和广东省政府对水库移民和生态公益林的补偿，以及广东省政府对河源市的财政转移支付。现有生态补偿实践的补偿方式是以政府补偿为主，市场补偿为辅。政府补偿又以直接补偿为主，如财政补贴（财政转移支付）、流域水土流失综合治理专项经费等直接补偿形式。除直接补偿外，广东省东江流域还开展了水资源有偿使用等政府间接补偿形式。在市场补偿方面，广东省政府积极鼓励珠江三角洲企业到东江流域上中游地区建立产业转移工业园，推动当地经济发展，多渠道筹集生态补偿基金并开展生态补偿市场机制探索。

（2）产业转移。转移支付方式的补偿虽然能直接为河源市提供保护东江水资源环境所需的经费，但难以弥补河源人民在保护东江所牺牲的发展机会，且机会成本难以量化和补偿。广东省近年来通过产业转移的方式，为河源市的经济发展提供了支持，并在保护东江水资源环境的同时助力该地区实现经济高质量发展。通过在东江水源区（如河源、惠州等地）建立具有低污染、占地少、高科技特征的产业园区，旨在减少水土资源开发项目，保护东江水资源环境，同时为当地经济注入新的发展动力。从实践情况来看，产业转移园的建设更全面地推动了当地的经济发展，特别是高质量产业园区发展，为当地居民提供更多的发展和就业机会的同时也促进了经济与生态和谐发展，从根本上解决了河源人民的发展问题。通过建设具有高科技特征的产业园区，广东省在保护水资源的同时，也在助力区域经济向更加可持续和创新的方向发展，为地方发展提供了新的动能和可能性（李远等，2012）。

（3）跨区域合作和联防联控。2016年10月，在财政部、生态环境部的积极推动下，江西、广东两省份签订了首轮《东江流域上下游横向生态补偿协议》，正式启动东江流域生态补偿试点工作。在首轮生态补偿成效显著的基础上，江西、广东两省份于2019年年底签订第二轮协议。协议签订6年间，东江源区生态环境问题得到明显改善，东江流域出境水质保持100%达标，获得中央奖补资金15亿元，广东省横向补偿资金6亿元，江西省财政配套安排6亿元，共下达东江源区补偿资金27亿元。2023年6月12日，江西省与广东省近日正式签订第三轮东江流域横向生态补偿协议，标志着东江流域保护和治理工作进入新阶段。根据协议约定，东江流域出境水质若保持达标，赣州市将获得中央及江西、广东两省份一定比例的补助资金，主要用于流域内实施废弃矿山综合治理、污染治理、水土流失、农村环境综合整治、绿化造林等一系列工程项目。第三轮东江流域横向生态补偿协议比前两轮要求更高，将东江赣粤交界断面下泄水量和下泄流量纳入了考核范围，流域横向生态补偿逐步从单纯水质补偿转到对生态产品存量维护和增量提升的补偿。同时，资金用途更广，将补偿资金用途从专项用于生态保护治理调整为用于支持源区经济社会发展，以更广泛、更经济的模式实现流域生态环境保护与经济发展目标。第三轮东江流域补偿协议的签订，将有力保障东江流域出境考核断面水质稳步改善。

8.5.3　主要成效

东江流域生态补偿机制建立，在东江全流域树立"环境有价，资源有价，生态功能有价"的价值观念，共同形成保护东江源良好生态环境的合力，强化上、中、下游政府保护资源环境的职责。东江流域的生态补偿机制在多方面取得了一些重要成效，展示了东江流域生态补偿机制在生态保护、区域合作与可持续发展方面所带来的重要影响。

（1）生态环境改善。生态补偿机制促进了生态环境的保护和改善，通过资金支持和项目实施，增强了水源地和上游地区的生态系统健康，减少了水土流失、改善了植被覆盖，有助于保护野生动植物和水资源。通过减少污染源、加强水质监测和治理，东江流域的水质有所提升，有助于维持水系健康。

（2）生态平衡维护。有助于维持生态平衡，通过资金补偿或项目实施激励着力于生态保护和环境改善的举措，有助于提高生态系统的稳定性，减少了人为活动对生态平衡的不利影响。

（3）生态补偿项目实施。通过资金转移支付和项目实施，促进了水源地区生态保护工程的建设，如植被恢复、水土保持、野生动植物保护等，有效地提升了生态系统的抵御能力和稳定性。

（4）跨区域合作与协调。东江流域的生态补偿机制促进了跨省合作与协调，例如，江西、广东两省份签署的第三轮东江流域横向生态补偿协议，体现了区域间合作，为水资源保护和生态补偿提供了框架。

（5）区域可持续发展。通过资金支持和项目实施，有助于水源地区经济的可持续发展，产业转移园区建设等举措为当地提供了更多的就业机会，有助于区域经济的稳健增长。

8.6 广宁红花油茶物质供应类生态产品

8.6.1 案例背景

广宁县是广宁红花油茶原产地，拥有 2300 多年油茶种植历史，是中国三大红花油茶产区之一，全国油茶产业发展重点县，也是广东茶油主产区。广宁红花油茶是一种特色农产品，也是当地的传统特产之一。它产自广东省肇庆市广宁县，以其独特的生长环境和丰富的营养价值而闻名。这一特殊的茶油产品是当地茶树的果实所提炼，具有独特的风味和丰富的营养成分。

广宁县地处广东省西北部，气候温暖湿润，地形多丘陵和山地，这种地理环境为红花油茶的生长提供了理想的条件。红花油茶在当地有悠久的种植历史和丰富的文化内涵。有许多当地传统的茶园和茶农家庭，代代传承着油茶的种植和加工工艺。制作红花油茶需要经过特殊的加工工艺，包括采摘、晾晒、炒制、榨油等多个环节，这些工艺对最终产品的质量和口感影响深远。广宁红花油茶因其独特的口感、香气和营养成分而备受追捧。含有丰富的维生素和抗氧化物质，被视为一种具有保健功效的特色食品。这种特色产品在本地市场上备受欢迎，在其他地区乃至国际市场上也有一定的知名度和销售量。

广宁红花油茶不仅是一种农产品，更是代表了当地农业文化、经济发展和社会认同的重要象征。它不仅在当地有着深厚的文化渊源，也逐渐在更广泛的范围内展现其独特的魅力和价值。

8.6.2 具体做法

2018 年，广宁县油茶省级现代农业产业园申报成功，给广宁县油茶产业发展带来了新希望。产业园核心区涵盖南街镇、螺岗镇、江屯镇、排沙镇、潭布镇 5 个镇，总面积 808.3 平方千米。核心示范区带动农户 1221 户，吸纳农民就业 12055 人。油茶全产业链总产值 7.6 亿元，产业园内农户人均可支配收入 18955 元，高于全县平均水平的 18%，农民增收显著，成为广宁县的农业经济支柱产业。广宁红花油茶作为物质供应类生态产品，在具体做法上主要包含以下方面。

（1）种植管理。选择适宜的茶树种植基地，考虑土壤类型、排水情况和阳光充足程度。进行土壤改良，保证土壤的透气性和肥力，为茶树生长提供良好的生长环境。根据茶树生长不同阶段和土壤状况，合理施用有机肥料和化学肥料，维持土壤的养分平衡，促进茶树生长和产量提高。建立病虫害监测体系，定期检查茶园，采取预防和控制措施，如合理间隔喷洒农药、引入天敌等方法，有效控制茶树病虫害，保证茶叶的健康生长。进行定期的修剪管理，保持茶树冠型整齐，增强通风透光，有利于茶树的生长。建立茶园管理档案，记录茶树生长状况、施肥、病虫害防治、采摘时间等信息，为后续管理提供科学依据。

（2）采摘与晾晒。掌握茶叶的最佳采摘时机至关重要。通常选择在茶叶新芽长出后，但未完全展开时采摘，这时茶叶的嫩叶中富含丰富的养分和香气。采摘方式可以是手工采摘或机械采收。手工采摘通常更注重对茶叶的精细处理，避免对茶树和茶叶造成伤害。而机械采摘则更高效，但需要确保机械操作不会对茶树和茶叶造成损伤，以保持茶叶的完整性和品质。采摘后，茶叶需要经过适当的晾晒处理。晾晒的时间需要根据当地气候、湿度和茶叶的湿度等因素进行控制。在晾晒后，进行茶叶质量的初步检验，包括外观、香气和含水量等指标，以确保茶叶的初步质量符合要求。

（3）炒制技艺。炒制技艺在红花油茶的加工中是非常关键的环节，它直接影响着茶叶的口感、香气和品质。控制炒制时的温度是保证茶叶质量的关键。适宜的温度能够激发茶叶内部的香气和成分，通常在炒制过程中需要精准控制温度，避免茶叶过热或温度不足，以保持茶叶的原始特性和口感。炒制时间也是影响茶叶品质的重要因素。时间过长使茶叶品质下降，时间过短则无法使茶叶充分释放香气。炒制茶叶需要炒茶师傅具备丰富的经验和技艺。另外，不断改良和创新工艺是保持茶叶品质的关键。通过科学研究和实验，探索出更加适合特定茶叶的炒制工艺，以提升产品的品质和竞争力。

（4）油茶榨制。茶叶炒制后，茶籽被提取出来。茶籽中含有丰富的油脂成分，是榨取茶油的原料。榨油过程中一般采用传统的榨油方法或者现代化的机械榨油工艺。传统方法包括使用榨油机或手工压榨，将茶籽中的油分离出来。现代化工艺一般采用压榨机或化学溶剂提取等高效方法，提高油脂的提取率。通过科学的榨油工艺和技术手段，将炒制后的茶籽榨取出高质量的茶油产品，确保茶油口感醇厚、营养丰富，并且符合食品安全标准，为消费者提供优质的产品体验。

（5）包装与销售。精心设计油茶的包装，突出产品的特色和品质，同时建立销售渠道，将产品推向市场。可以考虑线上线下结合的销售方式，建立品牌形象，进行针对性的广告宣传活动，通过社交媒体、宣传册、展会等形式提高产品知名度和认可度。此外，建立合作关系，寻求与零售商、分销商或当地商户的合作，增加产品的曝光度和销售渠道。

(6)质量控制与认证。设立严格的生产流程和质量管理制度，确保每个环节都符合标准和规范，从原料采集到加工、包装、储存，保证产品的质量和安全。通过国家级认证(如 ISO 认证)或地方认证(如地理标志认证)，确保产品符合相关的质量和安全标准，增强产品的信誉度和市场竞争力。建立完善的质量检测体系，对产品进行严格的检验和监控，确保符合国家或地方相关标准，保障产品的品质。同时，建立可追溯的供应链体系，追踪产品从原材料到最终产品的全过程，保证产品质量的可控性和透明度。不断优化质量控制体系，持续进行质量监控和改进，及时处理质量问题，提高产品质量和安全水平。

这些做法是红花油茶作为物质供应类生态产品的典型生产流程。在保证产品品质和安全的前提下，强调当地特色和传统工艺，塑造红花油茶的独特魅力，助力其在市场中脱颖而出。

8.6.3 主要成效

绿色、环保、高端的油茶产业已成为广宁经济发展的新增长极。通过油茶产业园的建设，带动超 2 万户种植农民增收致富，为广宁乡村振兴事业插上腾飞的翅膀。未来将进一步推进茶油品牌化建设，拓宽茶油销售渠道，积极申报广宁红花茶油、广宁山茶油国家地理标志保护产品，做大做强油茶产业。广宁红花油茶作为物质供应类生态产品，在生态补偿和保护方面具有重要成效。

(1)生态环境保护。通过广宁红花油茶的种植与生产，有助于保持土壤的肥力和稳定性，减少土壤侵蚀，促进土地的生态恢复和保护，并促进农业的可持续发展。

(2)生物多样性维护。油茶种植为当地提供了丰富的植被覆盖，有助于提供野生动植物的栖息地，促进当地生物多样性的恢复和保护。

(3)水土保持。油茶的栽种有助于维护水土资源，减少水土流失的发生，提高水源地和周边生态环境的质量。

(4)气候调节。油茶的生长能力有利于吸收 CO_2，起到碳汇的作用，减轻气候变化的影响，并有助于改善空气质量。

(5)经济效益。油茶产业的发展带动了当地经济的增长，提供了就业机会，促进了当地居民收入增加，进而改善了人民生活水平。

8.7　深圳大沙河生态修复经营类生态产品

8.7.1　案例背景

大沙河流域作为深圳市重要的水源涵养地和生态保护区，长期以来受到多种因素的影响，如工业污染、人类活动和城市化的快速发展。深圳市作为中国经济特区之一，其快速的城市化进程与经济发展带来了一系列生态挑战，尤其是大沙河流域的水质恶化和生物多样性减少等问题。政府高度重视生态环境保护，在国家鼓励绿色可持续发展的政策引领下，深圳市积极响应，将大沙河生态长廊修复作为城市生态发展的重点项目。这个项目不仅是提升生态功能和景观价值的修复工程，更是对经济发展和生态保护关系的平衡探索。该修复项目主要通过恢复河道自然景观、改善水质、增加植被覆盖等措施，旨在提升大沙河流域的生态环境质量。重点在于实现经济与生态的良性互动，同时为城市居民创造更优质的生活环境。公众对于大沙河生态环境的保护表达了高度关注，社会组织和志愿者积极参与生态长廊修复项目，共同致力于推动生态环境的改善。

这一项目对于大沙河流域的生态恢复将产生深远影响，为城市居民提供更好的休闲娱乐场所，同时为生态旅游发展提供了重要支持。通过这样的生态修复措施，深圳市致力于实现经济发展与生态保护的协调发展，为城市居民创造更加美好的生活环境。

8.7.2　具体做法

深圳市针对大沙河生态长廊修复项目采取了多种具体做法和措施。综合考虑了生态环境保护和城市发展的平衡，在保障生态系统健康的前提下，提升了大沙河流域的生态功能、景观质量和公共利用价值，为创造和谐的城市生活环境贡献了重要力量。

8.7.2.1　水质改善

建设污水处理设施、湿地植被及减少工业废水、生活污水排放等是大沙河生态长廊修复项目采用的重要措施，可以有效减少工业废水和生活污水的直接排放，提高水体的自净能力和水质状况，最终实现对大沙河水质的治理和改善。具体措施包括：①建设污水处理设施。修建污水处理厂或其他适当的处理设施，采用物理、化学和生物处理等方法去除并减少有害物质和污染物的含量，对排入大沙河的工业废水和生活污水进行处理。②湿地植被建设。在大沙河流域适当的区域建设湿地植被，如湿地公园、人工湿地等。湿地植被具有良好的净化和过滤水质的能力，能够去除水中的悬浮固体和溶解性有机物，从而提高水体的自净能力。③减少工业废水排放。加强对工业企业的环境管理和监管，促使其合规排放废水，并鼓励采用环保技术和设备，减少有害物质的产生和排放。④减少生活污水排放。推广并鼓励居民使用污水处理设施，如家庭污水处理系统或联排式污水处理系统，对生活污水进行处理后再排放到大沙河。

8.7.2.2 河道生态修复

对大沙河沿岸的河道进行生态修复是大沙河生态长廊修复项目的重要部分，可以恢复大沙河沿岸河道的自然形态和生态功能，提高水流通畅性，降低洪水风险，并为沿岸生物提供更好的栖息环境。具体措施包括：①清淤。清除河道中的淤泥、杂草和垃圾等，恢复河底的自然形态，从而提高水流通畅性，减少水体阻力，降低洪水风险。②疏浚。根据实际需要，对河道进行适度的疏浚，扩大河道的断面，增加水流的流量和速度，改善水质状况。③河床材料铺设。在河道底部铺设适当的河床材料，如沙子、石子等，以增加河道的稳定性和水流的顺畅度，防止河道侵蚀和土壤流失，并为水生植物和生物提供更好的栖息空间。④生态岸线建设。通过植被恢复、堤防塑石等手段，修复和加强河岸带的生态系统，保护河岸免受侵蚀和破坏，提供更多的栖息地和食物源，增加河道的生态功能。上述措施显著改善了大沙河流域的生态状况，为生态长廊的建设和市民的休闲娱乐提供更好的环境条件。

8.7.2.3 植被恢复和保护

种植适应当地环境的乔木、灌木和草本植物是大沙河生态长廊修复项目中的重要举措，可以增加大沙河两岸的植被覆盖率，稳定土壤，防止土壤侵蚀，并保护河岸带的生态系统完整性。具体做法包括：①选择合适的植物品种。根据大沙河流域的气候、土壤条件和水分状况，选取能够适应当地环境，具有较强抗逆性和生长能力的乔木、灌木和草本植物品种进行种植。②建立植被带。在大沙河两岸划定合理的植被带，按照不同的植物特点和功能进行布置。③提高植被覆盖率。通过大面积的植被种植，增加植被覆盖率，有效减少裸露土地的存在。④管理与维护。定期进行植物养护和管理工作，包括浇水、施肥、修剪等，确保植物生长和发育良好。同时，加强对有害生物和病虫害的防控，保护植被的健康状态。上述措施将有效改善大沙河流域的生态环境，提高生态系统的稳定性和功能，为人们创造一个更美好的生活环境。

8.7.2.4　公园景观建设

利用大沙河河道旁的空地打造公园和休闲区是深圳市为市民提供休闲娱乐场所的重要举措。这些公园和休闲区不仅提供了舒适的自然环境和休闲空间，还为市民提供了了解生态环境和气候变化等知识的机会。在公园景观建设中，设置的步道、自行车道、户外运动设施等可以让市民享受户外活动的乐趣。同时，植物园、湿地生态展示区等可以展示本地生物多样性和自然生态环境，增强公众对生态保护的认知。教育展示区则可设立生态环境保护和气候变化知识的展板、互动体验设施等，通过生动形式向市民传递环境保护的重要性，并提供相关的环境保护参与建议。此外，可以组织定期的环境保护主题活动、讲座和互动体验，吸引更多市民参与并深入了解生态保护的意义和方法。

8.7.2.5　河道监测与管理

建立河道水质监测系统是确保大沙河生态长廊修复效果的关键一环。通过定期对水质进行监测和评估，可以及时发现并解决存在的水质问题，确保修复工作的有效性。加强河道管理方面，持续的巡查和维护工作是至关重要的，包括定期巡视河道，清理垃圾，及时处理河道周边影响水质的污染源，确保大沙河的环境持续保持良好状态。定期监测和有效管理不仅有助于保护大沙河生态环境，还能为市民提供更清洁、更安全的休闲空间和生活环境。通过持续的管理和监测工作，建立起一个可持续的基础，确保大沙河修复工作的持久性和稳定性，使其成为市民生活和自然生态共融的空间。

8.7.3　主要成效

总体来说，深圳大沙河生态长廊修复的主要成效是改善生态环境、提升城市景观、提高居民生活质量以及促进环境教育与意识提升，为深圳市民带来更美好的生活和环境。主要表现在以下方面。

（1）生态环境改善。通过对大沙河的整治和生态修复，水质得到有效改善，河道周边的生态系统得到恢复和增强，从而提高水体的自净能力，促进植物、动物等生物多样性的恢复，保护和维持当地的生态平衡。

（2）城市景观提升。河道两岸的修复工作可以改善城市的景观质量，创造出宜人的环境，为市民提供美丽的休闲空间。修复后的沿岸景观可以吸引更多的居民和游客前来游览、休闲和娱乐，促进社区发展和旅游经济。

（3）生活质量提升。修复后的大沙河生态长廊成为市民休闲娱乐的场所，提供散步、跑步、骑行等户外活动的机会，让市民享受清新的空气和宁静的环境，切身感受到生活质量和幸福感提升。

（4）环境教育与意识提升。在生态长廊内设置教育展示区，加强对生态环境保护和气候变化等知识的宣传教育，吸引市民参观和了解环境问题的重要性和应对措施，促进公众提高环保意识和形成可持续发展的理念。

8.8 南澳"生态立岛"经营开发类生态产品

8.8.1 案例背景

南澳县作为广东省唯一的海岛县，地理位置优越，位于福建、广东、台湾三地交界海域。它由南澳岛及周边多个岛屿组成，总海域面积达4600平方千米，其中南澳岛占111.7平方千米，总海岸线长达近百千米，拥有66处大小海湾。境内设有青澳湾国家级海洋公园、海岛国家森林公园以及南澎列岛国家级自然保护区等多个国家级保护区域，呈现出丰富的自然资源和重要的生态功能。

近年来，南澳县一直坚持着"生态立岛、旅游旺岛、海洋强岛"的发展战略。借助其丰富的海域海岛资源和深厚的历史文化积淀，南澳县积极推进了"蓝色海湾"等系列海岛保护和修复项目，实施了近零碳排放城镇试点，并致力于打造海岛生态文体旅产业。这些努力使得丰富的海洋资源和优美的生态环境成为当地居民的"幸福不动产"和"绿色提款机"，显著提升了海洋生态产品的生产能力，同时也促进了当地的经济发展和居民增收。这一成功经验被自然资源部办公厅列入《关于生态产品价值实现典型案例的通知》（第三批）名单中，成为典型案例之一。这标志着南澳县在推进生态产品价值实现机制方面取得了积极成效。这种成功的探索不仅在实践中为生态产品价值的实现机制提供了宝贵经验，同时也展现出了典型案例的示范和指导作用，对其他地区的绿色发展道路具有启示意义。

8.8.2 具体做法

南澳县在"生态立岛"经营开发类生态产品方面采取了多项举措。这些措施有助于提高南澳县海洋生态产品的质量和市场竞争力，同时也促进了当地生态保护和经济发展的良性循环。

8.8.2.1   生态保护修复工程

首先，重点实施了"蓝色海湾"综合整治项目，涵盖多个海湾的治理和修复工作。通过水生态修复、海洋环境监测、海湾生态环境整治等工程，加强了海湾生态环境的保护和修复，提升了海域和海岛的生态功能和抗灾能力。其次，完成了多个污水处理站扩容、提标改造等项目，实施了中水资源化创新利用，并建成了垃圾收集转运和出岛集中处理系统，有效减少了陆源污染点对海洋环境的影响。在生物多样性保护方面，候鸟自然保护区的建立和保护，保障了海洋栖息环境的完整性，通过加强监管、打击滥捕野生动物行为，救助珍稀物种如海豚、海龟等，维护了海洋生物多样性。定期开展生物多样性主题活动，提升公众对海洋生态系统的保护意识。这些综合性举措，从海湾整治到陆源污染治理，再到生物多样性保护，全面提升了南澳县的生态环境质量，为保护海洋生态环境、维护生物多样性和促进可持续发展做出了积极努力。

8.8.2.2   零碳排放区试点工程

南澳岛作为广东省首批近零碳排放区城镇试点，实施了一系列措施。在多能源互补体系方面，规划和利用海岛风力资源，安装了大量风力发电设备，同时在后宅镇和深澳镇兴建了多个光伏项目，增加了低碳、可再生能源的使用比例，打造了多元化的能源体系。在生态养殖业发展方面，通过创新海洋养殖技术，扩大海洋产品的种养规模，引入龙须菜和牡蛎等混合生态养殖模式，同时实施森林抚育和生态景观林带项目，拓展了省级以上的生态公益林面积。在绿色低碳交通和城市管理体系方面，推广新能源汽车在公交、环卫等领域的应用，实现全县公交纯电动化，同时在城乡和景区采用节能路灯和太阳能照明设备，进行城市综合管理的节能改造工程。在低碳旅游行为减碳激励机制方面，建立了以低碳旅游交通、住宿和碳积分兑换为核心的信息共享平台，推出了"南澳零碳+"小程序，鼓励游客采用步行、共享单车、电动公交等低碳出行方式，通过活动获取碳积分并兑换优惠券，以此推广绿色低碳旅游。这些措施不仅在能源利用、生态养殖、交通和城市管理等方面取得了成效，也为南澳岛的绿色低碳发展奠定了基础，并为其他地区提供了可行的示范和借鉴。

8.8.2.3   海岛生态文体旅产业

南澳岛在海岛生态文体旅产业方面实施了一系列举措。首先，在旅游业态丰富化和产业链延伸方面，充分利用岛上的阳光、沙滩和海水等优质生态产品，整合山、海、史、庙、岛等特色资源和独特文化，拓展旅游业态，延伸产业链条，促进全域旅游发展，推动生态价值向经济效益转化。其次，将旅游与文化相结合，发展

"一部手机游南澳"小程序，深入挖掘南澳岛的海防军事文化资源，活化陈列馆、公馆、总兵府、纪念馆等历史场所，形成多条南澳岛特色旅游线路，推动文化遗产的保护和利用。然后，将旅游与体育结合，建设旅游体育示范岛，举办体育活动如亚洲冲浪暨全国冲浪锦标赛等，吸引了专业运动员、教练员和游客前来参与，促进了旅游业的发展，同时也活跃了岛上的体育文化氛围。此外，将旅游与乡村结合，推动了农业发展模式转变和产业融合，将传统的农家乐、渔家乐和家庭农场转型升级为休闲农业基地；实施品牌农业战略，加速构建销售网络，发展新兴产业如海岛森林康养和森林旅游，促进生态产品的转化和发展。

8.8.3　主要成效

南澳岛在"生态立岛"方面取得了一系列成效，综合提升了南澳岛的生态环境质量，丰富了旅游业态，促进了产业发展，使得生态与经济协同发展成为可能。

一是提升了海洋生态系统的质量，增强了优质生态产品的供给。南澳岛通过生态保护修复项目，成功整治了金澳湾、竹栖肚湾、赤石湾十里银滩岸线和烟墩湾岸滩，使得自然岸线得到了全面的保护和修复。这些措施不仅有效改善了海水质量，将青澳湾海水水质提升至一类标准，还明显减少了赤潮现象，使海水清澈透明，恢复了宁静美丽的沙滩景观。这种综合性的生态恢复不仅提升了海岸、海域和海岛的生态环境水平和景观质量，还增强了其防灾减灾能力，并拓展了各类亲海空间，塑造出南澳岛天蓝水碧、沙白林绿、岛礁奇异的自然特色，成为南澳岛最美的自然名片。此外，南澳岛成为多种珍稀海鸟如岩鹭、褐翅燕鸥、黑叉尾海燕等的繁殖地。观察数据表明，南澳岛是2种国家一级保护野生鸟类、16种国家二级保护野生鸟类的聚集地，在某些时段更可见成千上万的海洋类候鸟。这使得南澳岛成为广东省内享有盛誉的观鸟胜地之一，使其成为被誉为"广东省十佳观鸟胜地"的特殊区域。

二是推动了生态保护与产业发展的融合，形成了绿色低碳产业发展体系。南澳县在海岛风电等项目并网发电后，年发电量达到了3.7亿千瓦时，相比传统火电，这意味着每年可节约标准煤13.36万吨。更为重要的是，相应的CO_2、SO_2和NO_x排放也分别减少了35万吨、0.11万吨和0.1万吨。截至2020年，南澳县的可再生能源消费占据全社会能源消费总量的70.1%，这为能源的绿色低碳发展和经济社会的全面绿色转型奠定了坚实的基础。此外，南澳县还建成了后宅、深澳生态养殖示范区，并成功塑造了多个国家地理标志产品，如"南澳紫菜"等。此举不仅提升了南澳岛特色产业的质量和效益，还带动了牡蛎、后花园宋茶等农产品区域公用品牌的发展。更为引人注目的是，"南澳游"品牌在生态文体旅模式的带动下，连续六年荣获"广东省旅游综合竞争力十强县(市)"的称号,成功打通了生态产品价值实现的重要渠道。南澳县第一产业和第三产业从业人员数量逐年增加,截至2020年,一、二、三产业的结构比进一步优化为36.8:16:47.2,这不仅推动了产业的绿色转型和结构升级,同时也为当地经济发展注入了新动力。

三是促进了经济社会发展和群众增收致富,实现了"绿水青山""碧海蓝天"的综合效益。南澳岛的生态宝藏如"海蓝、沙净、湾美、岛丽"等高品质特色产品,极大地提升了这片海域的知名度和吸引力。南澳旅游业发生了翻天覆地的变化,由过去点缀着零星旅游景点的"点状布局",演变为遍地绽放的"全岛开花"景观。这种变化让南澳县的三条旅游路线分别入选了广东省乡村旅游精品线路和森林旅游特色线路,极大地推动了生态旅游产业的可持续发展。2017—2020年,南澳岛的进岛旅游人次年均增长率保持在5%以上,2020年达到了780.8万人次,同时旅游总收入也攀升至25.2亿元,同比增长6.8%。2020年更是标志着南澳县所有建档立卡贫困户全部实现脱贫,城镇和农村居民人均可支配收入分别达到1.76万元和1.42万元。2021年前三季度,南澳岛的累计入岛人数和综合收入分别达到594.9万人次和20.66亿元,同比增长分别达到了26.89%和41.9%;仅国庆假期就接待游客49.67万人次,同比增长6.1%,实现旅游收入1.7亿元,同比增长12.6%。这样的快速增长意味着当地居民在家门口就能分享到良好生态带来的红利,同时也彰显了"绿水青山""碧海蓝天"的综合效益。

8.9 梅州客天下矿山修复经营开发类生态产品

8.9.1 案例背景

党的十八大以来,广东省国土资源系统紧密围绕广东省委、省政府重点工作部署,全面深化国土资源改革工作,大力推进全省垦造水田,开展绿色矿山建设,落实环保督察整改,积极部署开展耕地保护、矿山综合治理,加强地质灾害防治,加速推进节约集约建设用地、三旧改造及不动产统一登记等项工作,加快批而未供和闲置土地处置,打击违法违规用地,简政放权提高行政效率,深入推进全面从严治党,脱贫攻坚精准扶贫,取得一定的成效。

在梅州市,有一个远近闻名的旅游景点—梅州客天下,是国内首个以文化旅游产业园立项规划的项目。客天下矿山曾是一个传统的矿业开采区域,经历了采矿活动后,留下了一定的环境问题和矿坑遗迹。针对这些问题,政府开展了矿山修复和生态恢复工作，将废弃的矿区改造成生态园区或特定用途的场所。在进行矿山修复和转型的过程中，为了更好地利用修复后的生态环境，彰显环境改善后的成果，并吸引游客前来参观、体验和消费，逐渐衍生出开发生态产品的需求。同时，随着人们对自然环境的关注和对健康生活方式的追求，生态旅游和体验性旅行需求逐渐增加。因此，转型后的矿山致力于提供与自然环境互动、体验与休闲相结合的产品和服务。客天下矿山的转型与生态产品的开发提高了当地就业机会和经济收入，并带动相关产业链的发展，进而促进了当地经济发展。同时，由于矿业资源枯竭或采矿对环境的影响，当地急需更具可持续性和多样性的经济发展途径，客天下矿山的转型与生态产品的开发正是对这一需求的积极响应和尝试。通过发展生态产品产业，带动当地就业，客天下矿山重新定义了当地经济的发展方向，注入了新的活力，促进了地方经济的繁荣与可持续发展。

总的来说，梅州客天下矿山修复经营开发类生态产品案例是在对矿山进行修复和转型后，为了更好地利用修复后的生态环境和满足市场需求而开发的产品。这类产品既强调了环境保护和生态恢复的理念，又满足了消费者对于自然体验和健康生活方式的追求。

8.9.2 具体做法

为了保护环境、改善生态状况，梅州市采取了一系列措施来修复和治理矿山。具体的修复治理工作包括以下方面。

8.9.2.1 生态环境修复

生态环境修复旨在应对矿山开采对当地生态系统造成的破坏，致力于恢复和重建当地生态系统的健康状态，主要包括：①植被恢复。通过植树造林、种草补绿等手段，重新建立起矿山地区的植被覆盖，减少裸露土壤表面，防止水土流失，提升土地的保持力和生态稳定性。②动植物栖息地保护与重建。保护和重建原有的动植物栖息地，包括保护野生动植物、种植当地特有的植物、修复和创造合适的栖息地，为当地生物多样性的恢复提供支持。③水系修复。对于受到矿山开采破坏的河流、湖泊或水源进行修复工作，包括清理水体、重建湿地、筑坝蓄水等，以恢复水域生态系统的功能。④土地修复。针对被开采过程中损害的土地进行修复，通过土地复绿、植被重建等手段，恢复土壤的肥沃度和生态功能。⑤生态系统恢复。综合以上措施，促进当地生态系统的全面恢复，包括生态平衡的重建、能量流动的恢复、物质循环的修复等，使生态系统重新达到一个相对稳定和健康的状态。同时，生态环境修复工作需要长期持续的监测和管理，以确保生态系统的稳定和可持续发展。通过以上措施，可以逐步减少矿山开采对生态环境所造成的损害，促进当地生态系统的恢复和健康发展。

8.9.2.2　水源治理

在矿山修复治理中，水源治理是至关重要的一环。针对矿山开采导致的水体污染和水资源消耗问题，需要采取一系列措施来进行治理和调控，以确保水环境的健康和可持续利用。①水污染治理。针对矿山开采所产生的废水、尾矿渣和排放物等污染物，采取适当的处理措施。常见的水污染治理方法包括沉淀、过滤、生物处理等，以去除悬浮物、重金属、有机物等污染物，使废水达到排放标准或可再利用的水质要求。②水资源调控。通过科学合理地规划和管理水资源，确保其可持续利用，包括实施水资源分配和调度制度，优化水资源利用结构，提高水资源利用效率。同时，也需要建立监测系统，及时了解水资源的供需情况，并根据实际情况采取相应的水资源管理措施。③生态补偿与保护区设立。在矿山修复过程中，可以设立生态补偿基金或保护区，以补偿和保护因开采活动而受到影响的水资源。这些资金可以用于生态环境修复、植被恢复和水体保护等方面，以维护水源地的生态功能和水质。通过水污染治理和水资源调控等措施，可以有效减少矿山开采活动对水环境的负面影响，确保水环境的健康和可持续利用。这有助于维护当地水资源的稳定供应，保护水生生物的栖息环境，同时也为社会经济发展提供可靠的水资源支持。

8.9.2.3　环境监测与评估

环境监测与评估在矿山修复治理过程中扮演着至关重要的角色。它涉及对矿山周边环境因开采活动而引发的问题进行全面、系统的监测和评估，以确保治理工作的有效性和长期稳定性。环境监测需要定期进行，包括对土壤、水源、空气质量等多个方面的监测。这种定期性监测有助于了解治理后环境的变化趋势，发现问题并及时进行调整和处理。其次，监测工作包括数据的收集、整理和分析，需要建立数据记录和数据库，通过科学的数据分析手段，评估环境变化趋势和治理效果。基于监测数据进行环境评估，对照既定的环境质量标准和治理目标，评估矿山周边环境的健康状况，并针对问题制定治理对策。监测评估的结果能够反馈给相关部门和决策者，为后续治理提供科学依据。根据评估结果，及时调整和改进治理工作方向和方法，以确保治理效果最大化。同时，监测评估也能及时发现潜在的环境风险，对可能出现的问题提前预警，并制定应急处理方案，以应对突发情况，保障周边环境的稳定和安全。定期公布监测评估结果，增加治理工作的透明度，让公众了解环境状况和治理进展，确保治理工作符合法规、合规且公正。综合而言，环境监测与评估是矿山修复治理工作中不可或缺的一环，它不仅确保治理效果，也为持续改进和环境保护提供了重要依据。

8.9.2.4 污染治理

污染治理是针对矿山开采造成的各类污染问题，采取的一系列综合性措施，旨在减少、清理或有效控制矿山活动带来的污染物质，保护周边环境免受其影响。包括：①固体废弃物管理。通过合理的固废处理方案，处理矿山开采所产生的包括矿石渣、尾矿、废矿石堆积等大量固体废弃物，对其进行分类、清理、运输和处置，减少废弃物对土壤和地表水的污染。②有毒有害废物处理。针对产生的重金属、化学品废液等有毒有害废物，进行严格的处理和处置，如采用专业技术和设备对有害废物进行收集、中转、处理或安全填埋，防止其对环境和人类健康造成影响。③污染源治理与修复。针对存在的污染源点，采取污染源清理、土壤修复、水体净化等措施，清除或隔离有害物质，恢复受污染的地区环境品质。④环境风险评估与防控。进行全面的环境风险评估，发现和评估污染对周边环境和生态系统的潜在影响。根据评估结果，制定相应的防控措施和应急预案，避免环境污染扩散和加剧。⑤污染物监测与处理技术研发。通过科技手段监测和处理矿山污染物，开发适用于矿山污染物处理的高效、低成本处理技术，实现对污染物的有效清理和控制。

8.9.3 主要成效

梅州市客天下旅游产业园通过对废弃矿山资源进行开发式治理利用，实现了矿山地质环境恢复和综合治理与旅游产业的融合发展，既达到了治理矿山地质环境的目的，又实现了废弃矿山资源的充分利用，发挥了较好的社会效益、经济效益和生态效益。梅州客天下矿山修复经营开发类生态产品案例带来多方面的成效。

（1）环境修复与改善。通过矿山的修复和转型，包括土地的复绿、水源的净化、植被的恢复等，使曾经受到矿业开采影响的地区重新焕发生机，实现了矿山生态环境的恢复和改善，改善了当地的生态环境。

（2）促进当地经济增长。通过产品的制作、销售和相关服务，生态产品开发为当地带来了新的经济增长点，提升了地区的经济活力。

（3）就业机会增加。生态产品产业的发展创造了更多的就业机会，包括生产加工、设计制作、销售推广、旅游服务等多个领域，从而改善当地居民的就业状况。

（4）文化传承和推广。生态产品体现了当地特有的文化和历史底蕴，如传统工艺技艺、当地文化元素等，有助于传承和推广当地的文化特色。

（5）生态旅游业发展。生态产品的开发提升了当地的旅游吸引力，吸引更多游客前来体验和购买，从而推动当地旅游业的发展，为地区带来更多的游客流量和消费。

（6）社会认同感提升。通过修复矿山、开发生态产品，提升了当地居民对于自身环境和社区的认同感和自豪感，形成了更加积极向上的社会氛围。

（7）可持续发展理念传播。政府支持和培育优秀的案例成为生态环境可持续发展理念的典范，促进了环保与经济发展的结合，为其他地区提供了借鉴与学习的范例。

总的来说，梅州客天下矿山修复经营开发类生态产品案例的主要成效是在经济发展的同时，实现了环境的恢复和改善，为当地社区带来了多重利益，促进了社会、经济和环境的可持续发展。

8.10 丹霞山自然教育类生态产品

8.10.1 案例背景

2019 年，国家林业和草原局印发《关于充分发挥各类自然保护地社会功能大力开展自然教育工作的通知》，同年，广东省自然资源厅、广东省文化和旅游厅、广东省林业局联合印发的《关于加快发展森林旅游的通知》提出，加强对自然教育基地的布局与建设，并特别强调了对中小学生自然教育活动的重视，为广东省林业局开展自然教育基地认定工作奠定了基础。2021 年，《广东省生态文明建设"十四五"规划的通知》《广东省自然教育发展"十四五"规划（2021—2025 年）》则更加明确了对自然教育的重视和规划。按照规划，广东省在该时期计划认定 100 个自然教育基地，广东省自然教育基地的布局和建设得到快速发展。这些政策和规划的发布，凸显了政府对自然教育的认可和支持，旨在通过建设更多的自然教育基地，提供更多优质的自然教育资源，为广大中小学生以及社会公众提供更广泛、更深入的自然教育体验，也体现了广东省在未来生态文明建设和教育发展中的承诺，将自然教育纳入生态文明建设的重要组成部分。

丹霞山国家级自然保护区管理局（以下简称丹霞山管理局）在丹霞山的全面保护和教育推广方面取得了卓越的成就。以世界自然遗产和世界级地质公园的身份，丹霞山管理局长期致力于将丹霞山打造成为一个科学名山，并在此基础上积极构建中小学生研学实践教育基地。这一努力立足于丹霞山丰富的自然与人文资源、独特的地学景观以及完善的基础设施。其中，丹霞山自然学校的创设及对优秀研学导师队伍的培育，为学生提供了一个深入研究和实践的平台。这个自然学校结合了丹霞山独特的地质和生态特征，开发了创新的实践教育课程，为学生们提供了亲身体验和参与的机会。此外，丹霞山管理局还高度重视公众教育和社区可持续发展，推动了一系列科普品牌活动，如丹霞山科普志愿者项目、科普进校园活动、野生植物辨认大赛等。这些活动不仅在国内外产生了广泛的影响，也为学生、老师以及社会公众提供了深入了解丹霞山自然环境和地貌的机会。2021年，在广东省林业局组织的评选活动中，丹霞山以其卓越的教育工作和贡献荣膺"广东省优秀自然教育基地"称号，同时科普导师顾丽娟被评选为"自然教育之星"，而《奇美天成丹霞山》也荣获"优秀自然教育课程"奖项。这些荣誉的获得进一步肯定了丹霞山管理局在教育和科普领域的卓越成就，并为未来的持续发展和扩大影响力提供了坚实的基础（李贵清，2021）。

8.10.2 具体做法

构建"一个自然教育基地、五个自然教育之家和二十五条自然径"。

8.10.2.1 一个自然教育基地

丹霞山自然教育基地以丹霞山风景区为依托，呈现出一个多元化而又富有深度的自然教育平台。其中，主要载体包括丹霞山世界地质公园、丹霞山核心景区以及连接各主要景点的阅丹公路，贯穿其间的主要村落更为这一教育体验增添了浓厚的地方特色。由丹霞山风景名胜区管理委员会和其他自然教育营地机构共同构成的核心运营管理机构，确保了该基地的有效运作和全面发展。一支专业的自然教育导师队伍则是保证教育活动的质量和有效性的关键支持。

丹霞山自然教育基地的教育课程涵盖了广泛的领域，旨在激发学生的兴趣并促进他们对自然和文化的认识。地质地貌、植物学、历史文化、昆虫学、天文学、鸟类学以及劳动教育等多样化的课程体系，为不同年龄层次和兴趣爱好的人们提供了学习和体验的机会。这一全面的自然教育体系使得参与者能够在亲身体验和实践中，更深入地了解自然和人文，培养对环境保护和可持续发展的认识。同时，基地所提供的各种教育活动和课程也为参与者的个性发展和全面成长提供了广阔的空间和支持。

8.10.2.2 五个自然教育之家

丹霞山自然教育基地涵盖五个自然教育之家，分别是丹霞自然教育之家、夏富村自然教育之家、牛鼻村自然教育之家、芙芷坝村自然教育之家和黄竹村自然教育之家。这些教育之家的建设侧重于提供丰富的自然教育资源，使游客能够更好地了解和体验丹霞山的自然、文化和生态特色。丹霞自然教育之家建立在丹霞山景区游客服务中心基础上，为游客提供全方位的自然教育服务。其他自然教育之家则是以丹霞山阅丹公路上的乡村(夏富村、牛鼻村、芙芷坝村和黄竹村)为依托，通过各自的地理位置和独特资源，向游客展示丰富多样的自然、生态和文化景观，促进对丹霞山的更深层次认知和体验。

(1)黄竹村自然教育之家。黄竹村自然教育之家位于丹霞山南门入口附近，是南部入口的首个自然教育节点。它融合了翠竹林、同心村、牛栏前村、新桥村和同心树等景观节点，形成了4条自然教育径，分别是竹文化生态教育径、多村文化教育径、牛栏前田园劳动教育径以及阅丹徒步穿越径。目标是通过这些不同的教育径线，展示当地的竹文化和自然生态，传承多村文化和历史，展现农村田园生活，同时提供阅丹徒步穿越的体验。教育径线的设立旨在为游客和学生提供丰富的教育资源和活动，从而深入了解丹霞山的自然和人文景观。

(2)丹霞自然教育之家。丹霞自然教育之家是丹霞山自然教育基地近期最核心的自然教育节点，主要开展丹霞山地质地貌自然教育。项目实体主要依托丹霞山游客服务中心进行改造，结合丹霞山博物馆等配套设施打造集室内教学课室、室外主题活动场地于一体的综合型自然教育之家，并定期开展研学课程。丹霞自然教育之家主要负责现有较为成熟的9条自然教育径和3条新建的观萤、观鸟和观蝶自然教育径的教学任务，其中自然教育径是根据丹霞山景区现有的7条科考研学线、1条备选科考研学路线和3条生物观赏自然教育径以及1号线和2号线的摩崖石刻群文化节点进行打造的。

(3)牛鼻村自然教育之家。牛鼻村作为丹霞山水陆联运的重要节点，连接着丹霞山核心景区、阅丹旅游公路、锦江游船以及巴寨景区，具有重要的枢纽作用。自然教育之家以牛鼻村为核心进行建设，并整合了丹霞山的锦江游览8号线、巴寨9号线等旅游线路，同时构建了3条自然教育径。这些径线结合了牛鼻村书屋、穿越小路、露营地以及丹霞观景平台等配套设施，旨在打造具有牛鼻村特色的、功能齐全的自然教育中心。旨在为游客提供更深入的丹霞山自然与文化的体验和了解，为丹霞山的生态保护和旅游推广提供支持。

(4)夏富村自然教育之家。夏富村自然教育之家是阅丹线上重要的节点，依托夏富村深厚的历史文化底蕴、独特的生态田园、优质的滨水资源进行打造的丹霞山范围内"山—田—水"结合最为优异的资源组合集群，对研究、学习丹霞传统历史人居社群的发展具有重要意义。夏富村自然教育之家承担陆域自然教育径的集散功能，主要辐射夏富古村文化教育径、锦江碧道生态教育径和夏富田园劳动教育径3条自然教育径的教学和研学。

（5）芙芷坝村自然教育之家。芙芷坝村自然教育之家是阅丹线的关键枢纽，承担了丹霞山中南部地区集散功能的重要角色。它作为核心节点，积极发展自然教育功能，紧密连接西部的飞花水景区和南部的仙人迹景区两大板块。节点辐射着四条自然教育径，涵盖了飞花水瀑布科考探险教育径、均坪田园劳动教育径以及锦江生态观光教育径。其目的在于通过各种自然教育项目，为游客提供更深入、更全面的了解，串联并丰富各条自然教育径，以丰富多样的教育体验展示自然景观和人文历史。

8.10.2.3 二十五条自然教育径

丹霞山的"二十五径"是指分布在其自然教育之家范围内的25条自然教育径。这些自然教育径是为了帮助游客更好地了解丹霞山的自然环境和地质文化而设置的。它们分布在丹霞山的五大板块内，涵盖了各种自然景观、地质特征和文化元素，为游客提供了一种沿途观赏、学习和体验的机会。每一条自然教育径都具有特定的主题或教育内容，通过标示、解说牌或线路设计来引导游客进行自然教育学习和探索（表8-3）。

表8-3　二十五条自然教育径

区域板块	路径编号	教育径
丹霞山板块	1	锦石岩地质教育径
	2	长老峰地质教育径
	3	山湖湿地生态教育径
	4	沟谷雨林科考教育径
	5	阳元石—细美寨地质教育径
	6	通泰桥—混元洞地质教育径
	7	水上丹霞地质教育径
	10	东部丹霞群峰科考教育径
	12	摩崖石刻文化教育径
	23	观鸟自然教育径
	24	观蝶自然教育径
	25	观萤自然教育径

区域板块	路径编号	教育径
夏富村板块	13	夏富古村文化教育径
	14	锦江碧道生态教育径
	15	夏富田园劳动教育径
牛鼻村板块	8	锦江生态文化教育径
	9	巴寨科考探险教育径
	16	牛鼻田园生态教育径
芙芷坝村板块	11	飞花水瀑布科考探险教育径
	17	均坪田园劳动教育径
	18	锦江生态观光教育径
黄竹村板块	19	竹文化生态教育径
	20	乡村文化教育径
	21	牛栏前田园劳动教育径
	22	阅丹徒步穿越径

注：本表由丹霞山风景名胜区管理委员会提供。

自然教育径案例分析：锦石岩地质教育径。

(1) 教育径编号。1 号径。

(2) 面向群体。小学生、初中生、高中生、家庭亲子、成年人、老年人。

(3) 参与难度。"锦石岩 1 号线"的参与难度为初级，适合各个年龄段的游客参与。这条线路全长约 1.3 千米，海拔落差近 200 米，整体游程约为 2 小时。因为难度为初级，对于大多数人来说，是一个适度挑战但并不过分困难的行程。

(4) 主要内容。"锦石岩 1 号线"是丹霞山内的一条路线，其沿途包括许多自然地质景观和文化资源点。这条线路经过梦觉关大型蜂窝状洞穴、幽洞通天、百丈峡巷谷地貌、古沙波痕、普同塔、干圣岩、祖师岩、伏虎岩、锦岩赤壁、马尾瀑等自然地质景观，并且还有 90 多处摩崖碑刻的文化资源点。这些景点代表了丹霞山地质和文化资源的丰富性，为游客提供了观赏和了解这些独特景观和历史文化的机会。

(5) 教育特色。"锦石岩 1 号线"是丹霞山中的一个岩中地质教育径，位于丹霞山微观地质节理景观区域。这条步道主要贯穿于丹霞山岩壁之间，为游客提供了深入了解丹霞地质地貌形成的知识，涉及丹霞地貌的节理、地质构造、地层和岩性等方面的知识，着重展示丹霞山微观地质景观，使游客能够近距离感受这些独特地质景观，并且通过解说和教育活动，帮助游客更好地理解丹霞地貌的形成和特征。

8.10.3 主要成效

近年来,丹霞山自然教育工作取得了可喜的成效。

一是丹霞山积极推进多项科普活动,包括丹霞山科普志愿者训练营、《奇美天成丹霞山》图书漂流科普讲座、公益科普体验课程、地球日和文化自然遗产日等。不仅在丹霞山地区示范科普教育,还对全国50多家地质公园、遗产地和自然保护地开展了科普志愿者培训和走进校园等活动。示范效应在省内外的自然保护地中掀起了科普宣教的热潮。一年间,丹霞山举办了近200场各类科普活动,参与人数超过10万人,涵盖线上线下形式。多样性活动和广泛参与度为公众提供了更多了解自然、地质和文化遗产的机会,有效推动了科学知识的传播和普及。通过丰富多彩的科普活动,丹霞山地区不仅向游客和当地居民传递了自然与文化遗产的价值,也通过各种形式鼓励人们更加积极地参与科学与环境保护的实践与探索。

二是科普品牌创建。2022年,丹霞山自然教育在科普教育领域成绩卓著。2022年,成功入选了"2021—2025全国科普教育基地",并在7月获得了广东省高品质自然教育基地的认定。随后,在9月又荣获了2022—2023年度广东省十佳科普教育基地称号。除此之外,还积极申报国家林草科普基地和全国生态环境科普教育基地,并成功进入了全国候选名单。这些荣誉和认定极大地提升了丹霞山的知名度与美誉度,吸引了自然保护区和高校等共计70余批次超过1450人次的专业人士到丹霞山进行交流合作、科研调查和实习实践。广泛的认可和合作不仅提升了该项目的影响力和教育效果,也巩固了该地区作为科普教育重要基地的地位。这些荣誉和认定带给丹霞山更多的资源与机会,有助于进一步推动该地区科普教育事业的发展,同时也加强了与其他领域的专业交流合作,促进了该地区教育和科研水平的提升。

三是科普研学产业。韶关市致力于培育"旅游+"模式,特别推动成立了丹霞科普研学实践中心,以拓展青少年和亲子家庭的自然教育科普研学市场,仅当年7—8月就吸引了超过2000名参与夏令营和培训班活动的人士。活动包括对丹霞地貌、自然生态和科学实践的探索和学习,为参与者提供了丰富的户外体验和知识学习机会。这种教育形式不仅有助于激发年轻人对自然环境的兴趣,还提供了更全面的科学知识和实践技能。通过这些研学活动,参与者能够亲身感受大自然的奇妙之处,培养对环境保护和科学探索的兴趣,为他们的个人成长和未来发展奠定坚实基础。

8.11　广宁竹海大观森林康养类生态产品

8.11.1　案例背景

广东省林业局依据国家林业和草原局、民政部、国家卫生健康委员会、国家中医药管理局发布的《关于促进森林康养产业发展的指导意见》，对省内具备发展森林康养产业特殊潜力和条件的特定地区进行了认定工作，被认定地区在政策、资源、服务等方面得到更多的支持和重视，将在推动森林康养业态的发展中发挥至关重要的作用。

肇庆市广宁县竹海大观森林康养基地于2022年被列入广东省首批森林康养基地名单。明确了该基地在生态、自然景观和服务水平等方面达到了一定的标准，成为了广东省重点发展的森林康养目的地之一。竹海大观森林康养基地拥有丰富的自然景观，包括壮观的竹林、清澈的溪流、多样的植被等，为游客提供了优越的自然环境。其次，基地提供了多样化的康养服务，如健康管理、生态疗养、户外活动等，有助于提升人们身心健康。最后，基地还强调了生态保护和可持续发展，以确保康养活动与环境的和谐共生。作为广东省重点发展的森林康养目的地之一，竹海大观森林康养基地成为吸引游客和康养爱好者的热门去处。将促进当地旅游业和康养产业的发展，为人们提供一个逃离城市喧嚣、享受自然和放松身心的理想场所。

8.11.2　具体做法

广宁竹海大观森林康养基地—竹海·璞山里项目是竹海大观森林康养基地中一个重要亮点，旨在提供全方位的康养体验和生态产品，吸引游客前来感受大自然的魅力，同时推动当地康养产业和旅游业的发展。项目总投资1.8亿元，以竹子为核心，建设业态复合、体验多元的民宿集群，加快推进肇庆旅游振兴，全力提升广宁县旅游环境，打造具有广宁特色的康养旅游度假品牌。项目包括多个方面。

8.11.2.1　康养服务

基于竹海大观的独特自然环境和氛围，项目设计了多项康养服务，旨在提供一种身体、心灵全面放松的体验，使来访者在自然中找到平衡与治愈，提升游客整体健康水平。主要包括：①瑜伽课程。在竹海大观自然景色的环绕下的瑜伽课程体验，帮助参与者通过身体动作、呼吸调控和冥想，达到身心平衡和放松。②冥想指导。在宁静的自然环境中，为游客提供冥想指导，帮助人们放松心灵、平复思绪，培养专注力和内心平静。③按摩护理。为游客提供专业的按摩护理服务，结合自然疗法和传统技术，以促进身体循环、舒缓肌肉紧张，缓解压力和疲劳。④自然疗法体验。包括参与自然疗法活动，比如森林浴、泥浴、水疗等，让人们通过自然元素的亲近来增进身心健康。

8.11.2.2 生态产品

项目以当地丰富的竹资源为原料，结合当地的文化特色和工艺技艺，开发生产出兼具艺术性和实用性的多样化生态产品，通过制作和销售产品来传承和发展当地竹文化，促进当地康养旅游业和经济发展。主要生态产品包括：①竹制工艺品。包括竹雕刻、编织、纺织等各种工艺品，如普通竹雕、竹篮、竹制挂件等，展示了竹材料的多样性和艺术性。②装饰品。用竹制成的装饰品，如吊坠、手链、耳环等，融合了竹的自然特性和当地的文化元素，具有独特的审美价值。③家居用品。包括筷子、碗、杯、笔筒、花盆等实用性竹制家居用品，展现出竹的优雅和环保特性。④艺术品。由艺术工作者通过高超的竹雕、竹刻等技艺手工制作生产的具有观赏价值和收藏价值的艺术品，展示了竹艺术的精湛工艺和当地文化的精髓。

8.11.2.3 自然体验活动

项目设计了丰富多彩的自然体验活动，旨在让游客更深入地融入竹海大观的自然环境，了解其自然风光和生态特点，不仅丰富了游客的旅游体验，提升了康养旅游的吸引力和品质，还促进游客对自然环境的关注和保护意识。主要活动包括：①竹林漫步和探索。游客有机会参与由导游带领的竹林漫步活动，沿着指定路线漫步于竹林之间，感受竹林的宁静和美丽。导游也会讲解竹林的生长习性、竹的特点及其在当地文化中的意义。②登山徒步游。提供不同难度的登山徒步线路，让游客有机会亲身体验竹海大观的山林景观和壮丽风光，领略大自然的壮阔和魅力。③生态教育活动。组织生态教育讲座、工作坊或互动体验，介绍当地的生态系统、动植物物种、环境保护等内容，让游客更深入地了解和关注生态环境的重要性。④亲子互动项目。为家庭游客设计亲子活动，如自然探险游戏、手工制作、户外亲子活动等，让孩子们在自然环境中学习、探索和玩耍。

8.11.2.4 环境保护与可持续发展

环境保护和可持续发展是项目的重要特色，为游客呈现了一个注重生态平衡和可持续性发展的康养旅游目的地。主要包括：①使用环保材料。在生产生态产品和提供服务时，项目选择使用环保材料，特别是竹这种可再生资源，减少对环境的影响。②节能环保生产工艺。采用节能环保的生产工艺，减少能源消耗和排放，以减少对周围环境的负面影响。③垃圾分类与资源循环利用。积极倡导垃圾分类，推动资源的循环利用，减少废弃物对自然环境的损害。④环保教育与意识提升。通过讲座、展览、互动体验等方式，提升游客环保意识，呼吁大家保护自然环境，共同参与环保行动。⑤可持续发展理念。项目倡导可持续发展理念，致力于在保护自然环境的基础上发展康养旅游业，使得人类和自然能够和谐共生。

8.11.3　主要成效

广宁县竹海大观森林康养类生态产品具有多方面的潜在成效，包括：为消费者提供了瑜伽、冥想、按摩和自然疗法等康养服务，促进人们身心健康；销往各地的创新竹制品有助于传承当地竹文化并将其推广至更广泛的地区；将环保理念引入生态旅游产品开发，不仅吸引了更多游客前来体验自然环境，更是对游客进行了体验式环保教育，促进当地生态旅游业发展的同时，引导人们更关注环境保护与可持续发展；项目康养生态产品已成为当地经济的一部分，提高了当地企业和居民的经营和收入水平，促进了当地产业的发展。

总体来讲，竹海·璞山里项目开发的生态产品远非传统意义上的普通商品，融合了健康理念、文化底蕴和休闲体验的价值，为人们带来别具一格的体验契机，对当地社区、经济和环境产生了积极的影响。项目初步建成后，预计首年将接待 3 万人次旅客，而全部建成后每年将接待 10 万人次旅客，为当地创造超过 300 个就业岗位，年创税约 1000 万元。同时，充分利用广宁县全域旅游的发展契机，将该项目打造成网红打卡点。作为竹海大观景区的门户，向大湾区展示出独特魅力。广宁竹海大观康养基地不仅为广宁乃至肇庆的一张亮丽名片，也极大促进周边区域的建设和发展。

8.12　小　结

本部分通过 11 个典型案例，展示了广东省在生态产品价值实现方面的多元探索与成功实践，涵盖了碳中和、生态补偿、物质供应、生态修复、自然教育、森林康养等多个领域，全面展现了生态产品在提升生态效益、推动区域经济、促进社会发展等方面的多重作用。通过构建政府主导、企业和社会各界参与、市场化运作、可持续发展的机制，各地积极推进林业生态产品的开发和利用。其中，广东长隆碳汇造林项目成为全国首个进入碳市场交易的林业碳汇国家核证自愿减排量（CCER）项目，不仅有效吸收和固定 CO_2，还带来了经济和社会效益。湛江红树林造林项目通过蓝碳交易促进了生态系统的恢复和经济发展。广州市花都公益林碳普惠项目通过市场化手段激活自然资源资产，推动林农增收。生态公益林建设与补偿机制保障了生态效益的长期稳定，提升了森林质量和生物多样性。东江水系生态补偿机制促进了流域内的生态保护和水资源管理。广宁红花油茶产业利用生态资源推动地方经济发展。深圳大沙河生态修复项目改善了城市生态环境，提升了居民生活质量。南澳县通过"生态立岛"战略，实现了生态与经济的良性互动。这些案例展示了广东在实现生态产品价值、推动绿色发展的多样化路径，为其他地区提供了宝贵经验。

参考文献

金婷，2019. CCER 林业碳汇项目风险测度及价值评估研究[D]. 杭州：浙江农林大学.

李远，彭晓春，周丽旋，等，2012. 流域生态补偿、污染赔偿政策与机制探索——以东江流域为例[M]. 北京：经济管理出版社.

石柳，唐玉华，张捷，2017. 我国林业碳汇市场供需研究——以广东长隆碳汇造林项目为例[J]. 中国环境管理，9(1)：104-110.

吴逸然，2022. 基于碳中和背景下蓝碳经济发展研究——以湛江红树林造林项目为例[J]. 科技与金融（3）：57-62.

广东林业生态产品价值实现的潜力发展 **9**

生态产品的价值实现首先依赖于生态系统提供的资源。生态系统的稳健性和丰富度对资源供给的质量和数量均有重要影响。目前，《广东省林业保护发展"十四五"规划》显示，广东林业产业发展新局面全面推开，到 2025 年，全省林业产业总产达 1 万亿元，基本建成现代林业产业发展体系。全省经济林面积达到 173.33 万公顷（2600 万亩），各类经济林产品产量超过 1000 万吨，经济林产品种植与采集业产值突破 800 亿元。油茶林总面积达到 24 万公顷（360 万亩），茶油年产量达 8 万吨，打造 10 个省级油茶特色产业发展基地。茶叶种植总规模达 8 万公顷（120 万亩），全年干毛茶产量达 13 万吨，产值达 18 亿元。林下经济经营面积 1333.33 万公顷（2000 万亩），省级以上林下经济示范基地达到 200 个，林下经济产值达 500 亿元。建设 10 个省级林下种植中药材产业发展基地。广东省种苗花卉种植面积稳定在 1 万公顷（15 万亩）以上。建设 10 个省级竹产业发展基地。生态旅游年接待游客量达 3.3 亿人次。全省建成省级以上森林康养基地 100 个，年均服务人次超过 8000 万。打造 100 个自然教育基地，20 个高品质自然教育示范基地，150 条自然教育径及 300 处自然教育园区（场馆）。高标准打造 30 个省级森林生态综合示范园。

9.1 广东林业碳汇交易的潜力

基于广东省土地利用和林业领域碳清单编制的数据，并参考全国和全球的平均水平情景模式，对广东省未来的碳汇及碳交易潜力进行了分析。2005—2015 年，广东省乔木林的面积、蓄积量、单位面积蓄积量及碳储量均有不同程度的增加。在年均增长率方面，2015 年比 2010 年增加了 0.005%。单位面积乔木林蓄积量从 2005 年的 43.87 立方米/公顷增加到 2010 年的 47.81 立方米/公顷，并在 2015 年进一步增加到 52.94 立方米/公顷（表 9-1）。森林面积和蓄积量的双重增长主要得益于广东省实施的封山育林、荒山造林、采伐管理和森林防火等多项保护管理措施。

国家在气候大会上提出"双增"目标，即到 2020 年，比 2005 年森林面积增加 4000 万公顷，森林蓄积量增加 13 亿立方米。根据第八次森林资源清查结果，2005 年，我国的森林面积为 2.08 亿公顷，森林覆盖率为 21.63%，森林蓄积量为 151.37 亿立方米，人工林面积为 0.69 亿公顷，森林植被总碳储量为 84.27 亿吨。根据广东省林业局发布的林业统计分析报告，2020 年，广东省森林面积为 1053.22 万公顷，森林覆盖率 58.66%，森林蓄积量为 5.84 亿立方米。如果按照全省森林占全国森林面积的比例进行分摊计算，广东省在 2020 年已经实现分摊目标。若以国家在巴黎气候大会上提出的森林蓄积量目标承诺，即"到 2030 年，比 2005 年森林蓄积量增加 45 亿立方米"为情景，则乔木林的年均蓄积量增长率需达到 3.18%。届时，乔木林面积将没有增加空间，同时碳储量的变化量将达到 7684 万吨 CO_2 当量。

表 9-1　广东省乔木林关键指标变化（以 2005 年为基准）

年份	面积（万公顷）	蓄积量（立方米）	蓄积量平均年增长率（%）	单位面积蓄积量（立方米/公顷）	碳储量（万吨 CO_2 当量）
2005	671	29456	—	43.87	4225.32
2010	700	33483	2.73	47.81	5275.36
2015	736	38982	3.23	52.94	6541.57
2020	736	48684	4.35	66.15	4356.26
2030	736	52856	3.18	71.81	7684.26

注：2020 年及以前广东省林业局发布的全省林业数据按广东省森林资源管理"一张图"口径统计，2021 年林草湿调查监测结果按国土变更调查口径统计，导致两者差异较大。

影响广东省 2005 年、2010 年、2015 年土地利用和林业温室气体变化的排放因子中主要有活立木蓄积量生长率、采伐消耗率、枯损消耗率、现地燃烧生物量比例、被分解的地上生物量比例。在温室气体清单构成上，影响土地利用变化和林业（LUCF）净碳汇量的主要来源是乔木林生物量生长碳吸收和活立木消耗碳排放，虽然主要来源的构成比例与我国陕西省和浙江省有区别（张茂震等，2008），但不同省份总体上均呈现了 LUCF 温室气体净吸收的结果。由于目前森林防火和相关森林保护的政策和措施的执行（武培成，2013），枯损消耗率、现地燃烧生物量比例、被分解的地上生物量比例被控制在较低的水平。在每年具体的活动水平下，温室气体清单的最终结果受活立木蓄积量生长率和采伐消耗率影响的趋势更明显。期间，活立木蓄积量生长率从 2005 年的 7.98% 增加到了 2010 年的 8.88%，进而增加到了 2015 年的 9.61%；而采伐消耗率从 2005 年的 6.94% 下降到了 2010 年的 6.11%，进而下降到了 2015 年的 5.54%。这得益于 2005 至 2015 十年间，广东省土地利用变化和林业领域在应对气候变化方面的政策、措施及相关重点工程的实施，有效增加了广东省活立木蓄积量生长率，同时减少了采伐消耗率。

以 2005 年为基准年，2010 年、2015 年及未来三种情景 2020 年、2030 年及 2058 年乔木林的蓄积量年均增长率和单位面积蓄积量来看，情景 A 的双增目标已实现，情景 B 的目标实现需要一直保持现有的增长速率，要实现情景 C 则需要更长的时间，且需要一直保持当前的增长速度（表 9-2）。广东省正在实施的林业措施，如林地保护管理、森林可持续经营、大径材培育、封山育林、林木采伐管理、森林防火、森林病虫害防治、湿地保护等将在较长时间内对土地利用变化和林业领域的温室气体增汇减排发挥重要作用。可见，在广东省林业应对气候变化的进程中，森林资源仍需要保持持续的增长。如果我国的温室气体排放在 2030 年达到峰值，则要走一条低碳之路。从广东土地利用和林业温室气体清单分析可以看出，2010 年和 2015 年均维持了较高的年均增长率，其单位面积蓄积量虽有增加，但是仍远低于当前世界平均水平。在维持当前较高的年均增长率水平的情况下，仍需要经过近 40 年达到当前世界的单位面积蓄积量水平。

表 9-2 广东省林业碳汇在不同时期的量及未来预测（吨 CO_2 当量）

温室气体来源	2005 年	2010 年	2015 年	2020 年	2030 年
乔木林	−4225.32	−5275.36	−6541.57	−6856.26	−7684.26
活立木消耗	4135.85	4272.20	4505.22	4505.22	4505.22
其他	−200	−199.93	−49.60	−200	−200
合计	−289.47	−1203.09	−2085.95	−2551.04	−3379.04

注：负值代表温室气体吸收，正值代表温室气体排放。

9.2　广东生态产品横向补偿潜力

9.2.1　森林涵养水源服务价值估算方法

本节以森林的水源涵养服务功能为例说明广东省生态产品横向补偿潜力。将广东省境内东江流域、北江流域和西江流域按上、中、下游分市、县（区、市），根据森林涵养水源功能的物质量和价值量计算公式[公式(9-1)至公式(9-3)]，对各流域所涉及的县级单位 2019 年和 2020 年的生态公益林和商品林的水量涵养价值量进行统计分析(表 9-3 至表 9-5)，可以为调节水量的横向补偿设计提供依据。

涵养水源的调节水量实物量计算公式如下：

$$Q_{wr} = \sum_{i=1}^{n} A_i \times (P_i - R_i - ET_i) \times 10^{-3} \tag{9-1}$$

式中：Q_{wr}——调节水量(立方米/年)；

P_i——产流降水量(毫米/年)；

R_i——快速径流量(毫米/年)；

ET_i——蒸发散量(毫米/年)；

A_i——i 类林分的面积(平方米)；

i——林分类型；

n——林分类型总数。

涵养水源的净化水质和调节水量是同一个过程，所以林分年净化水量等于调节的水量，计算公式与调节水量一致。

估算参数及数据来源：估算区域的产流降水量数据通过气象部门获取，地表径流量、蒸散发量等在技术条件允许情况下进行实测，或从遥感数据及估算区域的相关文献中获取，用水量、区域出入境水量等数据通过水利或统计部门获得。

涵养水源的调节水量价值量估算公式如下：

$$V_{调节} = Q_{wr} \times K_{we} \tag{9-2}$$

式中：$V_{调节}$——调节水量价值(元/年)；

Q_{wr}——估算区内总的调节水量(立方米/年)；

K_{we}——水资源交易市场价格。

当交易市场未建立时，以水库建设的工程及维护成本或水资源影子价格(元/立方米)替代，水库单位库容的工程造价及维护成本(元/立方米)。

涵养水源的净化水质价值量估算公式如下：

$$V_{净化} = Q_{wr} \times K_{we} \tag{9-3}$$

式中：$V_{净化}$——净化水量价值(元/年)；

Q_{wr}——估算区内总的净化水量(立方米/年)；

K_{we}——水的净化费用(元/立方米)。

定价参数及数据来源：林分涵养水源量由实物量估算得到。水库单位库容的工程造价及维护成本、水质净化费用等数据来自发展和改革委员会、水利、住建等部门发布的工程预算依据，或公开发表的参考文献，并根据价格指数折算得到估算年份的价格。

9.2.2 主要流域森林涵养水源服务价值

按照各县级单位所属流域及其区位的范围，表9-3至表9-5分别展示了东江、北江和西江流域2019年和2020年涉及县级单位森林涵养水源服务价值估算统计结果，同一个县级单位不同区域可位于不同的流域及其区位。数据表明，位于各流域不同区位的各县（区、市）生态公益林和商品林的水源涵养价值量两年度差异不大，但区域横向上存在明显差异，为同一流域内的水源涵养价值的横向补偿的提供了物质基础。

2020年，东江流域的涵养水源价值量为136.54亿元，其中生态公益林的涵养水源价值量为113.67亿元，占比83.25%。以2020年生态公益林涵养水源价值量为例，上游、中游、下游分别为2.86亿元、38.52亿元、72.29亿元；各县（区、市）间涵养水源价值量差异较大，其中超5亿元的单位依次为下游的深圳市龙岗区19.90亿元、惠州市博罗县18.85亿元、惠州市惠东县8.90亿元、东莞市6.87亿元，中游的河源市和平县6.54亿元、梅州市五华县5.91亿元、韶关市新丰县5.34亿元；惠州市惠城区、惠阳区和河源市源城区、紫金县、东源县均低于0.1亿元。这表明东江流域的中游、下游地区在水源涵养方面发挥着重要作用，水源涵养价值量低的地区需要考虑与水源涵养价值量高的地区建立横向补偿机制，以确保水资源的可持续利用。

2020年，北江流域的涵养水源价值量为189.24亿元，其中生态公益林的涵养水源价值量为145.15亿元，占比76.70%。以2020年生态公益林涵养水源价值量为例，上游、中游、下游分别为26.91亿元、81.63亿元、36.61亿元；涵养水源价值量较高的地区分别为韶关市乳源瑶族自治县上游区域10.91亿元和下游区域17.75亿元，中游清远市阳山县17.71亿元、连州市10.69亿元，下游肇庆市怀集县8.71亿元。这为北江流域内不同区域之间的横向补偿提供了物质基础，下游地区如广州市的花都区，需要考虑与上游地区探讨补偿机制，以保障其水资源供应。

西江流域位于广东省境内的仅为下游部分地区，该部分区域2020年涵养水源价值量为96.22亿元，江门市恩平市、阳江市阳春市具有显著的水源涵养能力，其2020年生态公益林的水源涵养价值量分别达到了11.59亿元和10.80亿元，而云浮市云城区仅为0.18亿元。

为了确保水资源的可持续管理和保护，下游地区与上游地区的跨省横向补偿机制也显得尤为重要。通过这种机制，可以激励上游地区加强森林保护和水源涵养工作，同时确保下游地区能够获得稳定和高质量的水资源供应。此外，横向补偿还能促进流域内各地区之间的经济合作和生态保护意识的共同提高，实现区域发展的共赢。

表 9-3　广东省境内东江流域林业生态产品涵养水源服务价值　　单位：万元

流域	河流分段	市	县 （区、市）	2019 年		2020 年	
				生态林	商品林	生态林	商品林
东江	上游	梅州市	平远县	4611.91	61.35	4599.63	61.35
		梅州市	兴宁市	4859.17	18.60	4977.08	20.44
		河源市	龙川县	15962.67	3739.63	16053.53	3296.86
		河源市	和平县	3017.44	367.70	3020.53	364.56
	中游	韶关市	翁源县	31197.93	25180.97	31550.83	24768.08
		韶关市	新丰县	52777.55	4511.61	53367.42	3891.69
		惠州市	惠城区	493.64	25.93	487.58	39.61
		惠州市	博罗县	11657.06	898.95	11665.65	887.90
		惠州市	惠东县	1998.33	159.70	2000.33	156.50
		惠州市	龙门县	18541.90	8610.85	18771.45	8447.67
		梅州市	五华县	58533.52	1432.76	59131.61	832.48
		河源市	源城区	18894.59	2907.92	18894.65	2892.34
		河源市	紫金县	37964.44	12751.52	38089.22	12702.13
		河源市	龙川县	17182.55	4025.42	17280.35	3548.81
		河源市	连平县	41497.98	5169.25	41518.54	5146.76
		河源市	和平县	65301.19	7957.40	65368.11	7889.62
		河源市	东源县	27064.66	2672.04	27059.35	2670.32
	下游	深圳市	福田区	6464.37	327.22	6552.70	226.94
		深圳市	南山区	9573.48	4055.28	9439.79	5225.92
		深圳市	龙岗区	199312.60	54955.71	199099.80	56240.13
		深圳市	盐田区	33028.16	8072.39	33015.74	7953.15
		深圳市	龙华区	10979.02	15428.04	10600.96	15308.31
		深圳市	坪山区	43408.70	8338.40	43343.14	8951.17
		深圳市	光明区	13695.77	4252.91	13236.54	5833.36
		惠州市	惠城区	30359.43	1594.41	29986.47	2436.21
		惠州市	惠城区	1510.69	79.34	1492.14	121.23
		惠州市	惠阳区	994.24	59.59	994.24	6.02
		惠州市	博罗县	4306.55	332.11	4309.73	328.02

续表

流域	河流分段	市	县（区、市）	2019 年 生态林	2019 年 商品林	2020 年 生态林	2020 年 商品林
东江	下游	惠州市	博罗县	188331.50	14523.46	188470.30	14344.86
		惠州市	惠东县	88879.24	7103.08	88968.29	6960.61
		惠州市	龙门县	23127.87	10740.57	23414.19	10537.04
		河源市	源城区	738.68	113.68	738.68	113.08
		河源市	紫金县	488.54	164.09	490.14	163.45
		河源市	东源县	17.49	1.73	17.49	1.73
		东莞市	东莞市	67762.11	16579.94	68710.64	16354.20

注：价值量为各市在分段流域内相应面积的量。

表 9-4　广东省境内北江流域林业生态产品涵养水源服务　　单位：万元

流域	河流分段	市	县（区、市）	2019 年 生态林	2019 年 商品林	2020 年 生态林	2020 年 商品林
北江	上游	韶关市	武江区	264.64	244.63	264.05	256.96
			浈江区	4827.18	19269.91	5165.81	18869.71
			曲江区	8104.26	5366.51	8136.51	5376.38
			始兴县	43334.40	28057.09	46524.31	24823.99
			仁化县	26967.83	44442.71	25696.32	44569.42
			翁源县	134.84	108.83	136.36	107.05
			乳源瑶族自治县	109018.27	9627.45	109032.28	9587.18
			乐昌市	38252.52	16625.56	38615.52	16251.78
			南雄市	31972.71	31498.85	32680.42	30847.65
		清远市	阳山县	191.84	26.97	191.77	26.93
			连州市	2631.29	115.54	2633.26	113.16
	中游	广州市	花都区	5125.97	997.55	5146.26	976.80
			从化区	50424.62	3283.31	50947.13	2756.74
		韶关市	武江区	1081.69	999.89	1079.30	1050.32
			浈江区	327.14	1305.94	350.09	1278.82
			曲江区	18615.30	12326.74	18689.36	12349.41
			始兴县	331.88	214.88	356.31	190.11
			翁源县	31063.09	25072.14	31414.47	24661.03
			乳源瑶族自治县	177447.33	15670.45	177470.13	15604.90
			新丰县	52777.55	4511.61	53367.42	3891.69
		肇庆市	怀集县	359.96	133.61	360.32	133.88
		河源市	连平县	41497.98	5169.25	41518.54	5146.76

续表

流域	河流分段	市	县 (区、市)	2019 年		2020 年	
				生态林	商品林	生态林	商品林
北江	中游	清远市	清城区	10640.01	8312.49	11320.55	7538.17
			清新区	630.54	193.49	698.47	125.30
			佛冈县	33338.28	3932.50	34430.28	2830.73
			阳山县	177139.60	24901.24	177076.59	24865.46
			连山壮族瑶族自治县	8474.70	4132.66	8451.14	4146.58
			连南瑶族自治县	59760.80	16979.13	59843.61	16945.62
			英德市	28628.02	52529.06	36856.92	44285.14
			连州市	106803.55	4689.68	106883.47	4593.16
	下游	广州市	花都区	177.05	34.45	177.75	33.74
		佛山市	三水区	12982.53	2172.68	14109.20	2160.47
		肇庆市	鼎湖区	73853.86	6593.14	74485.82	5933.64
			高要区	40207.51	4858.61	40198.05	4723.57
			广宁县	17997.42	5258.58	18007.23	5244.94
			怀集县	87057.56	32314.92	87144.43	32378.77
			封开县	35985.38	21633.88	35984.72	21641.19
			德庆县	22136.29	10561.22	22129.26	10637.39
			四会市	9655.79	9747.83	9652.69	9807.38
		清远市	清城区	13156.16	10278.23	13997.63	9320.79
			清新区	16711.80	5128.18	18512.19	3320.88
			阳山县	10162.41	1428.57	10158.79	1426.52
			连山壮族瑶族自治县	19186.86	9356.40	19133.53	9387.92
			连南瑶族自治县	2394.81	680.41	2398.12	679.07
			英德市	35.03	64.28	45.10	54.19

注：价值量为各市在分段流域内相应面积的量。

表 9-5　广东省境内西江流域林业生态产品涵养水源服务　　单位：万元

流域	河流分段	市	县 (区、市)	2019 年		2020 年	
				生态林	商品林	生态林	商品林
西江	下游	佛山市	高明区	21880.70	451.20	21836.46	603.29
		江门市	恩平市	115671.67	21294.06	115874.22	20950.43
		茂名市	高州市	40983.81	38130.80	41236.29	37801.63
		茂名市	信宜市	27142.86	3989.80	27515.02	5138.38
		肇庆市	端州区	22277.97	2242.67	22448.73	1978.26
		肇庆市	鼎湖区	73853.86	6593.14	74485.82	5933.64
		肇庆市	高要区	40207.51	4858.61	40198.05	4723.57

续表

流域	河流分段	市	县 （区、市）	2019 年		2020 年	
				生态林	商品林	生态林	商品林
西江	下游	肇庆市	广宁县	17997.42	5258.58	18007.23	5244.94
		肇庆市	怀集县	87417.52	32448.53	87504.75	32512.64
		肇庆市	封开县	35985.38	21633.88	35984.72	21641.19
		肇庆市	德庆县	22136.29	10561.22	22129.26	10637.35
		肇庆市	四会市	9655.79	9747.83	9652.69	9807.38
		阳江市	阳春市	99350.71	23845.08	108041.96	15120.99
		云浮市	云城区	1495.30	426.66	1816.75	131.46
		云浮市	云安区	46185.50	14588.62	48104.51	12781.65
		云浮市	新兴县	16532.61	9336.76	18741.66	7137.07
		云浮市	郁南县	30796.15	15343.86	30775.17	15575.36
		云浮市	罗定市	17251.28	14006.81	16842.97	13331.41

注：价值量为各市在分段流域内相应面积的量。

9.3 广东供给类林业生态产品潜力

基于森林、草地、湿地试点资源清查数据和相应的计算公式，可以计算广东省全民所有生态公益林供给类产品的产量现状（汪求来等，2022）。2020 年，全省全民所有生态公益林基于木材和经济林等供给类生态产品的价值见表 9-6。2020 年，全民所有生态公益林中，乔木林幼龄林、中龄林、近熟林、成熟林和过熟林的价值量分别达到了 21.54 亿元、36.60 亿元、12.13 亿元、9.83 亿元、3.90 亿元；乔木林按优势树种分，价值量从高到低依次为软阔类 23.07 亿元、杉类 22.02 亿元、硬阔类 19.89 亿元、马尾松 14.16 亿元、桉树 4.87 亿元；经济林价值量为 15.29 亿元，其中荔枝类 13.95 亿元、茶叶类 0.72 亿元、油茶类 0.35 亿元、其他经济树种 0.28 亿元。表 9-6 的价值量是基于存量实物量和标准单价计算出的价值量，反映了广东省生态公益林的生态产品潜力，结合全民所有生态公益林占全省生态公益林面积比例，可以进一步推算广东省生态公益林在木材供应类和经济林类生态产品的供应现状和潜力。

表 9-6　2020 年广东省公益林供给类林业生态产品现状　　　　单位：亿元

树种	幼龄林	中龄林	近熟林	成熟林	过熟林	经济林	合计
杉类	4.90	9.04	3.07	3.84	1.16	—	22.02

续表

树种	幼龄林	中龄林	近熟林	成熟林	过熟林	经济林	合计
马尾松	2.10	9.12	0.79	2.14	0.00	—	14.16
桉树	1.57	1.33	0.74	0.55	0.66	—	4.87
软阔类	3.95	8.38	5.80	2.88	2.06	—	23.07
硬阔类	9.02	8.73	1.69	0.43	0.02	—	19.89
荔枝类	—	—	—	—	—	13.95	13.95
茶叶类	—	—	—	—	—	0.72	0.72
油茶类	—	—	—	—	—	0.35	0.35
其他经济树种	—	—	—	—	—	0.28	0.28
总计	21.54	36.60	12.13	9.83	3.90	15.29	99.29

9.4 广东调节类林业生态产品潜力

基于森林、草地、湿地试点资源清查数据可以分析计算广东省全民所有生态公益林和商品林调节类生态产品现状和潜力（汪求来等，2022）。2020 年，广东省全民所有生态公益林和商品林在生态效益服务发挥调节服务功能方面总体比 2019 年略有增加（表 9-7）。随着绿美广东等林业政策的推进和森林提质增效，未来广东调节类林业生态产品将长期保持增长的趋势。调节类林业生态产品的总量从高到低依次为水源涵养、固碳释氧、保育土壤、生物多样性保护、森林防护、净化大气、气候调节、林木养分固持。

表 9-7　广东省调节类林业生态产品现状及潜力　　　　　单位：亿元

生态服务	2019 年		2020 年	
	生态林	商品林	生态林	商品林
水源涵养	347.27	106.64	352.56	103.92
保育土壤	128.83	33.32	130.50	32.66
固碳稀氧	261.59	155.70	266.62	154.22
净化大气环境	28.05	15.45	28.58	15.25
森林防护	60.36	18.64	61.27	18.19
林木养分固持	1.70	1.06	1.73	1.05
气候调节	6.32	2.40	6.42	2.36
生物多样性保护	79.45	21.20	80.63	20.68
合计	913.57	354.41	928.31	348.33

9.5 广东文化类林业生态产品潜力

基于林草湿试点资源清查数据计算的结果（汪求来等，2022），广东省 2019 年和 2020 年的全民所有森林休闲旅游文化类生态产品总产值分别为 1802 亿元和 1407 亿元。为了进一步发展生态产品，广东省政府办公厅于 2022 年 11 月 1 日发布了《广东省建立健全生态产品价值实现机制实施方案》，提出了发展"森林+"康养、旅游等新业态的目标，并加快相关基础设施建设，打造森林康养基地、森林旅游精品线路、新兴品牌地和南粤森林人家等。同时，还将深入推进自然教育基地的认定与建设工作，并加快推进岭南国家公园的建设，将进一步激发广东省生态产品的潜力。通过开发多样化的森林康养和旅游产品，结合当地独特的自然资源和文化底蕴，广东将吸引更多的游客和消费者。同时，加快基础设施建设将提升旅游体验和便利性，打造出更具吸引力和竞争力的森林康养基地和旅游线路。此外，推进自然教育基地的认定与建设工作，将为公众提供更多接触自然、学习环保知识的机会，培养人们对生态环境的关注和保护意识。岭南国家公园的建设也将进一步保护和管理广东省丰富的自然资源，促进生态保护和可持续发展。广东省拥有丰富的林地资源和森林覆盖率，以及巨大的生态产品潜力。通过发展"森林+康养""森林+旅游"等新业态，并加快相关基础设施建设，广东将能够进一步挖掘和实现生态产品的价值。

2022 年，广东省已经建成了 14 个国家森林城市和 1361 个自然保护地，使得广东自然保护工作在全国位居前列。此外，广东还拥有丰富的红树林资源和大量的自然保护地，以及全省林业产业总值居全国第一的优势。同时，广东还具备深厚的岭南文化底蕴、丰富的中药材种质资源、适宜的气候条件和便利的交通网络，以及良好的投融资环境，为文化类林业生态产品的发展提供了巨大的潜力。目前，广东省已经认定了 5 批共 66 个省级森林康养基地试点建设单位，并成功申报并获批了 5 个国家级森林康养试点建设基地。广东省正在逐步发展多业态融合的产业模式，包括康养小镇、康养社区、森林康养、乡村康养、温泉康养、中医药康养等。这些产业模式形成了完整的康养产业链，并通过开发南药特色养生保健产品，结合康养中药、保健品、化妆品等医养结合产品的研发、加工和销售，融合森林食疗、森林药疗、南药膳食等康养服务模式，构建了具有岭南特色的森林康养产业体系。同时，广东还计划建设 100 个以上的国家级和省级森林康养基地，并建设 100 个省级自然教育基地，将进一步推动广东省康养产业的发展。

9.6 广东林下经济生态产品潜力

在广大山区大力发展林下经济，建立以林为主，林下种植、林下养殖、林下产品采集加工以及森林景观综合利用等相结合的立体林业经营模式，意义重大。这不仅能将资源优势转化为经济优势，发掘农村经济新增长点，拓宽农民就业、创业和增收渠道，带动山区经济发展，还能改变过去单一木材经营格局，延伸林业产业链，加快林业经济结构调整。同时，利用林下经济见效快的特点，弥补林木生产周期长、见效慢的短板，实现林地产出长短结合，以短补长，提高林地综合利用效率，巩固林改成果。此外，让农民近期得利、长期得林，有利于保护林业生态，巩固造林绿化成果，推动林业可持续发展。

广东省拥有丰富的自然资源和良好的气候条件，为各种林下经济品种的种植和养殖提供了良好的基础，具有巨大的林业生态产品生产潜力。油茶籽、竹笋干、松香类产品是广东省特色大宗林下经济产品。其中，油茶籽和松香在2022年产量分别达到17.97万吨和14.61万吨；竹笋干在2021年的产量达到6.62万吨。此外，柑橘、荔枝、龙眼等热带水果是广东省的特色农产品，其优质品质深受消费者喜爱；蕉类、杧果、榴梿等也在广东省得到广泛种植，为当地经济增加了不可忽视的收入来源；广东省是中国重要的茶叶产区之一，主要种植绿茶、乌龙茶、黑茶等，不仅可以作为饮品消费，还可以进行深加工，如制作茶叶粉、茶叶油等产品；广东省中药资源丰富，种植了许多中药材，在医药行业有着广泛的应用和市场需求，如黄连、白芷、川贝等；广东省蚕桑养殖业主要是培育桑树并养蚕取丝，蚕桑产业在提供丝绸原料的同时也促进了农民的增收；广东省种植了多种食用菌，如香菇、平菇、金针菇等，具有高营养价值和广泛的市场需求；在经济林下发展畜禽养殖也是一种常见的林下经济形式，例如，山区可以利用林地放牧羊、饲养家禽等，提供肉类和禽蛋产品；广东省发展蜜蜂养殖业，通过引进优质蜜蜂品种，培育出高产的蜜源，生产出优质的蜂蜜产品。除了以上种类，还有其他一些林下经济品种，如鲜竹笋、木耳、野生果实等。

广东省正在积极努力建设一批规模大、效益好、带动力强的林下经济示范生产基地。示范基地将充分利用广东丰富的自然资源和良好的气候条件，通过科学管理和技术创新，实现高效的农业生产和经济效益。为了促进林下资源、技术、资本和市场的有机结合，广东省致力于创立特色品牌产品。通过整合各方资源，培育出独具特色和优势的产品，并加强市场推广和品牌建设，以提升产品附加值和市场竞争力。同时，广东省还在培育和扶持一批具有较大规模、发展潜力大、辐射带动能力强的林下经济龙头企业和农民林业专业合作社。这些企业和合作社将成为引领行业发展的重要力量，构建起从生产到加工、销售和经营的完善产业链条。为了实现区域经济的多元化发展，广东省逐步建立不同区域的主导产业，形成"一区一业，一村一品"的发展格局。通过因地制宜，发挥各地的资源和优势，培育出独具特色和优势的林下产业，推动农村经济的转型升级。广东省还将重点推广林下产业发展技术，提高农民的生产能力和管理水平。通过培训和示范，帮助农民掌握先进的种植、养殖和加工技术，提高其持续增收的能力，将进一步促进林下经济产值和农民林业综合收入的稳定增长，使林下经济产值在整个林业总产值中的比重显著提高。

9.7　小　结

本部分主要探讨了广东省在生态产品价值实现方面的多维潜力，包括碳汇交易、生态补偿、供给类、调节类与文化类生态产品，以及林下经济产品的开发潜力。广东省凭借其丰富的森林资源和生态环境，展现了显著的发展潜力。例如，在林业碳汇交易方面，广东省通过有效的森林经营和管护措施，实现了乔木林蓄积量和碳储量的显著增长。然而，为了达到国家和全球目标，广东省仍需保持较高的年均增长率，并持续推动森林资源的保护和管理。生态产品的横向补偿潜力分析表明，流域上游与下游地区之间存在显著的生态服务价值差异，这为区域间的补偿机制提供了理论基础。此外，广东省在供给类和调节类林业生态产品方面展现了强大的潜力。生态公益林和经济林在木材和经济产品的供应上具有重要价值，而调节类生态产品如水源涵养、固碳释氧等服务功能也有所提升，显示出广东省在森林生态系统服务方面的持续增长能力。文化类林业生态产品方面，广东省通过发展森林康养和生态旅游，不仅促进了区域经济的发展，还推动了生态保护和可持续发展。在林下经济方面，广东省在油茶籽、竹笋干等产品的开发上取得了显著成效，并积极推动林下经济示范基地建设，进一步拓展了生态产品的市场和经济价值。总体来看，广东省在实现生态产品价值的过程中，结合了政策支持、资源优势和市场需求，展现了在生态保护和经济发展双重目标下的广阔前景。

参考文献

汪求来，郑文松，冯新富，等，2022. 广东省全民所有森林、草地、湿地资源资产清查试点研究[M]. 北京：中国林业出版社.

武培成，2013. 林业资源保护与森林防火管理措施探讨［J］. 科技创新与应用（33）：276.

张茂震，王广兴，2008. 浙江省森林生物量动态［J］. 生态学报，28（11）：5665-5674.

结论与展望 10

近年来，我国在生态产品价值实现领域取得了显著成就。理论认知不断深化，制度框架逐步完善，试点工作深入推进，政策体系日益丰富，机制创新成效显著，特色模式探索有序展开。作为全国最绿的省份之一，广东省积极响应国家战略，积极探索了绿水青山转化为金山银山的路径，通过实施"绿美广东"和"百千万工程"等重大举措，推动生态产品价值化和乡村振兴同步发展。广东在条件具备的区域开展了生态产品实现路径机制的探索，包括交易机制、补偿机制和经营开发机制，旨在提升林业生态产品的供给能力和价值转化效率，同时确保与经济社会发展的全面绿色转型相协调。

广东省的林业生态产品价值实现实践表明，该省高度重视生态产品价值的评价和核算工作，同时推进了林业碳汇交易机制的建设，强化了林业生态保护补偿机制，探索了生态产品的多元化经营开发。通过发展自然教育、生态旅游等产业，广东省提升了生态产品的市场竞争力和品牌价值；通过生态保护和修复工作，有效提升了生态系统服务的价值；通过发展林下经济、森林康养等多元化途径，打通生态产品价值实现的渠道，促进了生态产品供给的多样化和市场化，从而增加了林农的收入，为生态产品价值的全面实现提供了有力支撑。

10.1 结 论

10.1.1 交易机制不断完善

交易机制在广东林业生态产品价值实现中扮演了重要角色。例如，通过碳汇交易，广东长隆碳汇造林项目、湛江红树林造林项目和广州花都公益林碳普惠项目成功实现了生态产品的市场化，不仅促进了碳减排目标的实现，还为参与者带来了经济效益。广东省在林业生态产品交易机制方面取得了显著进展，特别是在碳汇交易机制和碳普惠交易机制上表现突出。广东省开发的林业碳汇项目，进入了国内外碳排放权交易市场。林业碳汇交易不仅促进了生态保护，也为当地社区带来了经济效益，实现了生态价值向经济价值的转化。广东省还通过顶层设计、标准建设、激励机制和平台建设等方面有效推动了碳普惠发展。同时，广东省推动生态产品交易平台建设，拓宽生态产品交易渠道和方式，组织开展生态产品线上云交易、云招商，推进生态产品供给方与需求方、资源方与投资方高效对接。

10.1.2 补偿机制日益创新

补偿机制是广东实现林业生态产品价值的重要手段。补偿机制不仅确保了生态环境的保护，还为地方政府和林农提供了经济支持，推动了地方经济的发展。广东省在林业生态产品补偿机制方面不断取得进展，特别是在生态公益林补偿和东江水补偿机制上表现突出。在生态公益林补偿方面，广东省自1999年起率先实施森林生态效益补偿制度，并逐步建立起国家、省、市、县四级生态公益林体系。广东生态公益林建设和补偿类项目，通过财政补贴和政策支持，保障了公益林的可持续经营。此外，广东省还实施了公益林分区域差异化补偿政策，依据生态保护红线范围将省级以上公益林分为特殊区域和一般区域进行补偿，进一步实现生态补偿的公平、合理。在东江水补偿机制方面，广东省深化生态保护补偿机制，东江流域各地市协力治水，水质达到考核目标要求，下游地市全额拨付补偿资金至上游地市，省级资金也给予支持，有效推动了流域治理，通过上下游市县之间的补偿，实现了水源涵养服务功能的价值转化，确保了水资源的可持续利用。这些措施体现了广东省在林业生态产品补偿机制上的不断完善和创新，旨在提升生态环境保护水平，平衡生态保护与经济发展的关系。

10.1.3 经营开发运行机制更加多元

经营开发机制是广东林业生态产品价值实现的另一关键环节。广宁红花油茶、深圳大沙河生态修复和广东南澳"生态立岛"项目，展示了通过商业化开发实现生态产品价值的成功案例。这些项目结合当地资源优势，开发了特色林业产品和生态旅游，既保护了生态环境，又促进了地方经济发展。广东省在林业生态产品经营开发运行机制方面展现了多元化的发展态势。在自然教育领域，广东省林业局发布了

《广东省自然教育发展"十四五"规划（2021—2025年）》，构建了具有广东特色的自然教育体系，通过五大重点建设工程，包括示范基地建设、特色课程活动开发等，推动自然教育场所、产业、标准和传播体系的综合建设。其中，丹霞山的自然教育发挥了引领作用。在生态旅游方面，广东省通过发展森林旅游特色线路和新兴品牌地，打造森林旅游新热点。在生态修复方面，广东省通过生态修复十大范例评选，探索林业产业更大的经济价值，将生态修复转化为未来发展优势。在特色林产品经济方面，广东省大力推动特色林产品向集约化、规模化、标准化方向发展，如油茶产业的发展，不断提高林地综合经营效益，拓宽"两山"转化路径。通过这些多元化的经营开发运行机制，广东省有效促进了林业生态产品的供给和价值实现，为生态产品价值的全面实现提供了有力支撑。

10.1.4　林业生态产品价值实现的保障机制更臻完善

广东在林业生态产品价值实现的保障机制上不断探索和完善，形成了一套多元化的保障体系。一是建立林业生态产品价值考核机制。广东利用科学的方法对生态产品进行评估和监测，确保了生态产品的质量与效益，使得生态价值得以量化和具体化。这一机制的建立，不仅有助于提升生态产品的市场竞争力，也为生态保护提供了更为明确的导向。二是实施林业生态环境保护利益导向机制。通过政策引导和资金投入，激励了社会各界参与到生态保护和建设中来。这种机制的实施，使得保护生态环境的行为得到了正向的激励，促进了生态保护与经济发展的双赢。三是创新林业绿色金融保障机制。通过金融创新和政策支持，广东为林业生态产品的价值实现提供了资金保障，解决了生态产品开发中的资金瓶颈问题。这不仅促进了生态产品的市场化和产业化，也为绿色金融的发展提供了新的路径。此外，广东还积极推动生态产品价值核算结果的应用，进一步推动了生态产品价值的实现。通过这些机制的相互配合和协同作用，广东的林业生态产品价值实现保障机制更加完善。

10.1.5　广东林业生态产品价值潜力巨大

广东林业生态产品价值实现的潜力主要体现在六个方面：一是供给类林业生态产品的潜力。通过技术创新和市场拓展，提高林产品的附加值。二是林业碳汇的交易潜力。随着碳市场的发展，林业碳汇将成为重要的生态产品。三是珠江流域上下游各区县水源涵养服务功能的横向补偿。通过区域合作，实现生态产品的价值共享。四是调节服务类林业生态产品的潜力。通过生态修复和环境保护，实现生态系统服务功能的提升。五是文化服务类林业生态产品的潜力。通过生态旅游和文化创意，挖掘林业生态产品的文化价值。六是广东省林下经济的潜力。通过发展林下经济，提高林地资源的综合利用效率。

广东林业生态产品价值实现路径的交易机制、补偿机制和经营开发机制的有效结合，形成了一个多元化且高效的生态产品价值实现模式，可以服务于林业生态产品价值的不断挖掘和实现，推动其经济效益和生态效益的双赢。

10.2 问题和挑战

10.2.1 交易机制还需加强

广东省应继续推动生态产品价值核算，并将其结果应用于财政转移支付、生态保护补偿、生态环境损害赔偿等领域；进一步探索开展绿化增量责任指标、清水增量责任指标等指标交易，并深入推进陆地和海洋碳汇、海岸线占补等产权指标交易，以培育生态产品交易市场；推动各地创新搭建生态产品交易平台，拓宽生态产品交易渠道和方式，实现资源的产权明晰与收储、转化提升、市场化交易和可持续运营；全面推广碳普惠制试点，特别是向粤东、粤西、粤北地区倾斜，鼓励小微企业、社区家庭和个人的节能减碳行为；同时，鼓励金融机构开展碳排放权、碳汇收益权、公益林补偿收益权等生态资产权益抵押、质押融资业务，探索生态产品资产证券化路径和模式，以提供金融支持与创新。通过这些措施，广东省可以进一步完善林业生态产品交易机制，促进生态产品价值的有效转化和实现。

10.2.2 补偿机制仍需完善

在生态保护补偿制度完善方面，广东省应继续落实生态保护区财政补偿转移支付制度，鼓励设立市场化产业发展基金，拓宽生态保护补偿资金渠道，包括发行企业生态债券和社会捐助等方式；在补偿标准的动态调整方面，需探索生态公益林效益补偿向欠发达地区、重要生态功能区进行重点倾斜的政策措施，将激励性补助资金重点向贫困地区、贫困户的生态公益林倾斜；在异地发展机制和专项政策方面，要完善异地发展机制和专项政策，创新发展生态"飞地经济"，健全利益分配和风险分担机制，探索突破行政区划限制，建立上下游之间共商共建共享机制；在生态环境损害赔偿制度方面，需加强生态环境修复与损害赔偿的执行和监督，完善生态环境损害行政执法与司法衔接机制，提高破坏生态环境违法成本。通过这些措施，广东省可以进一步完善林业生态产品补偿机制，促进生态保护与经济发展的协调统一。

10.2.3　经营开发运行机制还需提升

在产业规划指引方面，需要制定相应的产业规划指引以解决生态产品开发方面存在的堵点难点，降低规模化开发的不确定性；在市场化交易机制方面，生态产品的市场化交易机制尚不完善，价格机制未能充分发挥作用，权益交易制度设计滞后，需要进一步完善；在要素投入保障方面，广东省生态资源丰富的地区在生态产品开发经营所需的资金、人才、技术、用地等要素普遍不足，需要加强要素投入保障机制与开发建设任务的匹配；在推进机制方面，生态产品价值实现推进机制不够有力，管理较为分散，考核评估制度不完善，区域间合作交流不够，需要加强生态产品价值实现机制试点的成效；在绿色生态农林业方面，发展优质绿色生态农林业，加强岭南特色林药、林果、林菌、茶叶、油茶、竹类、花卉、苗木、珍贵树种等产业建设，大力培育非木质林产业，打造林业产业集群；在生态产品品牌建设方面，广东省需持续推进林产品品牌建设，打造"粤林+"特色品牌，提升优质林产品的经济价值。通过加强这些方面，广东省可以进一步完善林业生态产品经营开发机制，促进生态产品价值的有效转化和实现。

10.2.4　生态产品价值核算体系尚不完善

在林业生态产品价值核算体系方面仍需加强核算科目与范围的统一，建立统一的核算框架和标准以提高核算结果的准确性和可比性。核算结果普遍缺乏社会公认度和市场认可度，需通过提高核算的透明度和科学性来增强其认可度；核算结果应具有实际经济意义，能够直接用于交易、定价、贷款和考核，目前这方面还存在局限；地方难以定期开展自主核算，需建立类似 GDP 核算的政府业务部门自主开展实施的统计核算制度与定期发布制度；需要建立由地方自主开展的可重复、可比较、可应用的业务化核算体系，包括科学模型、统计模型和便于地方操作的编码系统；核算成果应用尚未建立相应配套的制度体系，需在核算结果定期发布、价值实现成效考核、财政奖补制度等方面进行制度建设。通过这些措施，广东省可以进一步完善林业生态产品价值核算体系，促进生态产品价值的有效转化和实现。

10.3　展　望

为将"绿水青山"向"金山银山"的转化路径落到实处，未来广东省需要不断完善林业生态产品价值实现机制，推动林业生态产品更有效地实现价值转化，从而为实现绿色发展和乡村振兴提供有力支撑，推动形成生态保护与经济发展的双赢局面。基于此，对未来广东省林业生态产品价值实现的展望如下。

10.3.1 探索建立林业生态产品价值核算评估体系

抓好广东省范围内，特别是北部生态发展区等地国有森林和湿地资源资产有偿使用制度改革试点工作，及时跟踪和掌握林业生态产品的数量分布、质量等级、功能特点、权益归属、保护情况以及开发利用情况等重要信息，厘清生态产品价值评价体系的评估要素及内容，明确生态产品价值核算的规范和程序。探索编制涉林自然资源资产负债表，建立林业生态产品价值公报制度，推动林业生态产品价值核算结果在政府决策和绩效考核评价、生态保护补偿、生态环境损害赔偿和生态资源权益交易等方面的应用。这不仅有助于优化资源配置，提高生态产品的质量和效益，还能够为相关政策制定、生态保护和经济发展提供科学依据，更好地实现广东省林业生态产品的有效管理和可持续发展。

10.3.2 培育建立林业生态产品市场交易体系

强化南方林业产权交易所的功能，推动现代林业产业的发展，建立和完善林权管理服务体系及林权流转服务平台，确保林业要素交易平台的有序运营。同时，通过信息化管理平台的搭建促进林权、收益权以及绿化增量、森林覆盖率等资源权益指标的交易，为生态产品如油茶、竹笋、南药药材等提供规范有序的运营环境，打造完善的林业生态产品供应链体系。此外，探索"森林银行"建设试点，完善生态产品修复、托管、整合、运营和交易制度，以实现生态保护与经济发展的双赢。注重规范有序运营，确保交易平台的公正、透明和安全，并加强监管和风险防控，维护市场秩序和参与者的合法权益。通过这些措施，促进林权流转和资源配置的有效性，推动林业产业的发展和优化。同时，探索林权资产折资量化的林票运行机制，增强森林资源资产对社会资本的吸引力，引导国有林场与农村集体经济组织和农户联合经营，提升集体林经营水平和增加农户资产经营性收入，探索国有林场经营性收入分配激励机制。这将为广大农民和企业提供更多的经济机会，增加收入来源，并推动生态环境的改善和可持续发展。在未来的工作中，不断完善相关制度和政策，提升交易平台的技术水平和服务质量。

10.3.3 不断完善林业生态产品的补偿机制

采取科学性和系统性的措施，不断建立健全生态公益林分类补偿、天然商品林保护和湿地生态效益补偿机制。通过优化补偿标准，创新实施公益林激励补偿机制，对森林质量高、林相好的区域给予额外激励，以提升森林质量并推进绿美广东生态建设。在非国有商品林赎买试点方面，广东省积极推进重要生态区位的赎买工作，通过购买非国有商品林的权益，确保关键生态区域得到有效保护，同时让林农获得经济利益。此外，广东省还依据《关于深化生态保护补偿制度改革的意见》，完善生态保护补偿机制，包括分类补偿制度和综合补偿制度，对于生态保护地区经济社会发展状况、生态保护成效等因素进行综合考虑，确定补偿水平，对不同要素的生态保护成本予以适度补偿。制定林业生态损害赔偿标准和管理办法，构建损害者赔偿、受益者付费、保护者得补偿的林业生态产品保护补偿机制。不仅依赖传统的资金补偿，还采取设立专项基金、项目援助、技术支持等多种手段来实现补偿，进一步拓宽生态保护补偿资金的来源渠道。探索横向生态补偿机制，如在流域尺度建立横向生态保护补偿机制，推动生态保护补偿的多元化。

10.3.4　积极畅通林业生态产品价值实现产业化路径

在畅通林业生态产品价值实现产业化过程中，广东省需重点发展油茶、毛竹、家具等优势产业，同时培育森林药材、香精香料等特色产业，并积极拓展森林旅游和森林康养等新兴产业，构建多元化的产业发展路径。积极创建国家级和省级林业产业示范园区，县域内的精深加工园区、林下经济、森林康养和森林旅游基地的建设，推进林业产业集群化发展。通过打造"广东山茶油""广宁红花油茶"等公用品牌，以及强化"广东家具"等特色品牌，逐步建立起以区域公用品牌为引领，行业团体品牌和企业知名品牌为补充的广东林产品品牌体系。

广东省持续举办"南岭观鸟周""中国（广州）家具产业博览会""广东森林旅游节"和"广东林业产业博览会"等活动，促进广东林业生态展会经济的发展，推动林业生态产品的价值实现。进一步优化广东省的林业产业布局，提升产业链的附加值和竞争力。在未来的发展中，广东省应继续加大对现代林业产业的支持力度，鼓励创新和技术研发，培育更多高品质、高附加值的林业产品。通过不断完善品牌体系和举办展会活动，进一步提升广东林业产业的知名度和影响力，为经济社会发展作出积极贡献。

基于广东省林业局发布的《广东省林业产业发展"十四五"规划》中明确提出的构建"一核一带一区六群多点"的新格局，聚焦经济林、林下经济、林草中药材、竹产业、木材培育与加工、林草碳汇、生态旅游等12个重点领域，并致力于打造六大产业集群，优化全省各区域林业产业链布局，实现林业产业特色化、品牌化、高质量发展。继续深化集体林权制度改革，放活经营权，提升林权价值预期和保障，促进集体林地适度规模经营。同时，完善投入机制，用好林业贷款贴息、税费优惠等财税支持政策，用好林业产品抵押、质押融资、森林保险等金融服务，吸引社会资本进山入林、投资林业产业。此外，优化资源管理，允许合理利用公益林林地资源和森林景观资源，适度开展林下经济、森林旅游，并推进示范建设，鼓励各地培育壮大林业龙头企业、产业基地和园区，积极培育新型林业经营主体，引导发展以企业为龙头、专业合作组织为纽带、林农和基地为基础的"企业+合作组织+农户+基地"新型经营模式，畅通产业化路径，提升林业产业综合效益，让更多群体共享发展新成果。